LE PRINCE DE DIEU

Collection dirigée par Jean-Paul Enthoven

RENÉ GUITTON

Le Prince de Dieu

Tu es Prince de Dieu parmi nous.
(Les fils de Heth – Gn XXIII, 6)

FLAMMARION

© Éditions Flammarion, 2006.
ISBN : 978-2-253-08399-3 – 1re publication LGF

*Rendre l'intolérance absurde,
ridicule et horrible*
VOLTAIRE.

*La vérité est forcément insondable
car qui la détient ?*
Augustin D'HIPPONE.

À Rose.

LIVRE PREMIER

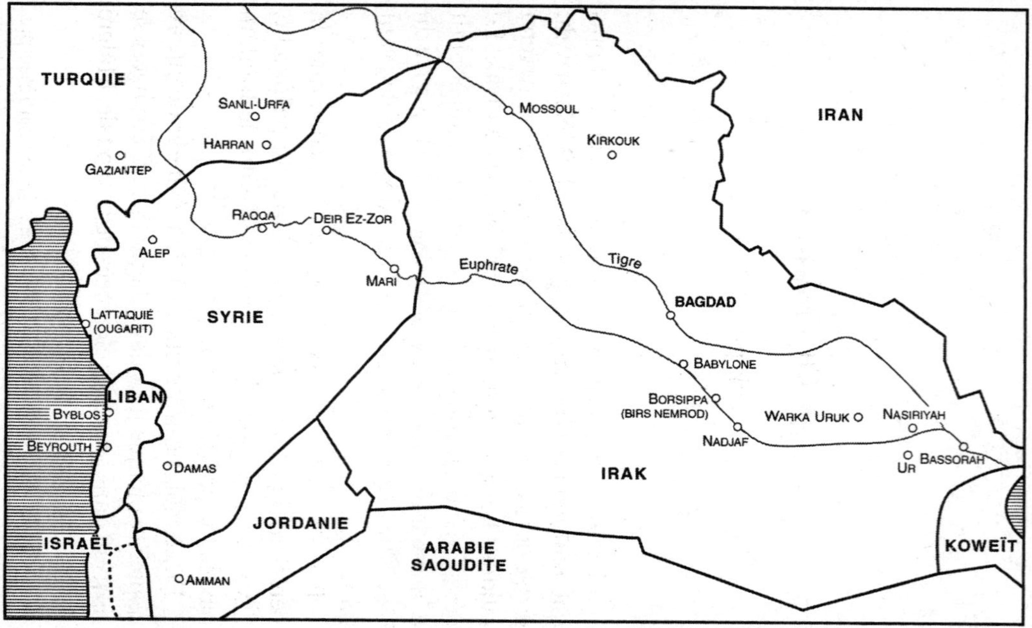
TURQUIE
Sanli-Urfa
Harran
Gaziantep
Mossoul
Kirkouk
IRAN
Raqqa
Deir Ez-Zor
Alep
Mari
Euphrate
Tigre
Bagdad
Lattaquié
(Ougarit)
SYRIE
Babylone
Liban
Byblos
Borsippa
(Birs Nemrod)
Warka Uruk
Nasiriyah
Beyrouth
Nadjaf
Damas
Ur
Bassorah
IRAK
JORDANIE
ISRAËL
ARABIE
SAOUDITE
KOWEÏT
Amman

Chapitre I

Check point Abram

« Ur des Chaldéens », comme il est écrit... après une nuit agitée dans un modeste hôtel de Nasiriyah, je parviens enfin au cœur du berceau biblique, devenu aujourd'hui zone militaire du grand sud de l'Irak. Le désert m'a brûlé tout au long de cette route qui aboutit à un amas de tôles noircies. Ces vestiges de la guerre du Koweït constituent le dernier poste de contrôle avant Abram[1].

Poussé par l'irrépressible besoin de reconstituer la pérégrination physique et symbolique du patriarche, j'avance entre science et croyances, entre le lointain passé et le présent menaçant.

En ce mois de septembre 2002, la rumeur de guerre se précise chaque jour davantage et peu d'étrangers se risquent dans ces zones éloignées de la capitale. Malgré

---

1. Abram : (Le père est haut. *Cf.* Rama) se rencontre en première occurrence en Gn II, 26. Quand il sera en pays de Canaan, Dieu changera son nom en Abraham. Voir Gn XVII, 1-5.

cette perspective, et pour la première fois, j'ai obtenu l'autorisation d'accéder à la région. Deux sbires m'escortent depuis Bagdad, car sous l'ère de Saddam le visiteur ne peut voyager seul. Comme pour mes précédents séjours, le ministère de la Communication m'a imposé ses agents de la sécurité militaire. Ils seront, m'a-t-on assuré, tout à la fois mes chauffeurs, guides, interprètes et protecteurs dans ces zones chiites[1], donc « dangereuses » selon les autorités sunnites[2]. Aucun d'eux ne connaît le chemin, ne parle le français et à peine mieux l'anglais. Notre unique moyen d'échange se limite à quelques mots d'arabe, souvenir de mon lointain lycée, au langage des mains et au billet vert.

La Toyota ralentit devant les restes d'un camion carbonisé d'où s'extirpe une sentinelle assommée de chaleur. Le soldat, qui nous a d'abord mis en joue dès que nous avons percé l'horizon, se fige soudain au garde-à-vous. Il a repéré l'immatriculation officielle du véhicule. Brun, le teint mat, moustachu comme de nombreux Irakiens, il ressemble à tous ces portraits de Saddam qui surchargent les murs des villes et des campagnes.

Mon conducteur et mon accompagnateur, assis

---

1. Musulman appartenant au courant de l'islam né du schisme des partisans d'Ali, à propos de la désignation du successeur du prophète Mahomet. Les zones chiites d'Irak se situent plutôt au sud de Bagdad, jusqu'au golfe Persique.

2. Musulman appartenant au courant majoritaire de l'islam qui entend représenter l'orthodoxie musulmane, face au chiisme. Les zones sunnites d'Irak se situent depuis la région de Bagdad vers le nord-ouest de l'Arabie Saoudite, jusqu'aux frontières jordaniennes, syriennes et turques.

à l'avant, se lancent en palabres de pure forme avec le militaire. Je sens la discussion prête à s'éterniser à quelques pas du but de mon voyage. Les billets verts me paraissent être le seul sésame susceptible d'emporter la décision. L'homme me fait signe mollement qu'il ne mange pas de ce pain, mais un coup d'œil plus appuyé à l'épaisseur de ma liasse lui permet de surmonter rapidement ses blocages psychologiques. Il lève alors la barrière et, dans la perspective d'autres dollars, prend même place à mes côtés, sur la banquette arrière, n'hésitant pas à abandonner son poste de surveillance, désormais vide.

Nous sommes tous enfants d'Abraham, clament en chœur juifs, chrétiens et musulmans. Mais d'Abraham on ne sait rien. Le désert d'Orient, aride et immobile en apparence, a livré plus d'un demi-million de tablettes et de rouleaux d'argile, sculptés depuis des lustres, dont les énigmes ont été peu à peu résolues. Néanmoins aucun écrit, aucun objet du passé n'a jamais révélé la moindre trace du patriarche ; aucune attestation scientifique ou épigraphique ne témoigne de ce qu'il ait vécu. Sur ce point la terre se refuse obstinément à livrer le moindre secret, si elle en détient.

Les groupes nomades ne construisent pas, ne laissent pas de vestige ; or, pour qualifier d'historique un fait ou un personnage, notre raison a besoin de preuves. Certains chercheurs, malgré ce vide, croient en la réalité d'Abraham, appuyant leur conviction sur le corpus des livres sacrés et sur plusieurs écrits anciens. Ces scientifiques le situent généralement entre 2000 et 1700 avant notre ère. Certains d'entre eux l'imaginent même contemporain d'Hammourabi, roi de Babylone, qui régna de 1792 à 1750[1]. Plus récemment, d'autres inclinent plutôt pour la période de l'âge du fer, à l'époque des patriarches, vers – 1500.

Si rien n'établit son existence, rien ne prouve non plus son inexistence et, à défaut d'être né, Abraham aura un authentique destin qui embrassera tous les âges suivants.

Ur ! Ici, le silence est profond. On pourrait presque entendre le sol respirer, avec cette impression d'un désert qui s'enfle et se désenfle. Droit devant moi, la Ziggourat[2] monumentale se découpe sur fond de ciel avec, à sa gauche, le Tombeau des Rois et la maison d'Abram, seuls vestiges plantés au milieu de cette nature désolée.

La voilà, cette fameuse cité, vieille de plus de quarante siècles, bâtie par Ur-Namu, roi de Sumer[3], d'Akkad et des quatre régions de la terre !

La voilà, celle qui sera, jusqu'en 2004 av. J.-C., la capitale de la IIIe dynastie de Sumer ! Sa civilisation prestigieuse rayonne alors de son extraordinaire puissance, sur toute la basse Mésopotamie.

---

1. Hammourabi fonda le premier empire babylonien ct fit rédiger un code de jurisprudence gravé sur une stèle retrouvée à Suse en 1902, actuellement exposée au Musée du Louvre à Paris.
2. Édifice religieux sacré, en forme de tour à étages, élevé en Mésopotamie en hommage à une divinité.
3. Le terme « Sumer » comporte le double sens de lieu et de date. Partie méridionale de la Mésopotamie, Irak actuelle.

La voilà enfin, la ville d'Abram, selon la Bible, terre de métissage où souffle la majesté des peuples du Sud !

Les ravages du temps et des hommes prendront-ils le pas sur mes rêves ? En foulant ce sol, je ressens la fièvre qui gagne le chercheur quand l'envahit la découverte. Ma passion tente de se frayer un chemin entre l'histoire et les légendes.

Je marche sur les pas de Taylor, consul britannique à Bassorah, le premier à travailler sur le site en 1854. J'éprouve à mon tour un peu de l'exaltation qui a dû l'envahir quand il exécutait les ordres de son ministère de tutelle. À cette époque, le Foreign Office mobilisait tous ses représentants en Orient afin d'inventorier les vestiges des civilisations anciennes. Taylor fouilla ce sable, qui engloutit en même temps qu'il protège. Faute de parvenir à trouver un passage par la base de l'édifice principal, le diplomate, archéologue amateur, en détruisit le gradin supérieur.

Il exhuma néanmoins de son ensevelissement la cité des destins héroïques, la ville où s'éveillera la conscience humaine.

Je tente de réinventer les travaux du chercheur britannique, Leonard Woolley, qui prit le relais et mena les premières recherches scientifiques de 1923 à 1933. L'expédition fit renaître de ce désert, où tout s'écrit et tout s'efface, la Ziggourat, protégée d'une muraille qui atteignait jusqu'à onze mètres d'épaisseur en certains endroits, soixante-deux mètres de façade et vingt mètres de haut. De véritables remparts abritaient ainsi les échoppes et les habitations. Les rois d'Ur voulaient ériger leur cité en ville phare, pour une humanité qui n'en finissait pas d'inventer ses dieux.

Devant moi ne subsiste que le premier niveau de la tour sacrée, mais il laisse concevoir combien elle fut immense.

À la vue de ce monument ma première pensée va à Abram.

Si Dieu le fit sortir d'Ur des Chaldéens, comme le dit la Bible, on peut supposer qu'il soit né dans cette région, et qu'il y ait grandi. Le sage des Écritures, en rupture avec les croyances alors établies, aura désapprouvé tant de gigantisme dédié à des idoles de pierre. Il aura su discerner le vrai des apparences.

Je le devine adolescent, vêtu de cuir brut et de laine, contraint par son père Térah[1] de prier Sîn, le dieu lunaire, et Nin Gal, son épouse, quand lui s'apprête à bousculer les évidences.

La Ziggourat a été rehaussée à plusieurs reprises de cinq ou sept terrasses superposées qui abritaient des chapelles et des sanctuaires, attribués aux divinités inférieures. Elles dressaient une haie d'honneur à la divinité majeure, lorsqu'elles l'accompagnaient dans sa descente au pays des hommes. Au sommet de cette structure géante émergeait le temple au toit couvert d'or, avec ses cuisines toutes proches qui pourvoyaient à la nourriture des dieux. À chaque étage sa couleur, depuis le sol : blanc, noir, rouge et ainsi jusqu'au sanc-

---

1. Nommé Azar dans le Coran.

tuaire supérieur, teinté de bleu. Cette palette correspondait à une science des astres, astronomie et astrologie, qu'Abram étudiera, dit-on, auprès des prêtres de Babylone quelques siècles plus tard.

J'avance dans ces ruines de la grandeur sumérienne. Ces vestiges, restaurés au cours de la dernière décennie, s'élèvent à présent au milieu de cette zone militaire désolée, sans vie, prisonnière d'une haute clôture en fils de fer barbelés. J'aperçois à l'extérieur, au loin, la voie ferrée Bagdad-Bassorah qui sert à des trains épisodiques, seuls témoins de la civilisation moderne. L'étendue sableuse s'étire à perte de vue, sur une surface plate et morne, paysage instable aux limites invisibles. Les marais, asséchés par le dictateur, portent encore des cicatrices de vase craquelée, comme autant de blessures faites aux populations chiites du sud, région qui fut la plus riche du Croissant fertile[1].

Fertile ! Aujourd'hui les débris d'obus labourent le sol. De Bassorah à Nasiriyah, depuis le conflit de 1991, de nombreux habitants s'abandonnent à un immense épuisement qui les engourdit jusqu'à la mort. Syndrome de la guerre passée. La suivante n'a pas encore débuté. On l'annonce toute proche, d'un mois à l'autre, d'un jour à l'autre. Depuis cinq ans les avions de la coalition procèdent à des vols de « sur-

---

1. Région en forme de croissant s'étirant du golfe Persique, à la Méditerranée, jusqu'au golfe d'Aqaba en Jordanie du Sud, englobant le Tigre et l'Euphrate en Irak, la région septentrionale de la Turquie, le nord et l'ouest de la Syrie, le Liban, Israël, la Palestine et l'ouest de la Jordanie.

veillance », pour contraindre le régime à respecter l'embargo voté à l'ONU. Par extension ou par précaution, tout ce qui ressemble à un véhicule armé est bombardé. Mes deux accompagnateurs ont tenu à ralentir devant chaque carcasse calcinée, m'invitant au spectacle de ce qu'ils considèrent comme la fatalité. *Mektoub !* C'était écrit ! De l'agression de Saddam Hussein contre le Koweït, on ne dit mot : jamais ici, on n'en évoque les raisons.

Fertile ! Un fleuve sortait d'Éden pour arroser le jardin et de là se divisait pour former quatre têtes. Deux d'entre elles se nommaient le Tigre et l'Euphrate.

Pour les anciens, ces deux bras de l'Éden regorgeaient de l'eau la plus pure de toutes les terres du monde, la plus généreuse. L'eau de la fertilité et de la vie. Voici quatre mille ans, la région débordait de cultures de blé sauvage et de folle avoine, de légumes et de fruits, de dattes et de figues. Les canaux, que l'on croyait intarissables, irriguaient ce grenier d'abondance. L'Euphrate coulait ici à l'ombre des palmiers.

De nos jours les rives ont reculé de près de quinze kilomètres, séparant le fleuve de sa ville et l'enlisant dans les sables.

À l'époque de sa grandeur, Ur ruisselait de lumière sur toute la Mésopotamie et bien au-delà. Elle se glorifiait de son port qui en faisait sa richesse jusqu'au temps d'Abram, que l'on situera au XVIIIe siècle avant notre ère. Le bois, les étoffes, les épices de l'Indus, du golfe Persique, attiraient les marchands des villes avoisinantes. Les précieux chargements transitaient par la cité, pour rejoindre le nord et l'ouest. Les inscriptions sur les tablettes de Gudéa, roi de Lagash vers – 2100, racontent les bateaux chargés de cuivre, d'argent, d'or, de lapis-lazuli et de cornaline, remontant le Tigre et l'Euphrate.

Les deux fleuves coulent côte à côte depuis les montagnes de Turquie orientale, puis l'Euphrate fuit cette proximité, creuse son lit à travers le Taurus et tourne brusquement vers l'ouest dans un élan impétueux, comme s'il voulait rejoindre la Méditerranée. Soudain il revient et oblique plein sud-est, vers le Tigre qui se rapproche de lui. Les amants parviennent ainsi triomphants aux portes de Bagdad. Très vite ils se séparent à nouveau, mais pour mieux se jeter dans les bras l'un de l'autre, au Chatt al-Arab[1], et mourir enfin ensemble dans le golfe Persique.

J'ai longé ces fleuves mythiques en Irak, en Syrie et en Turquie, ces fleuves dont le temps et les hommes ont modifié le cours.

Entre Bagdad et Ur, dans les régions du Sud, la terre semble lépreuse, par endroits, parsemée de taches militaires qui rongent la pureté du sable. Les innombrables barrages policiers, sur les routes, viennent troubler ma quête d'un Abram dont je voudrais explorer le sens.

---

1. Fleuve d'Irak formé par la réunion du Tigre et de l'Euphrate, arrose Bassorah et se jette dans le golfe Persique.

Plus j'avancerai dans mes recherches, plus de matérielles elles deviendront spirituelles.

Je suis là, à ressasser mes éternelles réflexions sur ces peuples gorgés de certitudes, hermétiques à la révélation de Dieu, incarnée par Abraham. La multitude vivait dans l'insouciance, la solitude spirituelle ou le polythéisme. Révolté contre la dévotion fanatique aux idoles, le vertueux aurait alors ébranlé les esprits et entrepris son périple à l'appel de Dieu. Depuis, la moitié de la population de la planète se réclame de ce père, qui a su le premier relier les hommes, personnifiant ainsi la conscience morale de plus de trois milliards de croyants dont il est l'ancêtre spirituel. Dans le secret de ces sables, dans le silence de ces marais, se cache la vérité.

Le soldat de la guérite abandonnée hurle, au loin, des onomatopées. Il tend un bras vers le ciel, comme s'il voulait le maudire ; autant de signes qui me demeurent incompréhensibles. Pris par le charme de l'imposante Ziggourat, je vole encore au temps quelques minutes précieuses. Majestueuse, la tour domine le site, toute de briques pétries dans cette argile jaunâtre qui donne parfois au ciel de Chaldée une pâleur étrange.

Les rois bâtissaient ces édifices en dévotion à leurs dieux tutélaires. Les Ziggourats de Mésopotamie ne servaient pas de sépulture, contrairement aux pyramides d'Égypte qui abritaient des tombes avec leur chambre funéraire. Hors l'absence de végétation, ces structures denses et compactes rappellent plutôt les temples d'Amérique centrale, comme Chichen Itza, par exemple. Jusqu'à nos jours, en Irak, les chercheurs en ont révélé seize. Il en existe bien d'autres. On les devine aisément sous ces monticules de sable, les Tells, que les moyens financiers et les guerres successives ont privés de fouilles.

J'escalade les nombreuses marches de l'escalier monumental. L'horizon recule à chaque degré, échappant aux limites. J'atteins le sommet. L'espace qui m'apparaît s'étire aride, poussiéreux, hostile, vide, blanc du sel des anciens marais asséchés ; le désert mais pas le néant. J'ai tout à y découvrir et me sens grain minuscule. Le Paradis terrestre est tout proche. À quelques dizaines de kilomètres, vers le confluent du Tigre et de l'Euphrate, pousse l'arbre d'Adam et Ève. La légende raconte qu'il a été planté par Noé, après le Déluge, au cœur des jardins d'Éden, à l'endroit même où se dressait l'arbre de la tentation. Aujourd'hui une muraille enserre le tronc de cet arbre sacré, peut-être pour empêcher les hommes de goûter encore au fruit défendu.

Au loin le garde, talkie-walkie à l'oreille, et mes deux accompagnateurs s'agitent à nouveau. Ils m'adressent de grands signes. Dans l'instant qui suit, des sirènes déchirent le silence. Les millénaires s'entrechoquent, anachroniques. L'alerte annonce des F16 américains qui déjà survolent le site. Au sol déboulent des Datsun irakiens, voitures pick-up équipées de mitrailleuses antiaériennes. Les servants portent un bandeau qui leur ceint le front, à la manière des kamikazes japonais. Ces commandos dérisoires de Saddam foncent à la poursuite vaine de l'escadrille, lâchant vers le ciel leurs munitions inutiles.

Je vis mon baptême du feu.

Un peu décontenancé, je cours me réfugier dix mètres sous terre, au cœur du Tombeau des Rois. Le militaire m'a suivi dans le « Puits des morts » et se plante droit devant moi. Il se fend d'un grand rire :

— Les pilonnages n'atteignent jamais les sites archéologiques, du moins dans ma région. On sent que les Américains cherchent à les éviter, me dit-il.

Son interprétation me paraît suspecte, venant d'un chiite. Beaucoup d'entre eux placent leurs espoirs dans l'intervention des troupes de la coalition. Je ne suis pas certain qu'il soit très objectif. D'ailleurs la Ziggourat porte des impacts d'obus qui en ont criblé les murs. Dans l'immédiat, ma sécurité semble résider au fond du domaine des sépultures royales.

L'escalier de bois branlant et vermoulu, menant à la crypte souterraine, n'a plus rien de la structure grandiose de l'époque sumérienne. Sur le sol d'argile sableuse, plus aucune trace ne subsiste des richesses et des fastes mortuaires du IIIe millénaire. Le rituel voulait que les rois soient enterrés simultanément avec leur suite et l'on empoisonnait ainsi épouses, concubines, serviteurs, chiens et chevaux pour accompagner le maître dans l'éternité, avec tous ses trésors d'or et de chair.

Les tombes ont livré des cinquantaines de squelettes et même soixante-quatorze pour la plus importante, avec des restes de chars et d'objets précieux.

Quels musées renferment aujourd'hui les peignes d'or de la reine Shub-ad[1], les harpes et les lyres, les coupes et les casques d'argent incrusté de pierres précieuses ? Londres, Berlin, Paris, Bagdad… Ici, même les briques de terre ont été pillées pour la construction de maisons environnantes : leur présence immuable après plus de quatre mille ans a contribué à leur réputation de solidité. Quant aux catacombes que j'explore, elles n'abritent plus que chauves-souris et serpents.

Le bruit strident des réacteurs me parvient de la surface. J'entends déjà les avions s'éloigner, me libérant de mon abri funéraire. Ils filent vers Bassorah, ville de Sinbad le marin, dont ils bombarderont l'aéroport dans les instants qui suivent.

*

Depuis le pacte originel entre Dieu et Adam, jusqu'à l'apparition du messager Abram, deux grands événements, notamment, entrent en résonance directe avec la vie du patriarche : le Déluge – Noé est l'ancêtre d'Abram par Sem, père des Sémites – et la tour de Babel dont on attribue la construction à Nemrod.

Selon le monothéisme, Dieu crée le ciel et la terre, les ténèbres et la lumière, les montagnes et les fleuves, les jardins et les fruits. Il insuffle la vie au premier de nos pères, Adam, et à sa femme, Ève. Plus tard, face à

---

1. Reine de la IIIe dysnatie d'Ur, qui vécut environ en 3000 av. J.-C., identifiée grâce à son nom gravé sur des cylindres de lapis-lazuli.

la méchanceté de l'homme, comme l'écrit la Genèse[1], ou face aux *incrédules,* comme le dit le Coran[2], Dieu envoie le Déluge sur toute l'humanité pour qu'elle renaisse et devienne meilleure. Néanmoins, et afin de donner une nouvelle chance aux humains, Il choisit Noé et lui ordonne de construire un vaisseau qui le sauvera, lui et sa famille, ainsi qu'un couple de chaque espèce animale.

Noé répand la nouvelle, recommandant le repentir. Personne ne veut l'entendre. Il s'exécute alors, hélas en pure perte : « Il n'y a que l'inutilité du premier déluge qui empêcha Dieu d'en envoyer un second[3]. »

Le Déluge a trouvé une réalité à l'issue de certaines découvertes. Dans ses travaux Woolley traite largement de ce cataclysme et les preuves qu'il apporte vont bouleverser le monde scientifique des années vingt. L'information, répercutée d'abord par la presse outre-Manche, fait grand bruit, particulièrement en Angleterre et aux États-Unis. L'événement décide même la romancière Agatha Christie à entreprendre le voyage de Londres à Ur, périple pittoresque qui contribuera à son extase orientaliste.

Elle embarque à bord du train mythique Orient

---

1. Gn VI, 5.
2. Cor XI, 42.
3. Sébastien Roch Nicolas de Chamfort, dit Nicolas de Chamfort (1740-1794), écrivain français (Acad. fr.), *Choix de caractères, anecdotes, petits dialogues philosophiques, maximes et pensée,* Lyon, Chambet fils, 1828.

Express, dont elle raffolera par la suite, franchit le Simplon, passe Milan, Belgrade, Istanbul, Alep, Damas, puis poursuit à travers le désert, en véhicule à six roues, jusqu'à Bagdad, pour parvenir, épuisée mais comblée, dans la cité des rois de Sumer :

Je tombai amoureuse d'Ur. Le soir, sa beauté était incomparable avec la Ziggourat qui se dressait comme une ombre légère et cette vaste mer de sable aux coloris ravissants, abricot, rose, bleu et mauve, qui changeaient de minute en minute[1].

Elle y revient l'année suivante, mais une tempête de sable paralyse les lieux durant six longues journées : « une véritable torture ! ». L'enfermement aura pourtant d'heureuses conséquences : dans ce camp isolé du reste du monde, Lady Christie fait la connaissance de celui qui deviendra son second mari, l'archéologue Max Mallowan. Il travaille depuis cinq ans déjà, avec Woolley, dans la cité des rois de Sumer.

L'équipe exhume à Ur des monuments inestimables. Les demeures royales leur livrent des trésors de la plus précieuse magnificence : bijoux d'or, d'ivoire et de lapis-lazuli, riche vaisselle d'or et d'argent, frises de nacre et d'ivoire sculpté…

Pour trouver d'autres tombes, il faut creuser toujours plus profond. Woolley conduit alors, dans les abysses du site, des fouilles qui perforent les strates, les unes après les autres. Chaque mètre cube de terre

---

1. Agatha Christie, *Autobiographie,* Librairie des Champs-Élysées, 1980, Le Livre de Poche n° 30908.

rapporte des débris sumériens du IIIe millénaire. Puis un jour, plus rien. Plus aucune trace des hommes. Les scientifiques ont atteint un terrain vierge qui met un terme à cette recherche.

Woolley constate cependant qu'il s'agit d'argile, de cette même argile qui court en surface, du Chatt al-Arab à la Méditerranée. Ne trouvant pas d'explication rationnelle, il décide de poursuivre plus profondément encore. L'argile s'obstine à ne rien dévoiler. Jusqu'au jour où il parvient à transpercer cette couche de plus de trois mètres.

De nouveaux objets apparaissent alors, témoignant d'un passé beaucoup plus ancien que celui révélé par les bris de vaisselle, d'ustensiles et d'outils de ces couches supérieures. Des restes de l'âge de pierre !

Woolley tient à confirmer le sens de sa découverte. À quelques centaines de mètres du premier puits, il en fait creuser deux autres qui viennent confirmer la mémoire des strates. Lui et ses équipes renouvellent l'expérience en plusieurs endroits de Mésopotamie et ils parviennent ainsi à cerner l'ampleur du cataclysme. Il sera identifié et délimité depuis le golfe Persique à l'est, jusqu'à l'entre-deux-fleuves Tigre et Euphrate à l'ouest, sur une longueur de près de sept cents kilomètres et cent cinquante kilomètres de large. En tout, près de cent mille kilomètres carrés ! Le cinquième de la France.

Woolley vient de creuser la première grande brèche dans l'esprit des sceptiques. La terre de Sumer est bien le berceau du Déluge, estimé alors à six ou sept millénaires de nous.

La connaissance du monde qu'ont les hommes de ces temps leur fait-elle conférer à cette seule région un sens universel ? Ils affirment en effet que le Déluge a couvert l'humanité entière.

La même notion de cataclysme se retrouve de manière troublante dans la mémoire collective des peuples de tous les continents. De la Chine à l'Inde, de l'Amérique du Nord à l'Amérique du Sud, de l'Afrique à l'Europe circulent des récits d'inondations gigantesques, semblables à celle de Mésopotamie. Ces immensités submergées pourraient résulter de la fonte glacière. La trace se serait alors inscrite dans la mémoire des premiers hommes doués d'intelligence, qui lui en auraient attribué un sens divin et religieux.

Les scientifiques d'aujourd'hui demeurent sceptiques devant les interprétations de Woolley. La montée des eaux sur ces terres brûlées provoque en mai et juin, chaque année, des crues importantes, et au moins une fois par siècle le Tigre et l'Euphrate se rejoignent en des inondations spectaculaires. Nos connaissances de la Mésopotamie changent sans cesse, évoluant au fil des nouvelles découvertes.

Le Déluge est l'un des thèmes favoris de la littérature cunéiforme. Mes interlocuteurs de l'entre-deux-fleuves m'ont souvent fait le récit de cette exaltante *Épopée de Gilgamesh,* œuvre épique et somptueuse qui met en scène l'ouragan. Avant d'être irakiens, chiites, sunnites ou chrétiens, ces hommes fiers de leur passé se considèrent mésopotamiens, descendants de Sumer.

Divers fragments de cette *Épopée* ont été découverts en différents points de la région, entre autres à Sippar,

Babylone, Ur, ainsi que dans la célèbre bibliothèque de Ninive[1], banlieue actuelle d'une ville tristement connue depuis sous le nom de Mossoul, au nord-ouest de l'Irak.

Ce texte de près de trois mille vers a été gravé en sumérien, puis en akkadien, au cours de la première moitié du IIe millénaire. Il constitue la plus ancienne œuvre littéraire découverte à ce jour, antérieure de plusieurs siècles à l'*Iliade*[2] et au *Mahâbhârata*[3]. Les fragments ont permis de reconstituer un véritable monument poétique, qui célèbre de grandes valeurs universelles, dont l'amitié et le sens de la vie.

La ville d'Uruk se situe à quatre-vingts kilomètres au nord-ouest d'Ur. Gilgamesh, son roi, y aurait vécu deux mille six cent cinquante ans avant notre ère et les strophes lyriques l'entourent de personnages dont l'historicité n'est guère discutable.

Lorsque Gilgamesh part à la quête de l'éternité et rencontre son ancêtre Utanapishti[4], survivant d'un

---

1. Bibliothèque construite par Assurbanipal au VIIe siècle av. J.-C.
2. Poème épique en vingt-quatre chants (VIIIe s. av. J.-C.) attribué à Homère.
3. Épopée sanskrite de deux cent mille vers écrite à l'époque védique (1800 av. J.-C.) et qui contient la *Bhagavad-Gita*, principal ouvrage religieux indien.
4. Héros du Déluge que le mythe akkadien d'Atrahasis nomme le « Supersage ». *Cf.* Jean Bottéro, *L'Épopée de Gilgamesh,* Paris, Gallimard, 1993 ; Henriette McCall, *Mythes de la Mésopotamie,* Paris, Seuil, 1994.

immense cataclysme jamais égalé, ce dernier lui rapporte la confidence que lui a faite Ea, le dieu qu'il vénère : l'ensemble des divinités s'apprête à détruire l'humanité par un déluge.

Ce passage décrit un cataclysme étonnamment semblable à celui que relatent la Bible et le Coran. Tout y est. De la motivation à la conclusion : les hommes, devenus trop nombreux et trop bruyants, empêchent le Seigneur des dieux de dormir. Ea donne à son protégé l'ordre de bâtir une arche salvatrice. Il lui précise même le détail de la construction, les dimensions et les matériaux à utiliser, planches et bitume. L'histoire se poursuit avec l'embarquement de sa famille et des spécimens d'animaux, l'ouragan et la renaissance de l'humanité. Quand Utanapishti veut s'assurer du repos des eaux et envoie une colombe, puis une hirondelle et enfin un corbeau qui ne revient pas, dans la Bible, Noé lâche un corbeau puis deux colombes, dont la seconde lui rapporte une feuille d'olivier. Il en va ainsi jusqu'à la fin du Déluge, jusqu'aux hommes engloutis par l'eau et l'argile, jusqu'à ce que la terre soit à nouveau pure et neuve.

De nos jours les rédacteurs de la Genèse seraient immanquablement poursuivis pour plagiat. Ces emprunts édifiants se retrouvent souvent dans les Livres ou dans les écrits parallèles qui constituent les traditions juives ou islamiques, inspirés de chroniques et légendes anciennes colportées, encore de nos jours en Mésopotamie, comme des vérités indiscutables. Un historien, du très officiel Département des antiquités irakiennes, me précisera par la suite qu'Utanapishti est, en fait, le Noé babylonien – Noah en hébreu – qui signifie « repos ». Comme celui des eaux. Je trouverai plusieurs confirmations de cette assertion, qui éclaire la similitude entre les récits mythologique et biblique du Déluge.

L'écriture des textes relatifs aux patriarches a été postérieure aux faits supposés, de plusieurs siècles parfois, sans compter les ajouts successifs. D'où les nombreuses confusions et affirmations aléatoires qui en découlent. Les rédacteurs de la Bible ont hérité de la culture de l'exil, ainsi les grandes Épopées et les légendes de Babylone ont-elles, très vraisemblablement, fécondé la Genèse. Aujourd'hui le milieu scientifique n'est pas seul à avancer cette hypothèse ; certains rabbins commencent aussi à l'évoquer. On trouve la trace de ces influences dès les tout premiers mots notamment, avec la séparation des eaux du dessus et des eaux du dessous. Au Deuxième jour, *Dieu fit le firmament, qui sépara les eaux qui sont sous le firmament d'avec les eaux qui sont au-dessus du firmament*[1]...

La déportation de Babylone, imposée aux juifs par Nabuchodonosor[2], dure plusieurs décennies. Le peuple

---

1. Gn I, 6-7.
2. Nabuchodonosor II, roi de Babylone (605-562 av. J.-C.), fils de Nabopolassar. Sa victoire sur les Égyptiens (605 av. J.-C.) et la prise de Jérusalem, dont il déporta les habitants (587 av. J.-C.), lui assurèrent la domination sur la Syrie et la Palestine. Son histoire a inspiré à Verdi l'opéra *Nabucco*.

libéré revient progressivement, et vraisemblablement, imprégné de la mythologie assyro-babylonienne, dont *L'Épopée de Gilgamesh,* antérieure de plus d'un millénaire. Ils l'auraient relatée de génération en génération, jusqu'aux rédacteurs qui l'ont restituée dans l'épisode du Déluge.

Par ce transfert d'un texte d'origine humaine à une attribution divine, les rabbins vont ainsi rédiger un chapitre aux sens multiples, dont une mise en garde, doublée d'un effet positif, symbolisé par la première Alliance de Dieu avec ses créatures, à travers Noé : un seul juste peut sauver le monde, qui n'est mis en danger que par les hommes.

L'humanité porte-t-elle la responsabilité de son destin apocalyptique : le Déluge, la tour de Babel… ? Ce rôle de sauveur dévolu à Noé, ne le retrouve-t-on pas également incarné chez Abraham ?

À quelque temps de là, j'oserai aborder ces hypothèses avec Mgr Jacques Isaac, évêque chaldéen, directeur de la faculté de théologie et de philosophie Babel College de Bagdad. Ce religieux dévoué m'accompagnera souvent durant ce séjour en Irak et se révélera pour moi une mine de renseignements et d'introductions inestimables. L'ecclésiastique écartera ma lecture des faits, à ses yeux trop « mécréante ». Il en sera de même pour Nemrod, persécuteur d'Abram, évoqué dans la Genèse et dans le Coran, lorsque je demanderai s'il tient du mythe ou de la réalité :

— Il a forcément existé, me répondra l'homme d'Église, puisqu'une ville d'Irak, au sud de Mossoul, porte son nom.

Preuve suffisante ! Mon ironie ne sied pas à la sincérité de mon interlocuteur. Sa foi dans les Saintes Écritures comme dans les légendes est inébranlable.

En Mésopotamie, et plus généralement dans tout le Moyen-Orient, la seule vérité ne peut être que biblique ou coranique, épicée parfois de littérature orale, voire de folklore, le tout sous l'œil vigilant des autorités. Certains chercheurs irakiens que j'ai rencontrés, notamment au Département des antiquités irakiennes ou au musée de Bagdad, ont bien sûr une approche subtilement nuancée, surtout lorsqu'ils ont suivi leurs études universitaires en Occident. Ces fonctionnaires, prudents, vivent difficilement les contradictions entre leur formation scientifique, le Coran et le discours d'État institués en vérité unique.

*

Selon la Bible, Noé, ancêtre d'Abram, engendra trois fils : Sem, Cham et Japhet. Cham engendra Coush, qui engendra à son tour Nemrod, *vaillant chasseur devant Yahvé*[1]. Dans la tradition islamique, ainsi que dans les traditions rabbiniques, ce despote s'oppose de manière récurrente à Abraham. La Bible lui attribue d'autres singularités, comme la paternité de l'Empire babylonien[2], ainsi que le triste privilège d'avoir été le premier à exercer la tyrannie sur les hommes, gagnant, par sa férocité, l'image d'un héros.

---
1. Gn X, 9.
2. Gn X, 10.

D'autres écrits attestent que son fils se révéla aussi féroce, sinon plus, ce qui aurait donné naissance à l'expression : tel père, tel fils.

Mon garde d'Ur me présente l'un de ses cousins, la cinquantaine, qu'il gratifie du titre d'*Oustaz,* professeur, venu nous rejoindre inopinément près du Tombeau des Rois. Le téléphone arabe, sans doute ! Car ici aucun appareil portable ne fonctionne. L'embargo s'étend d'ailleurs au brouillage des liaisons Internet.

Othman, universitaire, professeur d'histoire ancienne, a été formé à Londres où il a enseigné, comme il le fait aujourd'hui à Bassorah. Il me dit avoir participé à des fouilles, sur ce site, au début des années quatre-vingt alors qu'il travaillait pour le fameux Département des antiquités irakiennes. Ses connaissances du sujet d'Abram, sa passion pour les Écritures des trois monothéismes, sa pratique très « british » de la langue anglaise balaient vite mes doutes, même si son approche ne s'avère pas toujours scientifique. Il ajoute, en effet, à l'archéologie et au texte biblique un savant mélange de traditions islamiques et de légendes babyloniennes. Il me sert, à son tour, la vie de Nemrod comme réalité historique irréfutable, cette même vérité que colportent depuis des millénaires les conteurs arabes et persans :

Nemrod hérite à sa naissance des tuniques d'Adam et d'Ève, découpées dans la peau du Léviathan. Ce dragon femelle, mythique, symbole du mal, qui habitait l'abîme des mers, est l'une des deux premières créations vivantes de Dieu, au cinquième jour[1]. Les tuniques du premier couple humain confèrent à Nemrod des pouvoirs surnaturels, qui associent à son nom l'image de la terreur. Sa mère, effrayée par la violence d'une vision prophétique qu'elle vient de vivre en songe, jette son nouveau-né dans l'Euphrate, pour le noyer. Mais une panthère recueille le petit et l'allaite.

Cette version me rappelle étrangement, entre autres légendes, celle bien postérieure de Moïse, pour ce qui est de l'abandon d'un tout jeune enfant dans un fleuve, et celle de Romulus et Rémus, nourris par la louve.

L'influence et les emprunts réciproques des mythologies et traditions sumériennes, égyptiennes, bibliques, coraniques, grecques, romaines, etc., sont fréquents dans les littératures des pays du golfe Persique, de la mer Rouge, du Bosphore et des rives orientales de la Méditerranée.

Le fauve enseigne à Nemrod le langage des animaux, lui permettant ainsi de devenir ce grand chasseur « devant Yahvé ». Doué d'une force surhumaine, il se croit invincible et se lance à l'assaut du ciel, érigeant la tour de Babel pour anéantir Dieu.

Des chercheurs de la faculté de théologie de Bagdad m'ont livré une version « reconstituée » de la fameuse

---

1. Les dragons Béhémot et Léviathan, créés au cinquième jour, IV *Esdras* 49 ; II *Baruch* XXIX, 4, ainsi que dans la tradition rabbinique. Voir aussi : Gn I, 20-21 ; Ps CIV, 26 ; Is XXVII, 1.

tour. Cette lecture procède d'une savante combinaison de textes anciens ; la Bible, les *Écrits de Qumran*[1], le *Livre des Jubilés*[2] transmis par l'Église éthiopienne, les *Oracles sibyllins*[3], les *Antiquités juives* de Flavius Josèphe, des relations de voyage d'Hérodote, documents auxquels a été ajouté le traitement de communications archéologiques. Cette théorie peut paraître fantaisiste. Elle offre néanmoins l'avantage de proposer un récit synthétique de la tour la plus mythique de l'histoire de l'humanité.

Irrité par les dieux auxquels il ne peut se confronter, Nemrod ordonne aux siens de bâtir une tour au pays de « Shinéar », en Babylonie.

Le choix du lieu initial semble avoir été Borsippa, aujourd'hui Birs Nemrod, à quinze kilomètres au sud-ouest de Babylone. En 1873, l'assyriologue anglais George Smith fut le premier à identifier ce site comme étant celui de la tour de Babel[4].

Les hommes du tyran érigent alors la colonne à l'aide de briques cuites au feu, qu'ils relient entre elles par un mortier de bitume, cueilli aux rives d'un lac voisin. Le sol mésopotamien renferme, depuis toujours,

---

1. Manuscrits découverts en 1947 dans le désert de Juda. *Cf. La Bible, Écrits intertestamentaires,* Paris, Gallimard, La Pléiade, 1996.
2. *Ibid.*, pseudépigraphes de l'Ancien Testament.
3. *Ibid.*, recueil de douze livres judéo-chrétiens de quatre mille deux cent trente vers.
4. Les avis ont évolué depuis. Une autre thèse archéologique conclut qu'il s'agit de la tour de Birs Nemrod, aujourd'hui Borsippa, et non de la tour de Babel.

de riches réserves pétrolifères : les mortiers servant aux constructions utilisaient l'asphalte, parfois additionné de paille brisée. Cette tour est donc élevée à *cinq mille trois cents coudées et deux paumes*[1]. On appréciera la précision et surtout le gigantisme. Sachant qu'une coudée mesure environ 50 centimètres, le monument aurait atteint 2 650 mètres de haut, auxquels s'ajoutent deux paumes de 7 centimètres chacune !

Aujourd'hui, près de quatre millénaires plus tard, les restes de la tour se dressent verticalement jusqu'à 47 mètres, au lieudit Borsippa. Au creux d'une excavation lunaire, la colonne en ruine encore impressionnante défie les siècles et les guerres, comme pour rappeler aux hommes que ces terres ont vu naître la civilisation. Cette flèche tendue vers le ciel semble aussi vouloir indiquer au monde le lieu de l'avènement d'Abram. À quelques dizaines de mètres de là, sur une colline, un mausolée célèbre le culte de sa naissance.

Fâché de voir à quelles extrémités l'orgueil peut conduire les hommes, Dieu décide de confondre leur langage, alors qu'ils ne parlaient jusque-là qu'un seul et même idiome. L'entente devenue impossible, à défaut de mots, ils en viennent aux mains et prennent aussitôt les armes pour se faire la guerre.

Avant qu'ils ne s'anéantissent tous, Dieu les disperse sur la surface de toute la terre, puis envoie un vent violent qui détruit en grande partie l'édifice.

---

1. *Ibid.*, le *Livre des Jubilés* X, 21.

Sur ce point, les archéologues avancent une version moins poétique mais peut-être plus convaincante. Le sol de ces régions devait être particulièrement meuble en raison des marais et des infiltrations de l'Euphrate. La tour aura pu s'incliner d'elle-même et s'écrouler, sans qu'il ait été besoin d'intervention divine.

Nemrod, sur son trône de misère, ne veut pas entendre le message de l'immensité de Dieu. Il se lance alors dans une bataille perdue d'avance en ordonnant l'érection d'une deuxième tour, non loin de la première, à Babylone.

Esclaves, serviteurs, guerriers, femmes, enfants, tout ce qui reste de cette servitude humaine qui ne se comprend plus ne parvient qu'avec difficulté à bâtir le second édifice. Nemrod les invective et les oblige à travailler plus vite et plus fort. La vie des siens n'a plus de valeur. Quand un homme tombe et meurt, nul ne le pleure, quand une seule brique échappe et s'écrase au bas, alors tous s'asseyent et s'exclament : « malheur à nous ! »

La tour atteint près de cent kilomètres de haut (*sic*), pour mieux se protéger d'un autre Déluge et, à la fois, pour atteindre ce que le ciel renferme de divin. Mais l'inéluctable arrive. Devant l'outrecuidance et l'entêtement des hommes, Dieu détruit également cette construction monumentale, dont je ne trouverai qu'une vague trace au sol, dans le site de Babylone.

Les juifs déportés, puis prisonniers de la toute-puissante et grandiose cité, point de convergence des langues et des peuples, n'ont rien connu de semblable dans la Jérusalem de leurs origines. Le récit biblique prend alors un sens symbolique où les rédacteurs ont voulu frapper les esprits.

Les atteintes du temps et les divers envahisseurs ont pu avoir raison de la ville et de la tour. La fascination-répulsion, éprouvée par les déportés devant la magnificence et la volonté hégémonique de Babylone, a pu inspirer, comme on l'a vu pour le Déluge, les rédacteurs du Livre.

Il fallait réunifier le peuple juif dispersé entre la Mésopotamie et les rives de la Méditerranée. Les auteurs auraient écrit, à dessein, des images fortes, transformant là encore en paraboles de probables faits géophysiques. En attribuant sa destruction au châtiment divin, ils démythifient ainsi Babylone et proposent aux hommes d'en tirer un sens religieux.

Lorsque l'historien grec Hérodote, « le père de l'Histoire », relate au Ve siècle sa visite de la tour de Babel, il évoque vraisemblablement celle, bien plus tardive, reconstruite par Nabuchodonosor II et terminée en 539 par Nabonide, qui s'en attribue l'honneur. Hérodote décrit une tour composée de huit terrasses, autour desquelles s'enroule un chemin, avec des salles de repos équipées de bancs. Le tout s'élève à 91 mètres avec, en son sommet, un temple où se trouvent un large lit et une table d'or, réservés aux ébats du roi.

*

À trois cents kilomètres de là, au sud-est, sur le site d'Ur, dix-huit siècles avant notre ère, à l'époque de l'enfance d'Abram, s'étendait une ville aux rues étroites et aux places animées.

Je vagabonde autour de la Ziggourat, au milieu des étals imaginaires regorgeant d'épices, de fruits, de légumes, et me promène entre des chèvres et des moutons oniriques. Je réinvente les marchands qui vendent leurs ballots de laine et des mottes de graisse. Des artisans travaillent le cuir, l'argile pour la poterie, des orfèvres réalisent des bijoux, dans des matières précieuses. Les vanniers tressent le roseau, comme leurs descendants aujourd'hui perpétuent les mêmes gestes sur tous les souks d'Orient. Des ateliers de tissage et de couture, riches en personnel, proposent étoffes et vêtements. Plus loin, un peu à l'écart, les métallurgistes et les forgerons battent le cuivre, le fer et le bronze.

À quelques centaines de mètres, à l'ouest du Tombeau des Rois, tout un quartier réunit des habitations spacieuses, avec patios et fontaines, comprenant souvent dix à quinze pièces, qui abritent des clans entiers, dont les frères du chef de famille, ses neveux, ses nièces, les épouses et leurs enfants.

La maison d'Abram a été « identifiée » par le Département des antiquités irakiennes, qui l'a reconstituée dans l'un des anciens quartiers résidentiels d'Ur. Mon guide-historien Othman et son cousin militaire m'amènent jusqu'à la villa, me montrent fièrement combien elle est cossue, toute longue, en briques d'argile jointes par un mortier de glaise et de bitume. Il ne manque que la cruche d'eau, près de la porte d'entrée, pour les ablutions. Les murs, qui enfermaient la vie domestique, semblent léchés de toute salissure, comme s'ils venaient de subir les assauts de brosses et de balais. Autant de perfection suscite davantage mon scepticisme que mon admiration. De multiples petites pièces donnent sur une salle centrale, creusée d'un puits en son milieu, avec trois autres salles séparées, comportant chacune son propre puits.

J'essaie d'imaginer Abram, adolescent, puis jeune adulte, quand il s'éveille aux questions qui lui parasitent l'esprit. Je le sens, la pensée en effervescence, se heurtant à l'ignorance et à la cécité, méditant ici, dans la pièce à ciel ouvert, tirant de l'eau, se lavant les mains au bassin... Les parois de briques s'animent de l'exaltation, des rires, de la tristesse, des naissances, du tumulte familial, des coutumes, des règles qui fondent la tribu, et plus tard érigeront un peuple.

Othman me ramène brusquement à la raison et m'indique le sol pavé de grandes dalles de pierre, attendant des commentaires admiratifs. Je m'extasie pour la forme. Puis il insiste sur le plafond de l'ensemble qui a disparu aujourd'hui :
— Il n'a pas été reconstitué pour permettre une meilleure visibilité depuis l'extérieur, en surplomb, me dit-il. La dalle de bois et de terre reposait sur la structure, à moins de deux mètres du sol.

Je gravis l'escalier intérieur qui menait à l'étage où se trouvaient les chambres. Abram partageait-il la sienne avec ses deux frères cadets Nahor et Harân ? Sa « sœur » et future femme Saraï logeait-elle au premier ? Et la mère de celle-ci ? Je reste dans les pas de mon guide et approuve à nouveau ses exclamations, par des onomatopées chaleureuses. Aujourd'hui, seul le rez-de-chaussée est rebâti, mais l'ensemble laisse deviner un confort aisé. Protection armée des lieux, murs refaits à neuf, aucune trace de graffitis cunéiformes ou arabes, de tags ou de messages d'amour récents n'est visible. À trop vouloir valoriser leur patrimoine, les restaurateurs ont tiré, hélas, de cette habitation mythique une sorte de « maison témoin », digne des constructions préfabriquées de nos promoteurs balnéaires contemporains.

— La maison d'enfance du patriarche doit être digne de celui qui va changer le destin des hommes, rétorque doctement Othman à mes remarques persifleuses.

*

Dans l'Ancien Testament, les évocations du Père des croyants sont nombreuses. Elles apparaissent principalement dans la Genèse. La première occurrence précise : *Térah* – descendant de Noé par Sem – […] *engendra Abram, Nahor et Harân*[1]. Trois fils, comme Noé.

---

1. Gn XI, 26.

Pour le judaïsme, Abraham triomphe des dix épreuves que Dieu lui a imposées. Par lui, puis par Isaac et Jacob, le peuple juif a scellé l'Alliance avec Yahvé qui lui promet une terre et une descendance innombrable.

L'actualité du patriarche s'exprime largement aujourd'hui, à travers de multiples témoignages de pérennité de cette Alliance. La circoncision, par exemple, ou les prières, celles du nouvel an juif de Roch Hachana[1] en particulier, auxquelles je me mêlerai deux ans plus tard dans la Grande Synagogue de Jérusalem. Elles invoquent le Dieu d'Abraham, perpétuant ainsi son rôle fondateur.

Le christianisme reconnaît également Abraham comme l'un des premiers patriarches. Ainsi en témoignent, notamment, saint Paul dans son Épître aux Romains[2], et saint Luc dans son Évangile[3]. Il incarne, chez les chrétiens, les vertus de foi, d'espérance et de charité. Il symbolise aussi ce que l'iconographie byzantine a appelé la « philoxénie », l'amour manifesté à l'autre, à l'étranger de passage. Cette pratique de l'hospitalité est matérialisée dans l'épisode de Mambré (Hébron), où Abraham reçoit les trois mystérieux voyageurs, sorte de Trinité, « à qui » il

---

1. Nouvel an juif, qui dure deux jours et tombe les premier et deuxième jours de Tichri. Cette fête annonce les « dix jours de pénitence » qui conduisent à Yom Kippour.
2. Rm IV, 1-22.
3. Lc I, 73.

sert un véritable festin, comme en signe annonciateur de la Cène.

Aux Chênes de Mambré, je prendrai conscience de ce puissant symbole d'unicité : la rencontre avec le sacré, comme si, face à ces trois visiteurs, Abraham se savait en présence du Seigneur Lui-même.

Le Coran, qui rapporte la parole divine par Mahomet, descendant d'Ismaël, et donc d'Abraham (Ibrahim en arabe), présente le patriarche comme l'un des grands prophètes de l'islam.

Il lui est attribué, ainsi qu'à son fils Ismaël, l'élévation de la Kaâba à La Mecque, qu'il a dès lors érigée en thème central de la foi islamique. Ces lieux saints voient converger chaque année des millions de pèlerins, fidèles à son message. Je m'y prosternerai, au cours du pèlerinage du Hadj, dans la Grande Mosquée du Haram à La Mecque, sans différence entre riches et pauvres, invoquant le patriarche, son fils Ismaël et Hagar, la mère de ce dernier. Abraham, dit le Coran, n'était ni juif ni chrétien, mais le premier vrai croyant, « soumis » à Dieu.

Au temps de la grandeur d'Ur, les hommes créent sans cesse de nouvelles divinités. Cette profusion de dieux naît de ce que chaque nouvelle idole n'apporte pas de réponse rassurante. Aussi, l'image d'un père unificateur et intercesseur aurait-elle pu présenter une

---

1. En langue arabe *muslim,* d'*aslama,* qui signifie se soumettre à Dieu, le croyant fidèle se considérant comme serviteur de Dieu.

alternative au polythéisme. Abraham serait ainsi le produit d'une culture en mal de foi, une création des hommes en désir de Dieu, la nécessité de se reconnaître dans le Créateur. Freud ne place-t-il pas le besoin religieux, hérité d'Abraham, dans le besoin de protection par le Père[1] ? Dans cette hypothèse, le patriarche serait à considérer comme un mythe à figure humaine, aux facultés remarquables, qui aurait servi à symboliser la croyance des hommes en Dieu.

D'Abraham on ne sait rien, disent les scientifiques. Il demeure néanmoins immortel et même intensément vivant.

Personnage inventé de toutes pièces ou fruit d'une réalité née sur les lieux et à l'époque où le mythe aurait pris naissance, il a pu être un homme lige, charismatique, chef d'un groupe sémitique nomade. L'imaginaire collectif en aurait ainsi adopté l'image emblématique, ou même le composite de plusieurs, pour y inscrire son besoin de croyance, lui attribuant des réponses aux questions essentielles.

On assisterait ainsi à l'aboutissement cumulé de l'histoire et du besoin spirituel des hommes, mêlé de narrations épiques.

Mythique ou historique, Abraham représente aujourd'hui, incontestablement, le plus fort symbole

---

1. *Malaise dans la civilisation,* Paris, PUF, 1976, p. 16 ; *cf.* également Marie Balmary, *Le Sacrifice interdit : Freud et la Bible,* Paris, Grasset, 1986.

unificateur des religions monothéistes, celui qui a cru en la perfectibilité de l'homme et l'a tiré de son égarement.

Chapitre II

Les abîmes de l'âme

Une nuit, Nemrod fait un songe. Ses divinités de pierre se battent et s'écroulent, troublant son sommeil. Certaines, douées de la parole, lui annoncent les pires malheurs s'il ne reconnaît pas le Dieu unique.

À l'époque, il est communément acquis que les rêves expriment la vie réelle du passé, du présent ou de l'avenir, que le songe peut traduire des situations futures à l'insu de la conscience, ou qu'il constitue une révélation envoyée aux hommes, par les dieux.

Nemrod, qui se prétend incarnation divine, se préoccupe, tel un simple mortel, de ses visions nocturnes. Comme les autres monarques de ces temps, il s'entoure de savants et d'érudits : médecins, exorcistes, chantres, astrologues, interprètes de présages célestes et terrestres… Ses oracles consultés lui annoncent une prophétie stupéfiante : la naissance imminente d'un garçon au destin plus immense encore que le sien. Il portera pour nom Abram et s'opposera à lui, le plus grand des rois, ainsi qu'aux dieux du panthéon de Sumer, d'Akkad et de Babylone !

Le despote, d'essence supérieure, ne devrait pas redouter de voir ses desseins contrariés. Il ordonne néanmoins, sur tout l'empire, l'exécution immédiate des enfants mâles qui viendront au monde dans les deux ans.

Othman se tait soudain et sourit devant mon air réservé quant aux lieux et aux conditions de naissance d'Abram. J'ai lu et entendu tant de versions divergentes, tant d'affirmations contraires, que ma crédulité, même bienveillante, se voit mise à rude épreuve :

— Où est-il né et de quelle mère ? Déjà faudrait-il s'accorder sur le prénom de celle qui lui a donné le jour, dis-je à l'historien.

— Dans la tradition orale de Mésopotamie, l'épouse de Térah, mère d'Abram, est appelée Amatlaï. La tradition islamique la désigne sous le nom d'Usha.

— Pour l'Église éthiopienne, qui a livré entre le IVe et le VIe siècle de nombreux textes[1], elle se nomme Edna, cousine germaine et femme de Térah. Aussi, cher Othman, pour plus de facilité, je vous propose de conserver Edna.

Il reste un instant silencieux comme s'il cherchait une raison mystérieuse à mon choix, puis reprend son récit :

— Pour sauver son enfant à naître, dont elle pressent qu'il sera un garçon, la future mère se retire dans

---

1. *Cf.* le *Livre des Jubilés.*

une grotte des marais du Sud chaldéen, où elle met au monde Abram. Après l'avoir sevré, elle l'y cache durant treize années, le confiant à une nourrice et à un sage.

— Mais toute la zone est infiltrée d'eau ! De la région d'Ur jusqu'au Chatt al-Arab, elle ne présente qu'une surface plane. Il paraît difficile d'y trouver une seule grotte, même enfouie dans le méandre des marécages !

Devant mon scepticisme Othman, qui en convient, me propose d'autres versions :

— On peut penser qu'Edna a mis au monde Abram sur un îlot, comme il y en a des centaines dans la zone des marais. Elle aura pu le cacher, durant toute l'enfance, dans une cabane en nattes de roseaux, comme on continue d'en tresser encore aujourd'hui. Mais la version la plus répandue dans nos régions est celle de la tradition islamique, reprise par l'historien al-Tabarî[1] : Edna avoua avoir accouché d'un fils, mais prétendit qu'il était mort. Elle cacha Abram dans une caverne, située sur une hauteur, lui donna le sein à le gaver, puis le laissa plusieurs jours seul, refermant la caverne d'une grande pierre plate, pour le protéger des animaux et des hommes. Cet abandon prouverait, si le nouveau-né en réchappait, que le destin voulait

---

1. Abou-Djafar Mo'hammed-ben-Djarîr-ben-Yezîd Tabarî, appelé Mohamed al-Tabarî, historien musulman né à Amol, dans la province du Tabarîstân, en 839 apr. J.-C. Il passa la plus grande partie de sa vie à Bagdad où il mourut en 923 apr. J.-C. Œuvre principale : *La Chronique, Histoire des prophètes et des rois.*

qu'il vive. Quand elle revint, Abram suçait son pouce d'où coulait du lait que Dieu lui procurait, comme si le nourrisson puisait à la mamelle.

La tradition rabbinique s'étend peu sur la question de la naissance du patriarche, s'attachant davantage au sens éthique dont il témoigne par sa venue sur terre plutôt qu'à des considérations géographiques et circonstancielles.

J'irai d'imams en historiens, d'évêques en conservateurs, pour finalement voir confirmer par recoupements une hypothèse qui, malgré ses quelques variantes, reste relativement proche de celle livrée par Othman. Abram aurait pu naître, non dans les marais, mais dans cette fameuse caverne de Borsippa, à deux cent soixante kilomètres au nord-ouest d'Ur, non loin de Babylone, dans le décor lunaire de la première tour de Babel. Puisqu'il est dit qu'il aurait vu le jour dans une grotte située sur un monticule, celle-ci est la seule à des dizaines de kilomètres à la ronde. Je retournerai l'explorer ultérieurement, lors de ma remontée de l'Euphrate.

Où qu'il soit né, Abram a dû entrer dans le monde des vivants sous des litanies de prières et d'incantations au dieu-lune. Edna, comme toutes les Mésopotamiennes, l'aura libéré accroupie, le buste incliné vers l'avant, le cordon coupé à l'aide d'une lame de roseau. Les tablettes sumériennes rapportent toutes les phases de la venue au monde d'un nouveau-né. Elles disent même comment on le soulève et le renverse, la tête en bas, jusqu'à ce qu'il pousse son premier cri.

Pour Abram nous ignorons si un certificat de naissance sera un jour découvert. D'autres l'ont été, puisqu'il arrivait, déjà à l'époque, que l'on en rédige. On y indiquait le jour, le mois, l'année et l'heure de naissance d'un individu afin d'utiliser ensuite ces éléments pour établir son horoscope.

— Savez-vous, me dit Othman, que Térah, le père d'Abram, exerçait le métier d'antiquaire ?

La nouvelle me surprend, un instant. Mais ce récit, que j'ai retrouvé depuis dans *Les Oracles sibyllins,* n'est pas aussi incongru qu'il y paraît. Les siècles antérieurs à Térah ont produit des civilisations riches en sculptures, stèles, bas-reliefs et autres objets précieux, revendus à des amateurs, comme il en est de nos jours. La statuaire de la période sumérienne de – 3500 à – 2000 constituait une marchandise appréciée, surtout pour les éléments de culte[1]. S'il réalise des statuettes à l'effigie de Nemrod, afin que le peuple puisse vénérer le monarque, on peut bien accepter l'idée que Térah soit devenu l'un de ses confidents et qu'il appartienne à l'élite sociale.

La tradition rabbinique, ainsi d'ailleurs qu'un texte du XIe siècle rédigé en Espagne, *Le Livre des justes,* le présente même comme un grand chef de l'armée de Nemrod, supérieurement apprécié de son souverain.

Quant à la tradition islamique elle en fait un vizir, ministre du roi, à la fois sculpteur d'idoles et administrateur des trésors du royaume.

Mais les puissants sont comparables au feu, dit un

---

1. *Cf.* Jean-Jacques Glassner, *La Mésopotamie,* Paris, Les Belles Lettres, 2002.

sage : plus on en est éloigné, moins on profite de ses bienfaits ; plus on en est près, plus on risque de se brûler.

— Quelques années s'écoulent, poursuit Othman, d'une prime jeunesse cachée à Borsippa, placée sous la protection de l'ange Gabriel. Abram suit l'enseignement d'un ermite qui l'éduque, et l'éveille aux questions essentielles : le mystère, les astres et la lumière, le ciel et la terre, la place de l'homme dans l'univers et celle de l'univers en l'homme. Avec son épouse, Edna, Térah engendre deux autres garçons, Nahor puis Harân. Ainsi lorsque Abram, à l'âge de treize ans, rejoint sa famille, il se découvre deux frères cadets.

Devant mon étonnement sur ce retour à Ur de l'enfant caché, et face à mes interrogations sur les immanquables réactions de Nemrod, Othman me rapporte la tradition orale qui donne une explication apaisante. Une fois encore les légendes ont la réponse.

— Térah désire retrouver son fils. La qualité de ses relations avec le roi lui permet de convaincre celui-ci qu'il n'y a plus de raison d'inquiétude. L'enfant de la prédiction a certainement trouvé la mort parmi les nouveau-nés exécutés, ce qui écarte tout danger pour le monarque.

— Laissez-moi vous dire, cher Othman, la version que rapporte le *Livre des justes,* sur la naissance d'Abram. Les savants de Nemrod célèbrent, chez Térah, la venue au monde de son fils. Or voilà qu'au sortir de ces libations les sages observent dans la nuit un phénomène céleste, dont ils tirent le plus mauvais des présages : Abram deviendra immense et engendrera une multitude de nations. Lui et les siens extermineront les rois, pour prendre le pouvoir sur la terre. Nemrod, informé, tente alors d'acheter Abram à son père, pour l'éliminer. Térah, redoutant le destin promis à son fils, refuse dans un premier temps, puis lui substitue le nouveau-né d'une esclave. Et Nemrod fracasse le crâne de l'enfant, mettant fin ainsi, du moins le croit-il, à toute menace. Or, le temps que l'histoire efface Abram des mémoires, Térah le cache avec Edna et une nourrice, dans une grotte. Plus de dix années s'écoulent jusqu'à ce que le père vienne délivrer les siens et place son premier né chez Noé et Sem, où il apprendra la Torah.

Quels que soient les récits et les anachronismes, les conclusions se rejoignent : Abram échappe au funeste dessein de Nemrod et rejoint sa famille vers l'âge de treize ans. Ainsi triomphe-t-il, à son insu, selon la tradition rabbinique, de la première des dix épreuves que Dieu lui impose[1].

Dans la cité d'Ur du XVIIIe siècle av. J.-C., la vie du jeune garçon doit s'écouler comme celle de nombreux adolescents de l'époque, en Mésopotamie. Il participe aux travaux des champs, garde les moutons et fréquente aussi l'école, contrairement aux filles qui en sont privées.

— Il sait écrire dès qu'il a « deux semaines d'an-

---

1. *Cf.* Marc Alain Ouaknin et Éric Smilévitch, *Chapitres de Rabbi Éliézer,* Verdier, Paris, 1983, chap. 26, p. 155.

nées », me dit Othman, ce qui signifie à l'âge de quatorze ans. C'est son père qui lui enseigne l'alphabet, car Térah, lettré, s'attache à l'instruction de son fils quand celui-ci rejoint le foyer.

Auparavant, si l'érudit de Borsippa l'a effectivement formé et si Abram s'avère doué, comme on peut aisément le supposer, l'enfant n'a aucune difficulté à suivre ce nouvel enseignement dispensé dans des petites institutions réservées à cet effet. Il y apprend le calcul, la géométrie, l'astronomie étroitement liée à l'astrologie, mais aussi la sagesse, la philosophie et bien sûr l'écriture, inventée déjà depuis plus de mille cinq cents ans par les Sumériens. Abram, comme ses camarades de classe, grave des lettres cunéiformes sur des tablettes d'argile, à l'aide d'un calame, petit ustensile de roseau taillé en pointe.

D'un milieu social privilégié il doit savoir lire et écrire. Il aura appris le système de calcul complexe des tables de multiplication, des inverses, des racines carrées, la résolution des équations du premier degré à une inconnue, mais aussi des équations à deux et trois inconnues. De nombreuses tablettes akkadiennes et babyloniennes, retrouvées dans la région, prouvent l'usage courant, avant l'invention de l'écriture, de l'arithmétique et de la géométrie dès le IVe millénaire, sciences utilisées notamment en astronomie. L'une de ces tablettes, datant d'avant – 1900, représente même une formule arithmétique qui préfigure le fameux théorème de Pythagore.

Je devine le jeune Abram, bénéficiant d'un enseignement de qualité, partageant son temps entre l'atelier paternel et ses cours, dans une petite école privée. Les professeurs instruisent à leur propre domicile, ce qui me fait imaginer l'adolescent fréquentant cette maison du – XVIIIe siècle, découverte à Ur par des archéologues, où des textes lexicaux, grammaticaux et cadastraux voisinaient avec des œuvres littéraires. Le maître des lieux assurait la double charge de prêtre et d'éducateur. Sa demeure abritait une bibliothèque personnelle dans laquelle figurait une collection d'hymnes au roi et aux divinités.

De nombreuses tablettes scolaires ont été retrouvées et se reconnaissent à leurs listes de signes, de syllabes, ou de mots de vocabulaire.

La culture de l'époque se transmet, mais se conserve aussi dans des bibliothèques, royales ou particulières. Celle des rois d'Assyrie renfermait des textes religieux et médicaux, comme celles de Babylone et d'Uruk.

Abram suit peut-être ses études dans cette autre institution de la ville où l'effort porte sur les textes mythologiques, les dialogues, les épopées, les dictons et les proverbes. Il s'ouvre alors à des questions fondamentales, aux choses permises à l'homme et à celles interdites par une éthique évidente, aux interrogations touchant à l'ordre du monde, aux spéculations éternelles sur la nature de l'univers. Mais on ne lui enseigne que la religion de Sumer, où toute situation résulte des dieux. L'esprit humain ne peut atteindre aux pensées mystérieuses des divinités. On admet les quêtes, les chemins de sagesse, les voyages mystiques, les légendes et les épopées, mais ces études ne peuvent aboutir à d'autres explications que celles des mythes et des figures polythéistes du panthéon mésopotamien. Telle est la religion des grands prêtres.

Or les lois régissent l'ordre public. Des écoles de droit forment des juges et bien avant Hammourabi, dont le célèbre code est fort de ses deux cent quatre-vingt-deux articles, d'autres rois ont pourvu au respect des règles qu'ils édictent. Déjà Ur-Namu, trois cents ans plus tôt, a institutionnalisé un code qui concerne les droits matrimoniaux, l'adoption, la succession, la propriété, les atteintes à la personne physique, comme l'homicide, mais aussi le viol, l'inceste, le vol et même la diffamation et la calomnie. Dans la société de l'époque, les traditions religieuses constituent un cadre auquel il est difficile de déroger et dans ce carcan de croyances bien établies, le jeune Abram se confronte aux éminences locales et à la foule qui leur obéit.

L'atelier de Térah aurait dû se trouver, en toute logique, dans l'environnement immédiat de la Ziggourat, zone de passage obligé pour aller célébrer les divinités. Cette échoppe devient un point de convergence des interrogations d'Abram, un lieu où ses questions se concrétisent, quand il se heurte aux idoles « fabriquées » par son père. La Bible est peu diserte sur la vie du futur patriarche, à « Ur des Chaldéens ». En échange, l'*Apocalypse d'Abraham*[1] apporte de nom-

---

1. Manuscrits datés du XIVe siècle pour les plus anciens, jusqu'à la fin du XVIe ou début XVIIe pour les plus tardifs. *Cf. La Bible, Écrits intertestamentaires, op. cit.*

breux éléments dont certains passages ont acquis une relative autorité. Les sources remontent à d'anciennes transmissions orales. Elles ont fait l'objet de plusieurs traductions successives, issues de vieux écrits hébreux, repris en grec, puis en slave, avant de parvenir jusqu'à nous. La première manifestation du doute d'Abram, rapportée dans cette *Apocalypse,* a trait aux « dieux de bois et de pierre, d'or et d'argent, de bronze et de fer » qu'il rabote.

Il s'agit d'un rare texte qui lui est attribué, où il apparaît comme le narrateur et s'exprime à la première personne, mode qui veut conférer ainsi, à cet écrit, un caractère d'authenticité. Les sculptures évoquées constituent des travaux en cours, de son père Térah et de son frère Nahor, ce qui laisse entendre que le benjamin travaille aussi à l'atelier :

Abram entre dans le temple et trouve la statue du dieu Marumath, « en pierre et de haute taille », tombée à terre. Alors qu'il tente de la relever avec l'aide de son père, la tête de l'idole se détache et tombe au sol. Térah, qui ne se formalise pas de l'incident, sculpte à nouveau un corps à ce dieu, sur lequel il fixe la tête du bloc brisé.

À la suite de cet épisode, qui semble le troubler, Abram poursuit le récit d'une autre mésaventure :

Il charge sur un âne cinq statues de dieux que son père lui a ordonné d'aller vendre. Le jeune homme croise des marchands syriens qui se rendent en Égypte, à dos de chameau. Au passage d'Abram, les bêtes se mettent à blatérer, l'âne prend peur et part au galop, laissant choir les statues dont trois se brisent. Les marchands, estimant qu'il en va de leur responsabilité, achètent les deux sculptures intactes pour le prix des cinq et laissent les morceaux brisés à Abram, qui les jette dans une rivière où il les voit s'enfoncer.

Sur le chemin du retour, les étendues sublimes lui apportent le vide de l'esprit propice à la méditation. Il se sent désemparé et s'interroge : quelle capacité ont ces dieux de pierre à sauver les hommes, à les entendre et à les exaucer, alors qu'ils ne sont pas en mesure de se sauver eux-mêmes ?

Certaines traductions[1] poussent plus loin la réflexion d'Abram : son père ne devrait-il pas être le dieu de ces dieux, puisqu'ils n'existent que par son œuvre ? Ses statues, ses créations ne devraient-elles pas l'adorer, lui, leur inventeur ?

Quand le fils rapporte les faits, l'argent et surtout l'état de ses déductions à Térah, ce dernier entre dans une violente colère.

Ces récits, ou d'autres variantes, m'ont été relatés à de multiples reprises par des universitaires, en Irak, en Syrie et en Turquie, où ils sont fréquemment, et à tort, attribués au Coran, ce qui les rend indiscutables. En réalité on retrouve ces légendes merveilleuses dans la *Chronique* de l'historien iranien du IXe siècle, al-Tabarî, qui enseignait la théologie à Bagdad, et qui écrivit une captivante histoire du monde, des origines à son époque. Cette somme, inspirée de la tradition

---

1. *Ibid.*, *cf.* Ndpb III, 2, p. 1699.

biblique, a rencontré en son temps un immense succès dans le monde musulman, contribuant largement à bâtir la tradition de l'islam[1].

Dans le Coran, de nombreuses sourates s'élèvent contre les idolâtres et certaines abordent le conflit entre Abram et son père. Parmi les versets qui traitent du différend entre les deux hommes, je citerai celui de la sourate Marie[2] :

Il dit à son père :
« Ô mon père !
Pourquoi adores-tu
Ce qui n'entend pas
Ce qui ne voit pas
Ce qui ne te sert à rien ? »

Dans l'*Apocalypse,* qui lui est attribuée, Abram continue la narration de sa prise de conscience par un autre récit, déterminant celui-ci. Il démontre à son père la vanité de ses idoles et conclut par son inéluctable conviction du règne d'un seul dieu créateur, implicitement omniscient et omnipotent. Mais Térah demande à son fils de lui préparer le repas, en allumant un feu avec quelques copeaux restants des dieux de sapin qu'il a sculptés. Dans le tas de résidus Abram découvre une petite statuette de bois, portant sur le front une inscription « Dieu Barisa ». Il s'apprête à quitter la pièce et dépose la divinité devant le feu, lui

---

1. Avec l'œuvre du persan al-Bukhâri (810-870), dont les œuvres continuent à faire autorité en matière de *hadith,* ensemble des récits qui relaient les propos et les actes du prophète Mahomet.
2. Cor XIX, 42.

demandant comme en défi de surveiller l'âtre et même d'attiser les flammes, si besoin est.

À son retour l'idole se consume lamentablement pour finir en cendres. Abram apporte alors le repas à son père et lui relate l'histoire. « *Grande est la puissance de Barisa,* s'exclame Térah. *Je vais en sculpter un autre aujourd'hui de sorte qu'il prépare mon repas de demain.* » « *Moi,* dit Abram, *je me mis à rire dans mon esprit et je gémis dans l'amertume et la colère de mon âme.* [...] *Barisa a été brûlé par le feu, il est devenu cendres* [...] *Ce qui est insoumis* (au feu) *se soumet à lui.* [...] *Mais celui-là non plus je ne l'appellerai pas Dieu car il est soumis aux eaux*[1]. »

Ainsi commence son parcours à travers l'énigme, sa recherche dans les abîmes de l'âme. Pourquoi existe-t-il quelque chose ? Le monde ne peut avoir surgi de nulle part ? Comment concevoir sa matière alors qu'il est impossible aux hommes et aux statues de pierre de la créer ? Et qu'en est-il du chaos ?

Abram déroule ainsi une longue démonstration par laquelle il écarte le culte des éléments, que régiraient les divinités, énumération dont l'aboutissement le mène inévitablement à Dieu :

Les eaux sont dignes de vénération car elles triomphent du feu, sans pour autant être Dieu.
La terre l'emporte sur la nature, mais elle est séchée par le soleil.

---

1. Écrits intertestamentaires, op. cit., V, VI, 1-10.

Les abîmes de l'âme

Cet astre éclaire le monde, cependant il ne peut être Dieu puisqu'il disparaît à la nuit, pas plus que ne sont Dieu la lune et les étoiles, elles-mêmes absorbées par l'obscurité.

Face au spectacle de la lumière qui englobe et envahit l'espace, face au mystère du mouvement qui semble ne pas avoir de trajectoire définie, pas d'origine, pas de fin, face au ciel et à l'infini, face au caractère inéluctable des êtres et des choses, face à l'homme qu'il juge comme l'une des plus extraordinaires créations, Abram n'imagine rien de plus grand que Dieu[1].

Voilà ce qu'il sent, qu'il veut dire et le dépasse encore.

Dans ce texte on le voit jeune, infiniment respectueux de son père, dans des élans retenus, avançant avec prudence vers sa découverte progressive de l'évidence divine. Quand la statue de pierre du dieu Marumath se brise et que Térah la recolle, Abram ravale dans le silence les pensées qui l'assaillent. Il comprend qu'on lui ment, que l'auteur de ses jours agit comme les autres faux prophètes de la cité, à la lisière du mal. D'ailleurs comment définir la frontière entre le bien et le mal, entre les bons et les mauvais ? De quel droit juger à moins d'être parfait, sinon l'Être parfait ?

Quand Abram voit s'enfoncer dans l'eau les restes des statues vendues aux marchands syriens, le doute et les interrogations le saisissent. Une autre vérité lui demeure-t-elle hors d'atteinte, tant elle semble incompréhensible ? Et s'il se trompait ? À ses questions

---

1. *Ibid., cf.* VII, 1-7.

inquiètes, sur les divinités incapables de se sauver des eaux, son père ne sait lui opposer que la colère.

Térah aurait-il de bonnes raisons d'écarter tout dialogue sur le sujet ? Ne voudrait-il pas esquiver une discussion embarrassante ? Qui est mieux placé que lui pour savoir que ses sculptures n'ont rien de divin ? D'ailleurs quand Abram demande à son père de ne pas adorer les idoles « *qui sont un égarement* », Térah avoue : « *Je le sais, moi aussi, mon fils. Mais que ferais-je à des gens qui m'ont ordonné pour servir* (les idoles). *Si je leur dis la vérité, ils me tueront*[1]. »

Comment un homme jeune, sain de corps et d'esprit, dont les maîtres ont entrouvert les portes de la conscience, peut accepter sans discuter les règles imposées par les grands prêtres ? Quand les questions lui vrillent l'entendement, le tordent et s'imposent, quand il ne peut plus souffrir l'absence de sens, alors la conviction s'insinue peu à peu, jusqu'à ce que l'illumination jaillisse : une puissance supérieure à tout ! Un Maître suprême hors et au-dessus de l'humanité, externe et interne à elle, qui fixe les lois de la nature et la marche des astres.

*

Avec Othman, guidés par notre passion commune, nous en oublions le danger et arpentons l'espace d'Ur, sans nous préoccuper des Datsun armées, incongrues, qui prennent position sur le site. Notre présence ne

---

1. *Livre des Jubilés* XII, 6-7.

semble contrarier personne. Les mitrailleuses calées entre ces ruines multimillénaires profanent l'histoire et le temps. Un sentiment étrange m'envahit devant cette atmosphère de mort quand, au même moment, je tente de donner chair à un Abram de vingt ans.

Je le suppose de taille moyenne, comme la plupart des hommes de son époque, robuste, puisque confronté dès sa prime enfance à la rugosité de la vie des marais et des déserts.

Brun ou blond ? Il aura peut-être hérité de son ancêtre Noé dont *le corps était plus blanc que neige et plus rouge qu'une rose, toute sa chevelure était blanche, comme de blancs flocons, bouclée et splendide*[1].

Le patriarche, rapporte le prophète Mahomet, se lève un jour et voit que sa barbe a soudainement blanchi. Il s'en étonne et interroge Dieu : « *Ô Seigneur, qu'est ceci ? Une voix se fit entendre [...] qui disait : cela est un signe d'intelligence et de douceur. Abraham ajouta : Ô Seigneur, augmente mon intelligence et ma douceur*[2]. » Le Tout-Puissant entend la prière et, comme il le fera à nouveau avec Moïse, Jésus et Mahomet, Il initie Abram aux préceptes de la foi, que le sage enseignera à son tour.

Edna le voit plongé dans ses réflexions, dès l'enfance. Elle doit craindre qu'il ne se consume dans des relations coupables avec d'autres garçons ; les parents

---

1. Robert Graves, Raphaël Patai, trad. Jean-Paul Landais, *Les Mythes hébreux,* Paris, Fayard, 1987, 19, C. Voir aussi *Henoch* 1, CVI, 2, ainsi que Ndbp 2, p. 621.

2. Mohamed al-Tabarî, trad. Hermann Zotenberg, *La Chronique, Paris,* Actes Sud/Sindbad, 1989, vol. 1, p. 170 ; voir aussi p. 69.

mariaient leur fils dès le plus jeune âge, pour lutter contre le risque d'« errances ». Mais le caractère qui se dégage à travers les textes le décrit non conformiste, indépendant d'esprit, observant discrètement l'homme dans ses folies. Il ne vit pas sa jeunesse en rebelle, violent, farouche, révolté, désespéré. Plus tard peut-être.

Adolescent, ses doutes le fragilisent et son regard s'embrase bien des fois, de rage, même s'il sait se garder de réactions instinctives et se fondre dans l'anonymat. Il est contraint, comme tous les jeunes, de participer aux parades qui marquent les fêtes du nouvel an et il défile au son d'une formation musicale, en l'honneur de la déesse Inanna, devant les hauts dignitaires de la cité d'Ur. Il consent vraisemblablement à jouer des scènes de combat, accoutré d'un vêtement féminin sur le côté droit du corps et masculin sur la partie gauche. Il doit agir sous des faux-semblants de crédulité, accepter ces compromissions dont on se relève mal.

Adulte, malgré sa pensée sans cesse en ébullition, sa vigilance toujours en éveil, il a la lucidité innée des justes, et si on le dit impétueux, c'est qu'il pense, dérange et se révolte devant ceux qui se complaisent dans la dévotion aux divinités.

Et Saraï ?

Quand plus tard, en Égypte, Pharaon voudra l'épouser[1], ou quand elle vivra la même situation avec Abimelech, roi de Gerar[2], Abraham affirmera qu'elle est sa sœur. Aurait-il pu mentir ?

---

1. Gn XII, 10-19.
2. Gn XX, 2-13.

Sur ce point Othman me propose une version en accord avec les ouvrages traitant des civilisations anciennes, qui plaident pour une hypothèse plus acceptable :

— Notre tradition dit que Saraï était sa cousine, la fille d'un oncle paternel d'Abram[1]. Mais elle pourrait être aussi sa demi-sœur, née d'une mère différente, de la sœur d'Edna, par exemple. Dans ce cas les paroles du sage à Pharaon seraient des demi-vérités. On ne peut blâmer Térah d'avoir engendré Saraï avec une autre femme que son épouse : Edna est absente du foyer. Elle est au loin, le temps du sevrage d'Abram resté « à la mamelle » pendant au moins trois ans, comme le voulait la coutume. Dès lors on peut admettre ce qu'on considérerait aujourd'hui comme un faux pas de Térah, d'autant plus qu'à cette époque la polygamie est courante. *Lamesch prit deux femmes*[2], dit la Genèse, *Ada et Cilla*. Les rois ont édicté des codes en faveur des hommes qui peuvent même épouser deux sœurs et Dieu ne transmettra à Moïse le fameux sixième commandement, « tu ne commettras pas l'adultère » que quatre ou cinq siècles plus tard. Quelle que soit la mère de Saraï, elle passe au second plan. Ce qui peut expliquer qu'on n'en trouve la trace dans aucun écrit.

---

1. Othman se réfère à *Jubilés* XII, 9. *Ibid*. 1, passé également dans la tradition islamique.
2. Gn IV, 19 et 23.

Quant à l'inceste, il en est souvent question, dans les *Jubilés* : *Caïn prit pour femme sa sœur Awan.* […] *Seth prit pour femme sa sœur Azura.* […] *Henoch prit pour femme sa sœur Noam.* […] *Caïnan prit pour femme sa sœur Moualelet*[1].

Les rédacteurs de ces récits ne semblent pas troublés par de tels mariages consanguins. À l'époque, le chef de famille épouse généralement une femme de sa tribu et rien n'interdit qu'elle soit sa demi-sœur, issue du même père. À moins que le terme de sœur ne soit utilisé au sens large, comme un membre du même groupe social. Ne sommes-nous pas tous frères et sœurs, en l'humanité, depuis Adam et Ève ?

Saraï était de dix ans la cadette d'Abram, précise la Genèse dans l'un des dialogues de l'Alliance entre Dieu et le patriarche : *Abraham tomba la face contre terre et se mit à rire, car il se disait en lui-même : « Un fils naîtra-t-il à un homme de cent ans, et Sarah, qui a quatre-vingt-dix ans, va-t-elle enfanter*[2] *? »*

— Je préfère l'imaginer adolescente, à l'âge de l'émerveillement, me dit Othman. Brune, comme la plupart des Mésopotamiennes, elle surpasse en beauté toutes les femmes de son temps. Raison pour laquelle les monarques veulent l'épouser. Elle répand tant de lumière autour d'elle qu'elle devait être éclairée par Sîn lui-même. À moins que ce ne soit par Abram ! Je la vois, énergique et de caractère, prête à tous les sacrifices, d'une force propice à épauler son compa-

---
1. *Livre des Jubilés* IV, 9-14.
2. Gn XVII, 17.

gnon qui est toujours à la lisière de la raison et de l'inspiration divine.

À son retour de Borsippa, Abram a treize ans environ. Le voilà donc nubile et Térah peut dès lors le fiancer à Saraï, toute jeune enfant. L'usage veut que le père choisisse, pour son fils, sa future épouse, au sein du clan. Quoi de plus naturel que ces deux enfants, Abram et Saraï, soient promis l'un à l'autre dès leur plus jeune âge, comme l'exige la coutume.

Abram était sémite, de la branche araméenne, même si cette vague d'immigrants semble historiquement arrivée en Babylonie plus tardivement. Il parlait l'araméen, une des langues utilisées à l'époque, de la Mésopotamie aux côtes de Méditerranée. Laban, le petit-fils d'Abram, sera appelé, dans la Genèse, l'Araméen. Les *Livres de Daniel* et d'*Esdras,* dans l'Ancien Testament, ont été écrits en araméen.

À partir de l'Exil, les juifs parleront cette langue qui sera aussi celle de Jésus. Pourtant aucune trace du mot « araméen » n'apparaît de manière incontestée ; on en trouve la première trace écrite au XIIe siècle av. J.-C., même si des suppositions encore discutées en font remonter l'origine quelques siècles plus tôt.

Aujourd'hui la communauté chaldéenne, qui dépend du Patriarcat de Babylone, s'exprime toujours dans la langue d'Abram, que ce soit en Irak, en Syrie, à Washington ou à Paris. Le prêtre de l'Église chaldéenne Saint-Thomas de Sarcelles, dans le Val-d'Oise, ou l'évêque de Notre-Dame de Chaldée, en plein Paris dans le 18ᵉ arrondissement, célèbrent les offices dans cette langue ancienne, qui tire ses origines du pays de Sumer.

Abram et Saraï, fiancés, doivent de toute évidence se marier. La cérémonie actuelle du mariage chaldéen procède selon son propre rituel, né avec l'Église chrétienne d'Orient et tenant compte des influences de ses dissidences, mais elle assure puiser ses sources dans la tradition des temps abrahamiques. Térah a choisi. En les poussant à un engagement oral de l'un envers l'autre, il lie les deux jeunes gens, comme le ferait un contrat, des années durant, jusqu'au véritable mariage. Saraï appartient à Abram, dès la promesse, comme toute femme appartient à l'homme. S'il advenait qu'elle se révèle infidèle, elle risquerait la mort. Les fiancés s'offrent mutuellement des cadeaux, des vêtements, des objets précieux et des bijoux, durant plusieurs années, jusqu'au grand jour.

Le père aura certainement convoqué des musiciens, des danseurs, des acrobates. Les banquets successifs ponctuent les réjouissances fastueuses, qui resserrent progressivement l'union. Il aura sacrifié des offrandes, dans divers temples de la ville, afin d'attirer les faveurs des dieux. On peut difficilement concevoir qu'il ait procédé autrement ; il compte parmi les élites d'Ur. Malgré la réprobation sourde qu'aurait pu opposer Abram, son père, qui ne vit que par son négoce de divinités, ne peut échapper à la tradition face aux notables de la cité.

De son côté, Saraï, comme toutes les fiancées, se prête aux cérémonies du bain et de l'onction. La voilà savonnée, lavée, de sorte d'être aussi pure que l'eau dont on l'inonde. Puis Térah et Abram l'enduisent d'huile de cèdre et de diverses essences qui scellent, de manière irréversible, ce mariage que seule la mort pourra rompre.

Au soir, Abram revêt ses plus beaux habits. Tout un groupe d'amis et de membres de la famille entoure le couple et l'escorte jusqu'à la chambre nuptiale, où la nuit couvrira leurs amours. Le mariage constitue l'acte fondateur de la famille et cette union n'a pour but que la procréation qui doit assurer au couple un héritier mâle, gage d'un engendrement prolifique. Le récit biblique et le Coran disent d'ailleurs combien, sans l'aide de Dieu, ce miracle du peuple d'Abraham n'aurait jamais existé.

*

Othman et moi gravissons l'escalier monumental de la Ziggourat. Les lieux semblent toujours habités de présences et de voix. Nous ne pouvons échapper à l'image d'Abram, sur ces mêmes marches, avec les siens.

La généalogie de la famille est quelque peu complexe. Abram épouse Saraï, et son frère Nahor prend Milka pour femme : deux filles de leur frère cadet Harân, dont le fils, Loth, marquera le chemin du patriarche. Lorsque le clan quittera Ur, Nahor y restera, aura des enfants, puis des petits-enfants, dont un garçon nommé Laban et une fille, Rébecca, qui aura un éminent destin[1].

Quant à Abram, plusieurs écrits précisent que Térah l'appela ainsi en hommage au père d'Edna qui portait déjà ce nom.

Je m'interroge sur les réactions qu'Abraham a pu susciter chez ses frères ; ils ne l'ont pas toujours suivi dans ses « errements ». Je relate à Othman la légende qui éclaire la mort de son cadet Harân, projeté dans les flammes de la « Fournaise ardente » :

— Pour la tradition rabbinique c'est ici, à Ur, qu'ayant brisé les idoles de son père il fut jeté par Nemrod dans un brasier gigantesque : la célèbre « Ur Kassdim » que rapporte la Torah[2]. Harân paria qu'il suivrait le vainqueur de ce duel mythique : son frère ou Nemrod. Sa lâcheté lui coûta la vie, il tomba dans la « Fournaise » où il périt, quand Dieu sauva Abram de l'embrasement.

Othman me sourit.

— Connaissez-vous cette autre version sur la mort de Harân ? Même si elle est judéo-chrétienne, issue du *Livre des Jubilés* et des *Écrits de Qumran,* elle est

---

1. Elle deviendra l'épouse d'Isaac fils d'Abraham, puis enfantera Ésaü et Jacob, Jacob que Dieu nommera Israël.
2. L'épisode de la Fournaise ardente, *Ur Kassdim,* relatée dans la tradition judaïque, se confond souvent avec la destruction de la tour de Babel. Voir notamment : *Livre des Antiquités bibliques* VI, 1-18 ; *Paralipomènes de Jérémie* VI, 20-22, et *Sepher Hayashar* 34-43 ; *Ma'ase Abraham* 32-3 ; *Aboth* V, 4 ; comparer avec Daniel III.

également racontée par les musulmans. Abram se leva une nuit et incendia la maison des idoles. Les habitants d'Ur se réveillèrent et tentèrent de sauver leurs divinités. Hélas, tout disparut dans les flammes, tout se consuma. Harân fut de ceux qui s'élancèrent pour tenter de protéger les dieux de bois et de pierre, mais le feu l'enveloppa à son tour et il mourut brûlé.

Une sorte de joute s'installe entre nous, chacun avançant telle théorie, qu'il tire de sources dont l'historicité demeure bien sûr invérifiable. À mon tour de proposer l'hypothèse de la « Fournaise » livrée par la tradition ottomane, qui la situe en Turquie orientale, à Sanli-Urfa. Cette ville universitaire, distante de soixante kilomètres au nord de la frontière syrienne actuelle, je la visiterai et en rapporterai dans ces pages la légende.

Othman réfute toute version turque, l'ennemi héréditaire. Pour lui l'événement n'a pu se dérouler qu'ici, à Ur, ou vers Babylone, tout au plus. En tout cas, en basse Mésopotamie. Il est, sur ce point, en accord avec la tradition juive.

On trouve, d'autre part, dans un texte araméen du milieu du Ier siècle avant Jésus-Christ, une version différente de l'épisode de la Fournaise. Les hommes de Nemrod voulurent bâtir une tour dont le sommet accrocherait le ciel. Ils se mirent à cuire des briques d'argile, en les gravant chacune de leur nom. Douze d'entre eux refusèrent de participer aux travaux, dont Abram qui y voyait une offense à Dieu. Le chef des bâtisseurs entra dans une colère violente. Puisque ces douze hommes répugnaient à jeter les blocs de terre au feu on les y pousserait eux-mêmes. Un autre chef, de la tribu d'Abram celui-ci, fit preuve de mansuétude et proposa de leur accorder un délai de réflexion de sept jours, en les enfermant chez lui. À la nuit il entreprit de les libérer, à l'insu du roi et du peuple, et de les conduire dans la montagne. Abram repoussa l'offre. Il refusa toute allégeance au prince couvert de sang, comme aux exécuteurs de ses basses œuvres, s'en remettant à l'unique volonté de Dieu.

Au septième jour, quand il fut découvert seul, on le jeta dans le brasier gigantesque. Alors Dieu provoqua un violent tremblement de terre et une fournaise plus grande que celle organisée par les hommes. Quatre-vingt-trois mille cinq cents mâles furent consumés et Abram se releva des flammes, sain et sauf [1].

Les mythes, les légendes, les paraboles, les contradictions se succèdent et se heurtent dans les Écritures. Les apparentes incohérences sont fréquentes. Aussi les exégètes recommandent-ils des lectures accompagnées afin d'éclairer le novice, avant tout sur la recherche du sens, en replaçant les récits dans l'époque et le contexte sociohistorique où ils ont été rédigés. L'Ancien Testament situe la naissance d'Abram bien des siècles après l'érection de la tour de Babel et la dispersion des peuples et des langages. *Quand Sem* (fils de Noé) *eut cent ans, il engendra Arpakshad, deux ans après le Déluge,* […] *Sem vécut cinq cents ans* [2]. Et ainsi s'enchaînent

---

[1]. *Livre des Antiquités bibliques* VI, 17.
[2]. Gn XI, 10, 11.

dix générations de fils dont la longévité s'étire entre deux cents et six cents ans, jusqu'à Abram.

— Je m'étonne, cher Othman, que vous passiez sous silence la version de la tradition islamique, inspirée du Coran et que rapportent les Turcs.

— Ce n'est pas leur « vérité » que je conteste, c'est l'endroit où ils situent les faits. À des fins touristiques ils ont détourné le lieu de la Fournaise, pour le placer près de Harran, attirant ainsi en Turquie orientale des quantités de pèlerins qui viennent de tout le monde arabe, par bus entiers. Mêmes les chiites irakiens et iraniens s'y rendent en pèlerinage. Les Turcs prétendent non seulement que l'épisode s'est déroulé chez eux, mais, plus stupéfiant encore, qu'Abram est né en Turquie, à Harran. Raison pour laquelle, au risque de paraître chauvin, je préfère la version biblique, qui place bien le lieu de naissance et d'enfance d'Abram à Ur des Chaldéens, chez nous, ici en Irak.

Othman et moi longeons à présent le Tombeau des Rois. Nous revenons vers la maison du clan de Térah dont, selon tous les écrits, le benjamin Harân serait mort à Ur, après avoir engendré un fils nommé Loth. Ce dernier accompagnera plus tard son oncle Abram, tout au long de sa pérégrination vers le pays de Canaan.

*

Il y avait les dieux, premiers éléments de l'univers, et il y avait les hommes. Le « souffle » donnait la vie et, en quittant le corps, il entraînait la mort. Les divinités dominaient le cosmos et la vie éternelle, mais l'homme naissait mortel.

Depuis longtemps la mythologie babylonienne a convaincu les Mésopotamiens de ce que nul n'échappe à la fin. Même certaines figures légendaires. Déjà lors des combats de Mardouk et Tiamat dans *L'Épopée de la Création,* ces demi-dieux se fracassent le crâne et se tranchent les artères. Dans *L'Épopée de Gilgamesh,* le héros, créature semi-divine, part vainement en quête de l'immortalité, après le dernier soupir de son ami Enkidou. Ainsi, a fortiori, la simple humanité ne peut-elle transcender sa condition.

Mais l'heure suprême ne constitue pas la fin définitive. L'arrêt terrestre laisse place en la croyance confuse d'une autre existence dans l'au-delà. Une sorte de survie. Le disparu conserve ainsi un rôle parmi les vivants et devient l'intercesseur des siens auprès des dieux. Le défunt ayant un avenir, il faut le protéger, le nourrir et lui fournir en permanence de l'eau, pour étancher sa soif.

Dans la demeure d'Abram, Othman m'entraîne d'une pièce à l'autre :

— Le sol a été solidifié par des dalles, mais il recouvre la sépulture familiale. Harân n'a pas été enterré autour des tombes royales, ni même dans un quelconque cimetière. La famille a rapporté son corps au domicile, respectant en cela les usages funéraires de l'époque et de la région. Ils l'ont lavé, l'ont pleuré, puis inhumé dans le sous-sol de la maison du clan, avec ses objets précieux, mais aussi avec eau et nourriture, renouvelés de temps en temps, pour s'assurer de ses bienfaits.

Les sépultures découvertes en Mésopotamie ont révélé des rites étranges. Les objets familiers du défunt : outils, amulettes, assiettes, couteaux... l'accompagnaient dans la mort, pour lui permettre de poursuivre décemment sa nouvelle vie dans l'au-delà, mais souvent les corps étaient disloqués, désarticulés et l'on ordonnait ces membres, en forme de roue, autour du crâne, lui-même éloigné du reste du cadavre. Ainsi, croyait-on protéger les vivants contre un éventuel retour des morts. Dans la tombe de Harân devait également reposer le beau-père de Térah, qui se nommait lui-même Abram, car ainsi est-il écrit : *celui-ci était mort avant que sa fille* (Edna) *n'ait conçu un fils*[1], le futur patriarche. Par la suite, dans la même sépulture, on aura déposé ensemble, au fur et à mesure de leur mort, tous les défunts de la famille, afin qu'elle soit préservée au-delà des vivants.

Othman m'explique longuement que le rituel d'eau et d'aliments se renouvelle chaque fois que le chef de la communauté en éprouve le besoin.

Térah a sans doute réuni les siens dans les moments de tension avec son fils aîné. Le clan traverse des jours difficiles. Abram a renié publiquement les idoles, les a

---

1. *Livre des Jubilés* XI, 15.

brisées, incendiées. Le cercle des parents se resserre au rythme des crises. Ils cultivent le souvenir des ancêtres protecteurs et partagent le *kispum,* banquet cérémonial qui perpétue le lien vital entre les vivants et les morts. Cet hommage aux disparus célèbre, alors, la victoire de la vie.

Les sirènes d'alerte antiaériennes retentissent à nouveau. Nos accompagnateurs nous adressent de grands signes, nous enjoignant vivement de revenir vers eux. Le ballet des jeeps armées s'agite et leurs servants dressent à nouveau leur batterie vers le ciel. Un véhicule tout terrain vient à notre rencontre. L'officier assis à l'avant nous intime l'ordre de quitter les lieux immédiatement, sans nous laisser le temps de parlementer. Nous n'en avons d'ailleurs pas l'intention car la situation nous paraît, cette fois, dangereuse. Il est urgent de s'éloigner de la zone militaire, qui entoure le site archéologique.

Avec Othman et mes deux accompagnateurs, nous franchissons en retour le poste de garde dérisoire, le check point Abram, et filons en direction de Nasiriyah, où nous devrions courir moins de risques qu'à découvert, sur la route à présent désertée.

Notre véhicule ne transporte pas d'arme antiaérienne. Il ne ressemble en rien à ces cibles suspectes, régulièrement visées par les avions de la coalition : pelleteuse, bulldozer ou camion de matériaux… ce qui réduit nos risques. Nous filons plein nord-ouest et franchissons à toute allure les vingt kilomètres qui nous séparent de la ville. L'écho de tirs lourds dans le lointain parvient jusqu'à nous. Les rues de Nasiriyah sont, elles aussi, vides de peur.

Nous voici enfin à l'hôtel où nous éprouvons un sentiment illusoire de sécurité. Othman préfère passer la nuit avec nous, plutôt que de rejoindre Bassorah, à plus de deux heures à l'est. Finalement, pris entre un dîner frugal de poisson grillé et nos craintes à peine feintes, nous restons jusqu'au matin à vider quelques théières de *tchaï,* ce thé qui nous garde suffisamment éveillés pour évoquer les dieux de Sumer et celui d'Abram. Avec la tentation d'inventer l'histoire comme si nous l'avions vécue, nous imaginons la lutte intérieure du futur patriarche, le regard de sa conscience et le regard des autres.

*

Le panthéon mésopotamien regorge de divinités : plus de trois mille ont été référencées par les scribes. De cette abondance n'émergent qu'une vingtaine d'essentielles.

À Ur règne bien sûr Sîn, le dieu-lune, vénéré également à Harran, distant de plus de mille kilomètres au nord-ouest. Parmi les dieux locaux et ceux « importés » par les visiteurs étrangers de l'époque se distinguent principalement An-nou, le dieu-ciel seigneur de la voûte céleste, Ishtar ou Inanna (en sumérien), déesse de l'amour et de la guerre, que même, selon la légende, cent vingt amants ne pouvaient épuiser ; Enlil, maître des Destinées ; Ea ou Enki (en sumérien), seigneur de l'Apsou, le domaine de l'eau douce et des sources, qui féconde l'eau et la terre par son sperme, l'Euphrate ; Shamash, le dieu-soleil, puis ceux de la justice, de l'orage, de la chasse... sans oublier les grands rois, en état quasi permanent de lutte ou de guerre, mi-hommes mi-dieux pour certains, dont on célèbre le culte : Gilgamesh, Sargon, Mardouk.

Abram ne peut croire en ces divinités dont la tradition dit qu'elles ont créé les hommes pour qu'ils les servent, leur épargnent toute fatigue et assurent leur culte. Certaines légendes attribuent même le Déluge à la colère des dieux, face aux revendications de leurs sujets terrestres. Fatigués de les servir, ceux-ci auraient déclenché une grève ! Les divinités envoyèrent alors le cataclysme. Les hommes se virent contraints de plier, bien sûr, par crainte mais également dans le servile espoir de recueillir des bribes de protection et de prospérité. Abram sait que les humains fabriquent leurs idoles. Il voit les hommes versatiles changer de croyances, abandonner les dieux déchus au profit de nouveaux. Les doutes qu'il pourrait encore éprouver deviennent peu à peu des convictions.

Impossible d'ignorer ces questions devant le spectacle des prêtres seuls habilités à exercer la liturgie, organisant des banquets sous le prétexte de nourrir et honorer leurs dieux inertes. Abram ne peut que s'affirmer dans la foi face aux cérémonies spectaculaires du nouvel an. Les hommes, ridicules, transportent en procession leurs lourdes idoles de pierre, qu'ils promènent en barque d'un canal à l'autre, d'une ville à

Les abîmes de l'âme

l'autre, afin que les divinités muettes se rencontrent et se rendent visite. Ils réunissent ces sculptures froides, prétendument divines, dans des clairières, sous des chants rituels et des incantations. Là ils organisent des simulacres, des sortes de messes, censées apporter la transcendance à leurs blocs d'argile et de marbre, dans un sabbat expiatoire, et reproduisent cette mascarade d'année en année, même si le spectacle de chants et de danses demeure impuissant à éveiller leurs dieux.

Abram sait que les statues ne servent que les erreurs et les mensonges de ceux qui les vénèrent ; chaque jour ses convictions s'affirment davantage. Auprès de son père d'abord, puis, la rumeur devenant publique, face à la cité tout entière. Pour affirmer ses certitudes le jeune Abram doit bousculer les évidences concrètes de pierre et présenter un Dieu abstrait, immatériel. La tâche paraît insurmontable, dans une société païenne ou polythéiste. Lui seul croit en l'Unique, parfait, omniscient et omnipotent. Mais ce Créateur, qu'attend-il alors des hommes et eux, que peuvent-ils espérer d'un Dieu invisible et impalpable ? Les pensées des habitants d'Ur demeurent figées. Ils ne veulent et ne peuvent se laisser infléchir. En quoi son Dieu devrait-il être meilleur que les leurs ? S'il sait tout, s'il peut tout, pourquoi la souffrance, pourquoi l'injustice ?

Ces interrogations le fragilisent certainement et éveillent en lui des fêlures. On ne peut le supposer ayant réponse à tout. Qu'est-ce que la lumière ? Qu'est-ce que l'obscurité ? Le monde, c'est sûr, a été créé par l'accouplement des éléments du dessus et du dessous, comme il est dit depuis des millénaires ! Son Dieu n'existe pas puisqu'il ne se montre ni ne se manifeste.

Il leur répond sans doute qu'Il n'est pas silencieux, mais que l'homme ne sait pas l'entendre. De tels propos déclenchent l'hostilité contre lui. Ce provocateur ose bouleverser l'héritage des anciens, la mémoire des peuples. Il blasphème et tient des discours sacrilèges !

Personne jusque-là ne s'est aventuré à braver les croyances établies. Aussi ne peut-il débattre d'autres problèmes quotidiens sans qu'on l'entraîne sur des questions spirituelles. La cité d'Ur doit bruisser des critiques les plus vives à son encontre : un mystique, un exalté, aveuglé par l'extase, organisateur d'anarchie, pour un prétendu « nouveau royaume » ! On l'aura accusé de tous les maux, de rupture de l'ordre public, de complot... Les rires acerbes des esprits étroits et les sarcasmes fusent sur son passage comme sur celui des fous et des illuminés, alors qu'il demande simplement aux hommes de réfléchir.

On lui retourne précisément ce qu'il reproche : contraindre les individus à sa seule vision de Dieu. On le fustige, on le dénonce, on le blâme. Mais les condamnations n'ont jamais eu raison des idéaux, et il persiste, opiniâtre, dans son éternelle volonté de répéter ses convictions jusqu'au désespoir. Il veut tenter de réveiller les hommes et de les amener sur son chemin où, plus immense que le temps, plus immense que le début et la fin, pour lui, il n'y a que Dieu. Sans le savoir il commence à peine sa quête infatigable à travers l'humain.

L'ambiance à Ur doit devenir irrespirable, pour les

Les abîmes de l'âme   83

uns comme pour les autres. L'atelier de Térah périclite vraisemblablement. Il aura subi des pressions, même. Comme au fond de lui il sent intuitivement que son fils a raison, le chef du clan choisit de partir pour Harran, dont sa famille est originaire[1]. Il sait que cette ville forme le point convergent de grandes voies économiques nord-sud, est-ouest, où l'on adore les mêmes divinités qu'à Ur, ceci pouvant constituer un pis-aller à ses aspirations commerciales.

Si l'on s'en réfère à l'archéologie, cette période correspondrait au règne de Rîm-Sîn, dernier roi de la dynastie de Larsa à occuper Ur, la cité à l'éclat sans rival. Ce monarque sera battu par Hammourabi, roi de Babylone, qui en devint le maître, alors qu'elle atteignait un niveau de civilisation jamais égalé auparavant.

Térah prit son fils Abram, son petit-fils Loth, fils de Harân, et sa bru Saraï, femme d'Abram. Il les fit sortir d'Ur des Chaldéens pour aller au pays de Canaan[2]. Ainsi commençait ce pas vers Dieu, la pérégrination d'Abram, la *Milla* selon l'islam, qui allait fixer la mémoire de l'avenir.

*

La nuit a passé trop vite. Dans cette chambre d'hôtel nous ne prétendions pas apporter la solution aux hypothèses que les hommes échangent depuis qu'ils savent penser. Nous voulions chercher simplement. Cette

---

1. *Cf.* Gn XXIV, 4-10.
2. Gn XI, 31.

conversation éternelle, entamée depuis l'origine, nous l'avons prolongée comme d'autres la poursuivront indéfiniment.

À présent je n'ai plus rien à faire à Nasiriyah. Il me faut rejoindre Uruk, aujourd'hui Warka, située à quatre-vingts kilomètres au nord-ouest, en direction de Nadjaf. Le conducteur et l'accompagnateur, qui n'apprécient guère l'atmosphère de cette région chiite hostile à leur égard, veulent rentrer au plus vite dans leur foyer à Bagdad. Aussi serons-nous tous prêts au départ, dès l'aurore.

Avec Othman, l'instant des adieux nous pèse. Ces longues heures passées ensemble nous rendent la séparation difficile. Les évocations de millénaires lointains qui nous relient et surtout l'avenir irakien, si incertain, éclairent ce jour d'une lumière bien sombre. Nous reverrons-nous seulement ? « Inch Allah », me dit-il. Oui, si Dieu veut !

Depuis, la guerre a fait ses ravages et je n'ai jamais pu renouer le contact avec ce compagnon de route, que la providence a placé sur mon chemin d'Abram.

Dans l'Irak étranglé par l'embargo, Othman n'a voulu accepter aucun dédommagement. Drapé dans une dignité toute mésopotamienne, ce professeur d'histoire ancienne a éprouvé des scrupules à monnayer le temps. Ces moments passés à m'accompagner et à m'instruire, il me les offre en hommage au patriarche Abraham-Ibrahim, pour contribuer à la connaissance d'*el-Khalil,* « l'ami de Dieu » chez les musulmans.

Chapitre III

Horizon Babylone

« Tempête du Désert » ! L'opération me revient en mémoire. Sur cette route d'Abram plusieurs milliers d'ogives et près d'un million de projectiles ont été tirés en 1991, dispersant sur la région des microparticules radioactives. L'US Air Force a utilisé ici, par dizaines de tonnes, des munitions porteuses d'uranium appauvri qui ont décimé des populations entières.

Je laisse à Nasiriyah des enfants malformés, nés de parents que le manque de défense immunitaire condamne. Le drame n'avait eu en son temps que le silence pour écho et le monde commença à s'en inquiéter lors du retour chez eux des milliers de GI, contaminés par un mal inconnu : le « syndrome du Golfe ». Les hommes ont été atteints, la faune et la flore aussi. Comment distinguer dans le désert ce qui a disparu ? Tout n'est qu'absence !

En écrivant ces lignes je n'ose imaginer ce que sont devenues, après le conflit de 2003, les rizières hâtivement replantées dans les années qui ont suivi la

« Tempête » de 1991. Le long de l'Euphrate, dans ces régions de basse Mésopotamie, des bandes vertes avaient recouvert, à coups d'efforts et d'années, les cicatrices de la guerre du Koweït.

Plongé dans mes réflexions je ne prête aucune attention à la route prise par mes accompagnateurs. Le parcours naturel depuis Ur, hier comme aujourd'hui, s'étire le long du fleuve, traverse l'Irak de part en part, pour se poursuivre en Syrie orientale jusqu'à Raqqa, puis en Turquie. De nos jours, le ruban d'asphalte emprunte, sur la rive droite, l'itinéraire antique des caravaniers.

Le brusque changement dans la vie de Térah occupe mon esprit. Compte tenu de sa situation sociale et même s'il appartient à une catégorie privilégiée, il demeure un artisan indépendant. Bien que réputé il fait partie de cette classe de petits commerçants, qui doit subvenir à ses besoins sans l'aide de l'État-providence. Ce qui pourrait passer ici pour un anachronisme ne fait pourtant que traduire une réalité de l'époque. Les rois d'Ur salarient certains de leurs fournisseurs, considérés parfois comme de simples employés.

Le palais a organisé des ateliers d'État, mis en place une discipline hiérarchisée avec contremaîtres et surveillants : la cour fournit la matière, le salarié, son travail. Quelques orfèvres et sculpteurs méritants, qui participent au commerce des statues divines et objets de culte, se voient même élevés au rang de prêtre. Mais aucun texte, aucune légende ne présente Térah en fonctionnaire laborieux ou en riche ecclésiastique. Quel que soit son statut, l'État ne lui interdit pas l'acquisition de parcelles achetées ou troquées contre ses travaux. Il aura pu ainsi réunir, au fil du temps, un patrimoine constitué en partie de biens fonciers. Ses origines de peuple migrateur l'auront peut-être poussé à enrichir son capital de troupeaux. L'économie de ces temps veut que le travail artisanal soit rémunéré en aliments, volailles, moutons, chèvres et bovins, de sorte qu'un travailleur indépendant, tel Térah, doit tirer sa substance principale de ses terres et de ses bêtes. À l'époque, pas de monnaie frappée. Seuls ont cours des paiements par quantités pesées, de grain ou de métal, de cuivre et surtout d'argent, devenu l'étalon de valeur. Térah peut donc être considéré comme un homme aisé.

La disgrâce d'Abram l'aura certainement atteint dans son négoce, de même qu'avant de quitter Ur il aura dû vendre certains de ses biens et en transmettre d'autres à Nahor, son cadet.

Là encore, aucun écrit ne mentionne que ce dernier soit parti avec sa famille. On retrouvera sa descendance plus tard, à Harran, mais dans l'immédiat on peut raisonnablement présumer qu'il reprend l'atelier paternel et poursuit l'activité artisanale, à laquelle il contribue depuis l'enfance. Les prêtres, régisseurs des temples d'Ur, qui devaient constituer l'essentiel de sa clientèle, peuvent ainsi continuer à s'appuyer sur l'expérience de Térah, relayée par son fils Nahor, dont il n'est pas dit ou écrit qu'il ait renié les idoles.

Au moment où ma voiture s'engage vers l'ouest, sur la route chaotique qui devrait nous mener à Uruk, je tente de reconstituer le départ de la tribu, rendu inéluctable.

Quand la sécheresse s'abat sur une région, il faut partir, devant celle des hommes, il faut fuir !

*

Arrivés à Harran, ils s'y établirent[1], dit la Bible, mais le chemin représente des mois de marche, compte tenu de tous les facteurs inhérents au voyage. Térah aura certainement prévu un encadrement d'hommes pour la famille, les biens et le bétail. La caravane réunit déjà une véritable petite tribu, qui retrouve son instinct ancestral de nomade.

La longue colonne ne peut que suivre le mouvement ouvert par Térah, plein d'amertume assurément. À ses côtés avance Abram, animé de cette puissance qui soulève les montagnes et balaie les obstacles les plus insurmontables. Je vois Saraï, volontaire, droite, toute tendue vers l'avant, accompagnant les pas de son mari, certaine qu'ils trouveront ensemble le bonheur dans la foi. Comme dans toutes les caravanes, le groupe traîne derrière lui ses troupeaux de moutons, de brebis, de chèvres noires et d'ânes, de vaches et de veaux… De ce bétail il pourra tirer sa survie : la viande et le lait pour sa nourriture, la laine et les peaux destinés à l'habillement et au commerce. Des chiens dressés pour la chasse se mêlent aux chiens de défense, qui repousseront les éventuelles attaques d'animaux sauvages. Des charrettes à bœufs

---
1. Gn XI, 31.

portent des volailles, des porcs, des céréales, des dattes, des toiles de tente et toutes sortes d'outils, comme des fuseaux à filer ou des tours de potier pour façonner des vases que l'on échangera contre des denrées.

D'autres chariots recèlent sans doute des tissus, des métaux rares, comme le fer importé des plateaux iraniens et l'étain d'Afghanistan, des objets précieux d'or et d'argent, des pierres, des nacres et bien sûr des statuettes de divinités qui trouveront acquéreurs dans ces contrées où l'homme veut toujours croire en de nouvelles idoles.

Le clan progresse lentement. Rien ne presse. Térah et Abram n'ont d'autre projet précis que celui de fuir et de retrouver leurs frères, établis à Harran. Potiers, céramistes, tisserands, vanniers, tanneurs, charpentiers ou joailliers, tous marchent, chassent, tondent, tannent et vivent en aménageant leurs ressources, en organisant le temps et l'espace qui les séparent du but de leur voyage. Le troupeau ne peut avancer sans prendre de repos ; il lui faut paître, boire, mettre bas. Les arrêts autour des puits s'imposent. On dresse le campement puis on repart vers les villes, afin de troquer les marchandises. Autant de haltes qui auront permis à Abram de nourrir sa curiosité insatiable.

Comme d'autres nomades, en migration constante, ils suivent la voie de la Babylonie méridionale, pour aller vers le nord. Dans ce mouvement général des peuples on distingue les Amorites, dont le nom signifie « ceux de l'Ouest », fondateurs en − 1900 de la Ire dynastie de Babylone et les Habirus, composés de groupes et de clans d'origines diverses appelés, de façon un peu simplificatrice, les Hébreux. Certains d'entre eux sont belliqueux, d'autres vont en paix comme on peut le supposer de Térah et des siens.

Abram part certainement chargé de convictions auxquelles il n'a pas l'intention de renoncer. Il a sans doute conscience de ce que son destin le conduit sur le chemin de Dieu. Mais lorsqu'il s'engage en direction d'Uruk et de Babylone, de Mari et de Harran, il ne peut imaginer que ces villes ne représenteront que d'infimes étapes sur un parcours universel.

*

Je suis soudain tiré de mes réflexions par la route goudronnée. Mes accompagnateurs ne me semblent pas avoir emprunté le bon chemin. Othman avait bien insisté : il nous fallait franchir immédiatement un pont, à la sortie de Nasiriyah, puis remonter l'Euphrate par une piste située sur la rive gauche. Surtout la rive gauche ! Si l'on reste sur la grand-route de Nadjaf, rien ne permet de traverser le fleuve à hauteur du site d'Uruk avant quatre-vingt-dix kilomètres. Nous risquons de devoir rebrousser chemin à partir d'un carrefour hypothétique, situé loin à l'ouest, rallongeant inutilement notre parcours.

Je m'ouvre de mes inquiétudes à mes sbires qui ne me répondent que par le mépris, dédaignant ce qu'ils considèrent comme des leçons que je prétends leur donner, dans leur propre pays. Cette attitude traduit le climat entourant, à cette époque du règne de Saddam Hussein, toute visite d'un voyageur étranger suspect, par définition. Je brandis ostensiblement ma carte IGN. En vain. Ils la repoussent, m'opposant qu'elle ne peut être exacte puisque non établie en Irak. Au Moyen-Orient les automobilistes se dirigent le plus souvent à l'instinct, au soleil ou aux étoiles, de façon aléatoire, alors que la Mésopotamie a produit la plus ancienne carte connue qui date du XXIIe siècle avant notre ère. Certaines, plus récentes, de l'époque des patriarches, reproduisent l'Euphrate avec des villes telles Assur et principalement Babylone, désignée comme le centre du monde.

Notre itinéraire, livré à l'intuition ou à la providence, me semble offrir peu de fiabilité. J'insiste. L'atmosphère de l'habitacle se tend. Je cherche des moyens de convaincre le chauffeur et lui suggère de demander notre chemin aux rares piétons que nous croisons. Nouveau refus, dicté par un excès de fierté, à la fois vis-à-vis du visiteur que je suis comme envers les chiites dont ils ne veulent requérir aucune aide.

Les bornes défilent et le temps passe. Enfin un carrefour. Le conducteur le franchit sans ralentir. Nous venons de dépasser l'ultime jonction qui nous permettrait de retourner vers le site. Nous longeons un groupe de cultivateurs binant dans les rizières en bord de route. Je prétexte alors un besoin urgent, seul argument auquel mes accompagnateurs semblent sensibles, hors le billet vert que je m'interdis d'utiliser en la circonstance, pour le négocier forfaitairement à l'arrivée.

Je paierai les services de ces deux agents de la sécurité militaire à un tarif prohibitif, mes dollars servant, pour la plus grosse part, à régaler leurs supérieurs hiérarchiques. La dignité mésopotamienne affichée par Othman côtoie hélas trop souvent l'exigence de bakchichs qui tiennent davantage de l'extorsion de fonds que du pourboire. Lorsqu'il m'arrivera de m'en plaindre, on accusera l'embargo, seul responsable d'une rude pénurie, réelle celle-ci, malgré le fameux plan « Pétrole contre nourriture ».

Mes deux « guides » arrêtent le véhicule, j'en descends et file droit vers les paysans, leur demandant la direction d'Uruk-Warka. Ils m'indiquent bien sûr le sens d'où nous venons, diamétralement opposé, à une heure de piste.

*

Je vais présenter au monde
Celui qui a tout vu,
Connu la terre entière
Pénétré toutes choses,
Et partout exploré
Tout ce qui est caché.
Surdoué de sagesse
Il a tout embrassé du regard
Il a contemplé les Secrets
Découvert les Mystères ;
Il nous en a même appris
Sur avant le Déluge[1] *!*

Ainsi est présenté Gilgamesh, cinquième souverain

---

1. Jean Bottéro, *L'Épopée de Gilgamesh, op. cit.,* p. 63, 1-5.

de la première dynastie, dans l'un des fragments de l'*Épopée*. Ce jeune roi, divinisé après sa mort pour l'éclat de son règne, est, comme on l'a vu, le héros de cette légende poétique, au lyrisme plein d'emphase, qui tient du merveilleux et du surnaturel : Gilgamesh, *celui qui fit édifier les murs d'Uruk-les-clos*[1]. J'aperçois au loin l'empreinte de la muraille et abandonne mes accompagnateurs à leur Toyota. Ils ne me perdent pas de vue et leur « protection » me pèse. J'ai de plus en plus le désagréable sentiment de vivre en liberté surveillée. Je me retire un moment au pied du Temple Blanc accroché à un promontoire raviné. Dans ces régions les cultures des bords du fleuve disparaissent subitement pour laisser place aux étendues arides. L'argile ocre s'étire. « Le désert révèle à l'homme l'idée de l'infini », disait Renan.

De cet infini je voudrais voir surgir Abram, approchant l'enceinte d'Uruk par l'est. L'ennemi pouvait la submerger en force par une porte sans que les habitants du centre en soient informés, tant la cité est vaste.

Au IVe millénaire Uruk, pionnière de la révolution urbaine, tient d'un réel gigantisme pour l'époque. Au millénaire suivant ses remparts l'enserrent, sur près de dix kilomètres, renforcés de neuf cents tours de guet. Le site, hélas, ne peut rivaliser aujourd'hui avec celui d'Ur. Mais le souvenir de sa grandiose culture demeure. Uruk a vu naître la roue, le tour de potier,

---

1. *Ibid.*, p. 64, 9.

la charrue et surtout l'écriture cunéiforme, dont les premières traces connues remontent à la fin du IVe millénaire. De quoi faire pâlir de jalousie la sublime Babylone voisine.

Pour entrer dans la cité et y faire commerce, Térah aura dû laisser ses troupeaux au-delà des remparts, sous bonne surveillance. Dans quelle langue Abram et les siens mènent-ils leur négoce ? Quels idiomes utilise-t-on à Uruk ? Le sumérien ? L'akkadien ?

La migration des peuples explique l'évolution des modes d'expression. De l'origine des Sumériens on ne sait rien. Les spécialistes avouent leur ignorance quant aux racines des fondateurs de la plus ancienne civilisation du monde, sinon qu'ils viennent du sud-est et ne sont pas hébreux. Le IIIe millénaire voit apparaître, dans cette même zone géographique, les Akkadiens. De leur histoire on en connaît davantage. Ce flux migratoire de Sémites venus du nord-ouest de l'Arabie s'installe entre le Tigre et l'Euphrate attiré par la fertilité de ses terres et ses avancées technologiques, en matière d'irrigation et de plantation notamment. Avec le temps, et bien que leurs langues soient radicalement différentes, les deux groupes vont mêler leurs cultures respectives, ajoutant ainsi à la richesse naturelle de la Mésopotamie.

Les Sumériens véhiculeront leur pensée et leur littérature par l'écriture, qu'ils inventent. Ce système de transmission va révolutionner l'humanité et marquera le point de départ de l'histoire. Les signes cunéiformes apparaissent dans le pays de Sumer, bien avant les hiéroglyphes d'Égypte. Les scribes du pays des pharaons se livrent à des exercices littéraires qui immortalisent le patrimoine culturel et religieux alors qu'à l'origine leurs homologues de Mésopotamie utilisent l'écriture pour la tenue des comptes et des contrôles administratifs.

Les érudits mettront au point une grammaire, un dictionnaire bilingue, et l'akkadien s'imposera avant tout pour l'expression orale. Le rapport entre ces deux langues peut être comparé à l'utilisation en France du latin et du français, jusqu'à la Renaissance. Ainsi Abram pouvait-il lire, écrire dans la langue de Sumer, et parler l'akkadien, comme la plupart des lettrés de ces temps et de ces régions. L'écriture paraît à ce point importante pour les populations de l'époque qu'on tisse des récits merveilleux de son origine. Tout à Uruk est d'ailleurs l'objet des plus sublimes légendes. Ainsi donc, le non moins légendaire roi Enmerkar aurait créé l'écriture, par pictogramme et analogie, sans l'aide de divinités, au cours d'un duel de l'esprit basé sur l'intelligence et l'astuce.

Peu à peu, et en émergeant à Uruk, ce nouveau mode de transmission va devenir le privilège des prêtres. Les temples embauchent des scribes qui, pour certains, donnent libre cours à leur imaginaire, immortalisant leurs créations, célébrant leurs rois, leurs héros et leurs dieux. Si Abram fait halte dans cette ville, il se confronte à une élite intellectuelle qui développe ses propres spéculations sur l'origine de l'univers et sur toute la mythologie en découlant.

Quels principaux dieux et demi-dieux découvre-t-il dans cet Uruk aux personnages mythiques ? Peu, en fait. Face aux restes du temple, demeure de la déesse Ishtar/Inanna, je pense à ce brassage de populations, à ces interpénétrations de mœurs et de croyances. Abram connaît déjà An-nou, introduit à Ur par les voyageurs étrangers ; il représente l'autorité suprême qui règne sur le cosmos supérieur, ancêtre et maître de tous les dieux, époux de la terre. Le sage sait aussi combien Ishtar, déesse tutélaire d'Uruk, marque les esprits par sa puissance et l'adoration qu'elle porte à son propre organe féminin. Est-ce par ses excès, ses provocations et ses paradoxes qu'elle deviendra la plus grande déesse de toute l'Asie occidentale ou bien par les attributions qui sont faites à ses immenses pouvoirs ?

La liste de ses domaines d'intervention force l'admiration : la politique, la guerre, le social, la religion, le culte, l'esprit, l'art, l'amour, le mariage, l'intimité et les ébats sexuels... jusqu'aux rites funéraires. Elle tient même le rôle de conservatrice du registre des morts. Elle incarne la femme libérée de toute tutelle mâle et a le pouvoir de changer l'état des choses en leur contraire, le blanc en noir, le haut en bas, les sommets en creux... à l'instar de son sexe qui représente l'inverse du masculin, seule image de ce qui est alors considéré comme normal. La narration de ses exploits se retrouve dans d'innombrables poèmes, hymnes, mythes et louanges, comme dans cette parabole qui raconte que, violée par un jardinier, elle se venge en transformant l'eau fécondante des puits en sang féminin, qui desséchera les cultures.

Abram n'a pas pu ignorer la dévotion dans laquelle la tiennent les populations qui la représentent en tous lieux et sous toutes formes. Comment croire en elle et prier cette figure, exhibée de temple en cabaret ? Intégrer les légendes pour apaiser les craintes, comme autant de superstitions, peut-être, mais adhérer à l'attribution divine qui en est faite, non. À Ur il se révoltait contre l'adoration des idoles, il ne peut pas davantage les accepter ici. Il comprend que les hommes, avides de foi mais impuissants à la trouver, se voient contraints d'inventer des dieux bien pratiques auxquels ils attribuent la réponse à leurs questions insolubles. En Mésopotamie les scribes pontifient leurs récits, brandissant la crainte, la violence et la mort pour imposer la morale. Naissent alors des cohortes de mythes et des cortèges de dieux, auxquels les hommes doivent respect, révérence et vénération.

Pour donner plus de vérité à ces divinités on leur attribue des soucis quotidiens, comme ceux des humbles terriens : la faim, la soif, l'époux, l'épouse, les enfants, les amis, la naissance, la fin des jours… et de beaux sentiments.

Dans les légendes d'Uruk, Enkidou, chargé de tuer Gilgamesh, l'affronte dans un combat dont le seul vainqueur sera l'amitié indéfectible qui liera les deux hommes. Ils partent ensemble à la chasse du Géant de la forêt des cèdres où ils se heurtent à mille périls, dont l'un des pires : la séduisante Ishtar. Elle veut Gilgamesh pour amant. Il s'y refuse, déclenchant ainsi la vengeance de la déesse. Parfois aidés des dieux, d'autres fois maudits, les deux héros voient s'ouvrir les abîmes les plus profonds : Enkidou est condamné à mourir.

La douleur qu'éprouve Gilgamesh, face à la perte de son ami, le révolte et le pousse à partir en quête de l'immortalité. S'ensuit un voyage terrifiant, ponctué d'épreuves et d'exploits où le naturel confine au surnaturel. De grandioses soliloques alternent avec le Déluge, jusqu'à la découverte de la plante de jouvence au fond des mers. Mais un serpent s'en empare. Gilgamesh tombe alors dans un profond désespoir, quand il comprend la vanité de sa quête.

Comment Abram peut-il réagir face à une telle profusion de signaux délivrés aux hommes ? Quand on ne leur offre pas du merveilleux, on les renvoie à des idoles de pierre et d'argile qu'ils maîtrisent pour les avoir fabriquées eux-mêmes, ou les avoir fait sculpter à l'image de ceux qu'ils aiment. Aussi quand Abram leur oppose son Dieu, impalpable et invisible, auquel il attribue le pouvoir suprême de la vie et de la mort, peut-être alors est-ce la peur qui les fait refuser ! Comment pourraient-ils croire soudain en un Dieu qui les submerge et les dépasse, quand eux déplacent, à loisir, leurs dieux palpables ?

Que ce soit à Ur ou à Uruk, les blocs de pierre sculptés lèvent les inhibitions des hommes. Sans l'illusion de foi dans les idoles qu'ils se sont inventées, ils ne supporteraient pas de vivre.

*

Au fil des cent quarante kilomètres qui séparent Uruk de la capitale chiite, Nadjaf, la route de l'Ouest s'éloigne peu à peu des zones du Sud calcinées. Les rares touffes d'herbes, blanches de poussière, laissent place aux marais et aux rizières. Là, les terres riches engraissent les troupeaux de moutons, dont le destin inexorable est de finir égorgés au moment de la fête du sacrifice, l'Aïd al-Adha.

La caravane de Térah aura certainement pris ce chemin où hommes et bêtes ont pu se rassasier après les rudes étapes des sables. Nous roulons dans leurs pas, serpentant entre les îlots que découpe le fleuve préhistorique. Une immense palmeraie entoure Nadjaf, la quatrième ville sainte de l'islam après La Mecque, Médine et Jérusalem.

Nadjaf, la cité d'Ali, quatrième Calife, gendre du Prophète, abrite le magnifique mausolée du « Prince des Croyants », que recouvrent 7 777 briquettes d'or pur.

J'ai rendez-vous avec l'Imam Abd el-Jali, auprès duquel Mgr Isaac m'a chaleureusement recommandé. C'est dire combien les relations d'intelligence et de dialogue existent entre ceux, des chrétiens et des musulmans, qui le veulent absolument.

Quand Saddam Hussein a choisi pour négociateur international le célèbre chrétien Tarek Aziz, le dictateur s'adressait avant tout aux chefs politiques d'Occident. Ce gage d'ouverture profitait également aux chrétiens d'Irak. La conception de la laïcité du Raïs consistait à subventionner, selon son bon vouloir, toutes les communautés religieuses, les contrôlant ainsi dans leurs agissements. Pris entre le pouvoir de la mort et de l'argent, les chefs spirituels imploraient chacun leur Dieu de prêter longue vie au guide suprême.

Nous faisons halte dans un restaurant du centre-ville où la curiosité tend tous les regards vers nous. L'allure patibulaire de mes convoyeurs, malgré leur habit civil et la plaque d'immatriculation de leur véhicule, semble même déclencher une hostilité à leur encontre. À l'annonce de mon rendez-vous avec l'imam, ils refusent de m'y mener. Là encore j'insiste, quand eux s'obstinent. Je tiens tête, le ton monte. Je leur oppose alors ma liberté, ne me considérant pas comme leur prisonnier à moins qu'ils ne me le fassent savoir.

En fin de repas, au moment de mes ablutions, un serveur me rejoint discrètement aux lavabos et m'encourage à résister. Un autre encore. Je veux éviter de devenir le prétexte à un incident entre chiites et sunnites. Partant du principe que mes protecteurs n'oseront pas m'empêcher physiquement de me rendre à mon entrevue, je sors seul du restaurant et me dirige à pied, ostensiblement, vers le mausolée.

Mes gardes sautent alors dans leur voiture pour me suivre le long du trottoir, mais leur témérité s'arrête devant l'enceinte du sanctuaire. Je lève la tête, feins de m'intéresser au dôme d'or, puis franchis l'immense porte et vais embrasser respectueusement le tombeau d'Ali, me fondant, anonyme, parmi les pèlerins.

L'imam me reçoit à Nadjaf, dans un salon sobrement meublé où il a convoqué un historien et un interprète. Sans éclairer aucune des zones d'ombre que je voudrais lever, il me livre comme autant de certitudes des hypothèses très personnelles :

Oui, Abram est passé à Nadjaf, en provenance d'Ur et d'Uruk. Il allait avec les siens vers Babylone pour rejoindre Harran. Non, l'épisode de la « Fournaise » n'a pas eu lieu à Ur ou en Turquie mais ici, près du tombeau d'Ali, le Très Saint gendre. Ce dernier avait demandé de son vivant à être enterré à l'endroit même où sa chamelle, portant sa dépouille, s'arrêterait. L'animal a déposé le corps de son maître en ces lieux, parce que l'endroit avait été sanctifié par le miracle de l'ange Jebril – l'ange Gabriel de la Bible – sauvant Abram des flammes de Nemrod ! D'ailleurs le grand voyageur Ibn Batouta, passant au XIVe siècle à Nadjaf, atteste bien avoir constaté la présence, dans cette même mosquée, des tombeaux d'Adam et de Noé entourant celui d'Ali ! Il ne reste aucune trace de ces deux sépultures aujourd'hui, mais on en montre encore l'emplacement aux rares visiteurs, comme on indique l'excavation où Noé aurait bâti son arche.

Enrichi de ces fascinantes légendes je reprends ma quête et quitte ce cœur le plus important du chiisme où l'ayatollah Khomeiny avait trouvé refuge, de 1965 à 1978, quand il menait sa croisade contre le chah d'Iran.

À l'ombre d'Ézéchiel, je vais connaître le seul moment de grâce qui émergera de mes rapports tendus avec mes sbires. Je pourrais même y voir un signe de protection personnelle de ce prophète de l'Exil.

Son rôle éminent, pour le judaïsme, se révèle dans le livre éponyme de l'Ancien Testament. Il est bien sûr reconnu par les chrétiens, mais aussi compté « au nombre des justes » par l'islam, dans plusieurs sourates du Coran, sous le nom de *Dhou al-Kifl*[1].

Nous approchons du village de Kifl. Je demande à mes accompagnateurs de me conduire jusqu'au mausolée dudit prophète, me gardant bien de leur préciser qu'il s'agit d'une ancienne synagogue. J'insiste simplement sur mon désir de me recueillir au pied du tombeau de celui que Dieu désigne parmi les meilleurs. Ézéchiel avait accompagné les juifs dans leur déportation à Babylone. Les oracles apocalyptiques de ce grand visionnaire s'élèvent notamment contre les nations voisines de Jérusalem et de Judée. Mais il stigmatise principalement la perversion du peuple de la maison d'Israël, attribuant même à la colère de Dieu la condamnation à l'Exil, suivie de la purification du peuple et de son retour sur sa terre. Ézéchiel sacralise ainsi, dans des visions puissamment allégoriques, la réunification future des dispersés.

Dans une démarche peut-être bien dérisoire, inspirée à l'évidence par Ézéchiel et Abraham, je voudrais amener mes deux gardiens à entrer avec moi dans le sanctuaire, dont la visite m'a été recommandée par l'évêque chaldéen de Bagdad. Les deux hommes, par prudence ou par déformation professionnelle, interrogent quelques voisins curieux de ma visite. Ils appren-

---

[1]. Cor XXI, 85-86 ; Cor XXXVIII, 48. Le personnage n'a pas été identifié avec certitude.

nent qu'il s'agit d'un ancien lieu de culte juif et leur colère ne fait qu'un tour. Je les laisse à leurs humeurs et entre dans les lieux. Je traverse les restes d'un vaste jardin, entouré de multiples petites pièces abandonnées, qui précède l'édifice principal. Un homme vient à ma rencontre et me guide vers la salle de prière où je reste sans voix.

Des inscriptions judaïques et islamiques, mal conservées mais suffisamment lisibles, recouvrent les hauts murs. Une Ménorah, candélabre à sept branches, symbole sacré du Temple de Jérusalem et donc du judaïsme, lumière de la Torah, est peinte en axe central d'une fresque où s'entrelacent des versets en hébreu ancien et des sourates du Coran. Des bancs et de vieux tapis de prière usés font face au panneau principal. Au fond, une ouverture donne dans une autre salle où le guide m'invite à entrer. Là, le tombeau d'Ézéchiel, bloc de pierre noire, en diorite vraisemblablement, s'élève, majestueux, pur de ligne et de solitude.

Inquiets de mon absence qui s'étire, mes cerbères montent à présent la garde sur le pas du portail. Je les vois de loin et leur fais signe de s'approcher. Ils hésitent et, après quelques atermoiements, viennent finalement me rejoindre. Nous nous prosternons ensemble devant le monument funéraire, dans un geste monothéiste unificateur, digne d'Abraham.

*

Borsippa. Je viens de descendre par l'escalier raide qui mène au ventre d'une grotte verticale, où la tradition locale situe l'enfance d'Abram. Des tapis de prière recouvrent le sol face à une plaque, gravée de l'une des nombreuses sourates du Coran qui célèbrent le prophète Abraham. Des barreaux d'argent ferment l'entrée d'une seconde grotte plus petite, plus sacrée aussi. Des femmes seules, en long voile noir de pied en cape, prient. Elles se balancent et s'agenouillent devant un petit meuble de verre et de métal, éclairé de l'intérieur par des néons blafards. Des billets et des pièces de monnaie en jonchent le fond. Après avoir sacrifié à mon tour au rituel de l'obole, que l'on glisse dans une fente de l'armoire transparente, je remonte en surface.

Le sympathique gardien du Makkam Ibrahim, mausolée d'Abraham, m'offre un thé, au milieu d'un groupe de pèlerins composé en majorité de femmes. La présence d'hommes, et même de l'Occidental que je suis, ne semble pas les gêner. Au contraire elles écoutent attentivement la conversation que j'engage avec le sage de la caverne. Il affirme que cette grotte n'a pas seulement abrité l'enfance du patriarche, que l'on a voulu protéger de Nemrod, mais aussi et avant tout qu'elle est son lieu de naissance ! Devant mon étonnement il persiste avec passion et redouble d'arguments.

Pour attiser le débat j'exhibe alors des photos que j'ai réalisées lors d'un voyage précédent en Turquie orientale, à près de mille kilomètres au nord-ouest de cette colline où nous refaisons le monde. Plus exactement à Sanli-Urfa, non loin de Harran. Ces documents montrent une tout autre grotte, à l'entrée de laquelle figure une large inscription en turc, arabe et anglais, mentionnant : « Ici est né le Prophète Abraham. » L'ennemi turc héréditaire revendique ainsi, en cette autre place, le seul berceau natal de l'« ami de Dieu » !

C'en est trop ! Le gardien, appuyé de mes cerbères et de tout ce que le groupe comporte d'hommes, proteste avec véhémence, gesticule et hausse le ton, maudissant « ces chiens menteurs d'Ottomans » !

Soudain, et sans que j'aie pu le prévoir, trois femmes se précipitent sur moi. Elles m'arrachent les photos des mains, se jettent à terre et se prosternent devant mes clichés, qu'elles se passent de l'une à l'autre et qu'elles embrassent avec dévotion.

Je redoute l'hystérie collective mais après cet instant d'égarement les dames se ressaisissent, se relèvent, mettent de l'ordre à leur voile puis me rendent dignement mes précieuses images. Puis le groupe s'éloigne, méprisant pour les Turcs et peut-être pour moi-même, messager du blasphème.

Me voilà seul sur cette colline de Borsippa, face à une excavation lunaire au milieu de laquelle trônent les ruines de la Ziggourat à sept étages. Beaucoup, dont des scientifiques, affirment que cette « Maison des sept conducteurs du ciel et de la terre » est bien la première tour de Babel. Les quarante-sept mètres de briques et d'argile, qui s'élèvent encore à la verticale, devant moi, portent des traînées noirâtres qui produisent les plus belles légendes.

Certains, attachés à la version biblique, assurent que ces traces sont la marque du brûlant soupir divin qui a renversé la tour. D'autres affirment qu'il s'agit de l'empreinte d'une comète, à l'origine de la destruction. Quant aux plus prosaïques, ils s'obstinent à contredire les poètes : pour eux, ces résidus carbonisés témoignent de l'explosion d'une charge de dynamite utilisée par des archéologues malveillants, à la recherche d'un trésor.

Souffle céleste contre souffle terrestre ! Il est vrai que sous ces monticules de débris devaient être enfouis des huiles, des pierres précieuses et de l'or. Qu'il s'agisse ou non des restes de la fameuse tour, au temps de Sumer, la pose de la première pierre de toute construction donnait lieu à un rituel de chants, de prières et de sacrifices d'animaux. Les prêtres et le roi offraient à boire, du miel et du lait caillé, à la terre sur laquelle on allait bâtir, afin de protéger l'édifice des forces du mal.

Toujours flanqué de mes deux accompagnateurs, je reprends la route des cités de légende, Babylone et Mari, que l'Euphrate protégeait des sables rouges. Ici des canaux artificiels irriguent les bandes de terre fluviale, comme au temps d'Abram.

Je distingue sa caravane à présent, loin des rumeurs parasites et de l'agitation menaçante d'Ur, loin aussi de l'aridité du désert. Elle avance comme une houle, ondoyant sur les terres que le fleuve fertilise. Le chemin, riche en herbe, en cultures de blé et d'orge, et en eau, permet là encore des haltes vivifiantes.

Babylone, confluence des légendes et des amalgames ; les voyageurs rapportaient à Ur les récits mythiques des richesses, des jardins, de la science et des victoires de la ville lumière. Abram doit s'interroger depuis longtemps sur ses magnificences. Il aura entendu cent fois *L'Épopée de la Création,* qui dit le commencement du monde et la naissance de Babylone sous la protection de son dieu Mardouk.

Le récit relate des événements cosmologiques qui débutent à l'aube des temps « quand les cieux d'en haut n'avaient pas encore été nommés... », où des armées divines se déchiraient dans la voûte céleste, où les monstres livraient bataille aux dragons. Les eaux de sous la terre, appelées l'Apsou, et les eaux de la mer, dénommées Tiamat, s'accouplent dans des étreintes passionnées, pour procréer des dieux. Mais Ea, qui sait tout, s'empare de l'Apsou et, avec son épouse, engendre Mardouk, supérieur à tout. Mardouk organise l'univers et façonne l'être humain primordial, auquel il donne le nom d'« homme », puis, vainqueur de toutes choses, il est proclamé roi des dieux.

Pourquoi l'individu aime à ce point célébrer les batailles, les héros, les mythes, les faux dieux et non les sages ? La cité charismatique compte tant d'esprits éclairés, de penseurs, de philosophes et de chercheurs ! L'agitation des idées est à son comble quand Abram y aura séjourné. Les théories sur l'origine de la vie et de la création se heurtent sans cesse les unes aux autres.

Les prêtres de Babylone imaginent que la clef du monde se trouve dans les nombres et dans les astres, dans la révolution du soleil et de la lune, dans le mystère des planètes et des étoiles. Ils bâtissent des temples d'où ils scrutent leur ciel qui se prête, mieux que tout autre, aux observations célestes. Ils étudient les constellations et le zodiaque, persuadés qu'ils régissent nos vies, tout comme les planètes qui sont accrochées entre le ciel et la terre. Certaines suspendent leur course au-dessus du soleil, d'autres en dessous. Ces savants parviennent même à calculer avec précision les cycles des éclipses de lune et de soleil.

Abram se sera passionné pour leur savoir. Les sages lui auront montré leurs cartes du ciel, établies à partir de leurs études. Avec les astronomes et les astrologues ils auront cherché ensemble à comprendre pourquoi les astres vont de l'est à l'ouest formant des cercles parallèles les uns aux autres. La terre flotte-t-elle dans l'univers dont elle représente le centre absolu ? Bouge-t-elle ou non ? Quelle est sa forme ? Pourquoi certaines saisons sont-elles propices aux semailles et d'autres aux moissons ? L'influence des astres sur tout ce qui vit leur paraît une évidence. Le ciel est bien le théâtre de forces positives et négatives, comme il y a le feu et l'eau, le chaud et le froid, le bien et le mal... à l'image des hommes, immuablement divisés entre bons et mauvais.

Puisque s'oppose le visible à l'invisible, l'enveloppe corporelle s'assimile à la terre, et l'âme aux mystères du ciel et de l'espace. Ainsi l'équilibre entre ces deux mondes, céleste et terrestre, régit-il la vie de l'humain né, pour certains, d'une parcelle d'étoile détachée par le choc d'une comète. Il y a ceux qui croient en la thèse de *L'Épopée de la Création* et ceux qui pensent que

Hadad, dieu de la foudre, a inventé le tonnerre et créé les autres dieux, qui eux-mêmes ont organisé la vie des êtres et des animaux.

Certains n'expliquent le sens de leur existence que par le mythe du Supersage, où les dieux fatigués d'assumer leurs propres charges finirent par se mettre en grève, rappelant étrangement, comme on l'a vu, celle déclenchée par les hommes las de leur servilité. Ea pensa alors apporter aux divinités une aide salvatrice en créant l'être humain. D'une poignée de terre, à laquelle il retournerait à sa mort, et d'un peu de sang et d'intelligence pris à un dieu secondaire, il donna naissance à un serviteur idéal qui allait se dévouer aux maîtres de l'univers.

Et il y a Abram, qui aura cherché à porter la lumière de tous ces égarés vers l'affirmation d'un seul monde créé par un seul Dieu, architecte de l'eau, de l'air, du feu et de la terre, organisateur des éléments, mais aussi de tout ce qui vit et de tout ce qui meurt. Leur vision dualiste des bons d'un côté et des mauvais de l'autre ne lui semble pas irrémédiable. Dieu a donné à l'homme une conscience et le sens de celle-ci, ce qui lui permet de se rapprocher du bien, tout simplement.

Au temps d'Abram, Hammourabi fait de Babylone le centre de son empire. La cité sera détruite et reconstruite dans sa grandeur à plusieurs reprises. Elle retrouvera sa magnificence et ses Jardins suspendus qui furent l'une des sept merveilles du monde. Le prophète Jérémie dit qu'elle est une coupe d'or, aux mains du Seigneur, qui enivrait la terre entière. Elle a vu Nabuchodonosor, les juifs déportés, Cyrus, Darius et enfin Xerxès qui la rase et n'en laisse que ruines. Puis le grand Alexandre en déblaie les décombres, dont celles de la célèbre tour, pour en faire la capitale de son nouvel empire. Mais les hommes, comme toujours, s'acharnent à la détruire.

Toutes ses traces aujourd'hui sont enfouies à des dizaines de mètres sous terre, en pleine agglomération. Les restes actuels, que je parcours en relisant l'histoire de sa grandeur, portent l'empreinte nouvelle de Saddam Hussein comme en témoigne cette plaque commémorative, accrochée en 1989 sur la place du Trône : « J'ai reconstruit Babylone, relevé les murs du palais de Nabuchodonosor et des temples d'Ishtar [...] pour rendre au peuple irakien la fierté de son glorieux passé. » Cette « reconstruction », il est vrai, a relevé de ses cendres le palais d'été, l'amphithéâtre grec, la célèbre porte d'Ishtar, toute de briques bleues vernissées de frais, pauvre réplique de l'original qui se trouve au musée Pergamon de Berlin. Entre autres combats, ici comme à Ur, Saddam aura perdu celui de l'authenticité. Il sera parvenu à faire pire que les outrages du temps.

Je vois aussi, à Babylone, les affiches de son portrait, recouvrant les murs d'argile. Son omniprésence s'inscrit jusque dans l'enceinte des remparts où passe en boucle, sur les murailles, un film à sa gloire. Le dictateur y défile à cheval, en voiture, en berger, en humble priant, vêtu en Bédouin ou en militaire, au milieu de foules en liesse, pleines d'admiration et de dévotion, réquisitionnées pour le tournage. Les dernières images le présentent menaçant, en combattant suprême, luttant contre des envahisseurs, tels ceux qui se profilent à l'horizon de l'histoire immédiate.

Me revient la prophétie d'Isaïe : « *Et Babylone, la perle des royaumes, le superbe joyau des Chaldéens, sera comme Sodome et Gomorrhe, dévastées par Dieu*[1]. »

---

1. Is XIII, 19.

Chapitre IV

Du Tigre et de Dieu

À partir de Babylone, notre voiture s'éloigne de l'Euphrate et laisse derrière elle, le long des rives, le chemin d'Abram. Nos routes se séparent provisoirement. Je remonte à Bagdad, quand la caravane aura continué vers l'ouest, toujours vers l'ouest. Les migrants auront peut-être fait une halte dans la région de l'actuelle Karbala, où s'étend un lac entouré de tous côtés d'une zone désertique, blanche et sèche. Quiconque s'aventurait au milieu de cette étendue d'eau se voyait irrémédiablement aspiré vers le fond. Ses membres s'engourdissaient les uns après les autres. Bras et jambes paralysés l'imprudent s'enfonçait au plus profond, pour ne remonter à la surface que mort. Comme pour conjurer le sort rapporté par cette légende multimillénaire, un complexe touristique a été bâti sur les berges de ce lac « Razzaza », où se pratiquent, en temps de paix, la voile et la natation.

Nous entrons dans Bagdad. Mgr Isaac m'a planifié diverses visites et rencontres sur le thème d'Abraham.

Bagdad, *madinat-es-Salam,* ville de la paix ! Qu'en reste-t-il aujourd'hui ?

Les immeubles modernes et cossus cachent parfois des caravansérails qu'évoquent les *Mille et Une Nuits.* Est-ce l'origine sumérienne de l'écriture qui donne aux Bagdadis ce goût marqué pour la lecture ? Un marché au livre, grouillant de monde, se tient chaque vendredi dans le vieux quartier ; les amateurs de poésie se retrouvent au « Café des poètes », là où, au début du XXe siècle, s'affrontaient en joutes rimées les plus grands versificateurs de l'époque.

Dans la ville immense, tentaculaire, mes sbires roulent à fond de train comme s'ils voulaient se débarrasser de moi au plus vite. La négociation de fin de parcours s'éternise pourtant. Je finis par régler le forfait prévu, refuse tout bakchich et reçois en retour une volée d'injures. Après une douche réparatrice à l'hôtel Al-Mansour, je cède au plaisir d'aller boire un grand verre de Zibib, boisson à base de raisin macéré, en écoutant les mélopées d'Oum Khalsoum, au café éponyme, où sont diffusées en continu ses chansons. Je termine la soirée en dînant dans l'un de ces restaurants des rives du Tigre où l'on sert le *masgouf,* poisson grillé à la chaleur d'un feu de bois.

Le lendemain, à onze heures, l'évêque passe me prendre, comme convenu. Notre parcours d'Abram nous mène à la faculté de théologie et de philosophie. Là, nous passons la journée en divers travaux jusqu'au jour suivant où il a organisé une entrevue avec le grand cheikh des Mandéens[1], l'autorité suprême de la communauté. Ces gnostiques du Moyen-Orient ne reconnaissent pas le Christ. Ils ont Jean-Baptiste pour prophète, qui a joué un rôle déterminant dans la naissance du christianisme. Mais leur dogme les éloigne autant de la religion chrétienne que de l'islam. Depuis que Jean-Paul II a reçu leur chef suprême, en 1990, ils ont acquis une notoriété, jusque-là oubliée au XXe siècle. Le gnostique part du principe qu'il a La Connaissance parce qu'il a reçu La Révélation, qu'il place au-dessus de la foi. Il ne « croit » pas, il « sait » !

Que « sait » alors d'Abraham le guide des Mandéens ?

Nous arrivons devant un temple, le *mandy,* tout de béton blanc, dans une petite rue bordée d'eucalyptus. Le Tigre coule à quelque cent mètres de là. Un petit mât surmonte le faîte de la bâtisse. Il porte un tissu blanc enroulant deux rameaux d'olivier disposés en croix qui rappellent les branches utilisées par Jean pour baptiser les siens. Le bassin baptismal, telle une piscine, trône au milieu de la cour, et le cheikh Sattar Jabbar Rahman nous apparaît dans l'embrasure de la porte, tout droit sorti de la Bible. Grand, mince, longue barbe blanche, ceint dans un habit de coton blanc, serré aux hanches d'une corde de chanvre, il

---

1. Adeptes du mandéisme, doctrine religieuse à caractère gnostique née vers le IIe siècle de notre ère et dont il reste quelques milliers d'adeptes, principalement en Irak.

nous salue et nous invite à le suivre dans un petit salon. Après les salamalecs d'usage, l'entretien commence et se déroule, en araméen, entre les deux religieux, l'évêque tenant, pour moi, le rôle d'interprète :

— La pénurie d'eau nous est très préjudiciable, me dit-il. La destruction, pendant la guerre du Golfe, des usines de traitement nous pose de gros problèmes. L'eau courante tient une place prépondérante dans notre religion. Non seulement pour le baptême par immersion, mais aussi pour les cérémonies du mariage et d'avant le trépas où l'eau du sacrement libère les âmes. Et je loue le Raïs qui nous a bâti ce temple et d'autres édifices dans le pays. Il sait que nous ne sommes pas une secte, mais la toute première des religions répandues à travers le monde. D'ailleurs l'islam nous reconnaît comme de « vrais croyants ».

Dans leurs textes sacrés, le *Ginzâ Rabba* et le *Livre de Jean,* on trouve des inspirations de croyances zoroastriennes[1], manichéennes[2] et babyloniennes. L'une d'entre elles enjoint les Mandéens à se prosterner, pour prier, en direction de l'étoile polaire. L'Église catholique, qui les appelait « les Chrétiens de saint Jean », ne trouve pas grâce aux yeux du cheikh. Les Évangiles rapportent pourtant que Jean-Baptiste a oint Jésus dans le Jourdain.

---

1. Adeptes de la doctrine de Zarathoushtra (Zoroastre), appelée mazdéisme.
2. Adeptes de la doctrine de Mani basée sur le dualisme Bien (Dieu) et Mal (le démon).

— Jésus, poursuit le cheikh, est à nos yeux un usurpateur. Il a récupéré et modifié le rite sacré du baptême, initié par Jean-Baptiste, et a détourné notre religion pour en inventer une nouvelle à son profit !

La tête couverte d'un voile immaculé qui tombe sur ses verres épais, le cheikh scrute mes réactions pendant que l'évêque me traduit fidèlement ses propos, sans ajouter de commentaire. Je demeure impassible et le relance sur Abraham. Il me livre une version syncrétique de la vie du patriarche, avec en sus une appropriation nouvelle qui vient s'ajouter à celles légendaires que j'ai déjà réunies. Au moins a-t-elle le mérite de l'inattendu :

— Abram était un prophète mandéen, me dit-il.

— Me permettrez-vous respectueusement de m'en étonner, puisque votre religion commence avec Jean-Baptiste ?

— Oui, mais Abram a été le premier baptiseur, par le rituel de l'eau. Les membres de sa tribu, tous mandéens, l'ont suivi dans sa migration sur le Jourdain, que nous considérions comme notre fleuve sacré, jusqu'au baptême de Jésus. Par sa trahison votre Christ l'a souillé et depuis nous sommes revenus sur les rives de l'Euphrate. Mais, deux millénaires plus tôt, Abram avait été des nôtres. Il était mandéen.

— Pourtant sa circoncision est un geste que Dieu lui a demandé. Elle est relatée dans les Écritures. Or les Mandéens n'ont pas le droit de modifier leur corps et encore moins de se faire circoncire !

— Abram a été circoncis, seulement pour des raisons médicales ! Il était mandéen vous dis-je. Quant à nos règles de vie et nos rites, ils sont bien antérieurs à lui.

— Mais alors, qui fut le premier, si ce n'est Jean-Baptiste ou Abram ?

— Adam ! Cher ami. Le premier homme était mandéen.

Je n'ai rien à ajouter, le cheikh sait !

Les jours suivants se déroulent en études et rencontres diverses, notamment au patriarcat chaldéen, à l'église catholique romaine, bâtie en 1866, à l'église arménienne orthodoxe de la Vierge Marie, où l'on peut faire un vœu en s'enroulant la tête d'une chaîne ayant appartenu à la martyre Miskinta[1]. Jean-Edern Hallier en a fait l'expérience pour tenter de guérir sa cécité. D'autres visites se succèdent chez les Arméniens catholiques, les Syriaques, les dominicains, les rédemptoristes, ainsi que chez les frères carmes français. Mais d'Abram je n'apprends rien sur sa vie en Mésopotamie que je ne sache déjà, à ce stade de mon périple. En échange, la libre pratique des religions chrétiennes et musulmanes et leur multiplicité a de quoi me surprendre.

Le Musée archéologique se trouve à deux pas de mon hôtel. Je sais bien que les pièces les plus rares n'y sont pas exposées. L'immense richesse archéologique de l'Irak attire hélas, depuis des siècles et jusqu'à nos jours, de nombreux pillards et voleurs. Des milliers d'objets ont disparu durant les deux dernières décen-

---

1. Martyre chrétienne du Ve siècle.

nies et plus particulièrement pendant la guerre du Golfe en 1991. Certains de ces trésors se retrouvent en salles de ventes aux États-Unis et en Europe, où il arrive que les ministères concernés fassent procéder à des saisies. Le gouvernement américain a même rendu des pièces volées, suite à une plainte adressée à l'ONU par un ministre irakien de la Culture. La dégradation des sites se perpétue et, à n'en pas douter, la situation de chaos que vit le pays, depuis l'intervention des forces de la coalition en 2003, n'a pu qu'accentuer le nombre de vols et de destructions.

Je décide néanmoins de m'y rendre seul, à pied. La visite me réserve une aventure singulière, révélatrice, là encore, de la situation des étrangers de passage en Irak, sous Saddam. J'ai à peine le temps de m'attarder devant les collections sumériennes, des grandes périodes babyloniennes, akkadiennes, assyriennes, que soudain jaillit, dans la longue salle de la civilisation islamique, un homme courant droit vers moi. Essoufflé, il me déverse un chapelet de mots dont je ne comprends que « ministre », répété en boucle. Puis il me saisit le bras, m'entraîne vivement vers la sortie et me pousse sur la banquette arrière d'une voiture officielle dont le chauffeur démarre en trombe.

Le sourire des deux hommes aux allures de fonctionnaires respectueux de leur hiérarchie, le véhicule, et toujours ce « ministre » qui revient dans leur monologue, constituent autant d'éléments rassurants. Mais l'énigme reste entière. Le chemin jusqu'à notre lieu de destination ne dure pas cinq minutes, puisque le bâtiment administratif où l'on me mène est tout proche du musée. Couloirs, ascenseur, couloirs jusqu'à un petit salon d'attente où l'on me sert le thé traditionnel. Enfin une porte s'ouvre et un huissier m'introduit dans le vaste bureau d'un homme, que je reconnais comme étant l'ancien chargé d'affaires d'Irak en France, rencontré quelques années auparavant à Paris. Ghazi Fayçal m'accueille chaleureusement. Entre toutes les salutations et politesses, qui disent combien il ne souhaite me voir que pour me présenter ses amitiés, j'ose l'interroger sur la méthode :

— Comment étiez-vous averti de ma présence à Bagdad, Excellence, et surtout de ma visite au musée ?

— Vous avez les satellites, nous, le téléphone arabe, cher ami.

Durant mes journées de travail dans la capitale il m'a été affirmé, entre autres approximations, qu'Abram aurait rejoint Harran en Turquie, par la route du nord, en remontant le Tigre et non l'Euphrate. D'ailleurs la meilleure des preuves, s'il en fallait, est cette vallée dans les montagnes frontalières, au-delà de Mossoul, qui a pour nom le « Passage d'Abram » ! Je décide de m'y rendre, mais avant de quitter Bagdad je tiens à me recueillir sur le lieu de la plus terrible des « bavures » que les Irakiens aient connues.

Au moment du conflit Iran-Irak, dans les premières années quatre-vingt, Saddam Hussein fit construire un abri dit « antiatomique », au cœur du quartier résidentiel d'Amaria, abri utilisé également, quelque temps plus tard, durant la guerre du Golfe. Sur des informations erronées, indiquant que le dictateur se cachait dans un poste de commandement enfoui sous ce bunker, le 13 février 1991, l'État-major américain lança, sur cet objectif, une offensive aérienne brève mais terrifiante. En pleine nuit, alors que les populations civiles avoisinantes s'y étaient réfugiées, un missile perforant déchira l'infrastructure de béton. Par le même trou béant, il fut suivi immédiatement d'un autre missile qui décima dans l'instant femmes, enfants et vieillards, les hommes valides étant au front. Les murs noirs calcinés, qui ont vu périr des centaines de personnes dans des conditions atroces, portent encore la marque de cette mort de masse.

Je quitte Bagdad pour Mossoul, avec un autre équipage. Il ne me « relâchera » qu'après m'avoir laissé en mains propres à la personne qui m'attend. Elle sera responsable de ma prise en charge, jusqu'à ce que mes convoyeurs reviennent me chercher. J'ai déclaré me rendre chez un prêtre chaldéen, maillon de cette chaîne de fraternité qui m'apporte une aide précieuse, dans mon périple sur les traces d'Abraham. Le père Louis Sako[1] est une figure considérée de la capitale du Nord. Nous avons rendez-vous en son église, Notre-Dame du Perpétuel Secours.

Sur les quatre cents kilomètres qui séparent les deux villes s'étend une zone désertique, que l'autoroute et le fleuve découpent en deux. En de rares endroits se dressent quelques restaurants aussi perdus et bien moins romanesques que celui du célèbre film *Bagdad Café*.

---

1. Devenu par la suite évêque des Chaldéens de Kirkouk (Irak).

Que sont devenus les caravansérails ? Aujourd'hui les camions, les autocars, les voitures particulières ou militaires s'agglutinent autour de ces fast-foods, déversant leurs cargaisons de passagers qui consomment le graillon qu'on leur sert. Un temps d'ablution, de repos, de prière parfois et le véhicule repart.

Le père Sako a installé une école d'informatique dans les locaux attenants à son église. À mon arrivée je croise une vingtaine de jeunes filles musulmanes voilées qui sortent de leur cours. Dans cette région à majorité chrétienne, les parents musulmans ne craignent pas d'envoyer leurs enfants suivre un enseignement chez un religieux catholique. C'est d'ailleurs souvent le cas au Moyen-Orient, de l'Irak à l'Égypte.

La centrale électrique de Mossoul a été bombardée la veille. Les groupes électrogènes crépitent dès la nuit tombée. Le prêtre doit rejoindre un monastère retiré dans les montagnes, à une quarantaine de kilomètres en direction de la zone kurde. Une réunion épiscopale s'y tient à laquelle il me propose de l'accompagner. Nous partons vers le monastère de Mar Behnam que je découvre une heure plus tard, dans l'éclairage des phares de la voiture. La bâtisse n'est pas de briques et d'argile, comme la plupart des constructions en Irak. L'enceinte, la chapelle et ses bâtiments sont en pierre.

Au moment où nous entrons dans la cour, les évêques sortent de l'église. En Orient nombre d'ecclésiastiques arborent, plus généreusement qu'en Occident, des croix et des bagues. De grosses chaînes et crucifix en argent pendent à leur cou : un sens du cérémonial qui n'est pas sans rappeler des sensibilités d'Amérique latine.

Je me trouve face à un aréopage de doctes érudits, dont je ne doute pas qu'ils m'éclaireront de leurs lumières sur Abram. Dès les premières présentations on me pose l'inévitable question de mon nom :

— Êtes-vous de la famille du célèbre philosophe ?

— Non, Monseigneur. Je ne peux m'honorer que de l'homonymie.

Ce dialogue, ici, en pleine zone perdue proche des montagnes kurdes, non loin de l'Iran et de la Turquie, a quelque chose d'aussi incongru que la rencontre de Stanley au bord du lac Tanganyika en 1871 : « Docteur Livingstone I presume ? »

Tous ces religieux, chrétiens arabes, possèdent parfaitement notre langue, à laquelle ils sont attachés. Ils ont hérité cette culture des frères jésuites français de Beyrouth qui, depuis le XIXe siècle, dispensent leur savoir au Moyen-Orient.

Abraham nous accompagne dans nos discussions, tout au long de la soirée que nous passons en plein air, à la lumière de la lune. Nous évoquons le patriarche à travers les Écritures, les légendes, les Épopées et l'archéologie. Nous l'abordons aussi par des textes rabbiniques réunis dans le Midrash[1], par le Coran, les *Chroniques* d'al-Tabarî et même par certains écrits

---

1. Mot hébreu se rapportant à l'exégèse d'un texte biblique, employé ici pour désigner l'ensemble des commentaires de la Bible juive.

apocalyptiques, qui s'écartent radicalement de la tradition biblique. Je les entends encore :

— Nemrod a bien existé ; la ville qui porte son nom n'est distante que d'une cinquantaine de kilomètres à l'ouest, non loin de Ninive.

— Devant la puissance d'Abram, le monarque a même décidé de déplacer sa capitale, abandonnant Ur pour Babylone, et de changer de nom pour devenir Hammourabi !

— L'ami de Dieu et les siens ont parcouru le chemin d'Ur à Harran, en une seule journée, sur les épaules de l'ange Gabriel, protecteur d'Abram depuis sa naissance.

— Le jour où Abram voulut faire à son père la démonstration de son erreur, il brisa toutes les idoles sculptées par Térah, sauf une qu'il accusa de la destruction des autres. Son père lui rétorqua : « Qu'est-ce que tu racontes comme bêtises ? Tu sais bien que mes statues n'ont pas de conscience ! » À quoi Abram répondit : « Père, pourquoi tes oreilles n'entendent pas ce que dit ta bouche ? » Et, pour punir Térah de persister à nier l'évidence annoncée par son fils, Dieu fit sortir Abram de la maison paternelle et envoya un tonnerre qui foudroya son père[1].

— Lorsque Nemrod emprisonna Abram pendant quarante jours sans nourriture, celui-ci sortit indemne de ce jeûne forcé. Nemrod le fit alors jeter dans la Fournaise ardente où le condamné refusa même l'aide de l'ange Gabriel. Le feu ne le brûla pas, les flammes

---

1. *Apocalypse d'Abraham* VIII, 5.

s'élevaient mais restaient froides. Une source jaillit à ses pieds... autant de signes miraculeux qui prouvèrent au monarque la puissance du Dieu d'Abram.

À ces convictions innocentes j'oppose, prudemment, à l'assemblée savante le manque de traces scientifiques de toutes ces hypothèses, à commencer par l'existence même du patriarche. On me cite alors un certain *Ab-ra-mu,* dont le nom a été déchiffré sur une tablette, découverte il y a quelques années en Syrie, sur le site d'Ebla. Enfin, pour mettre un point final à cette controverse qui commence à attiser mes interlocuteurs, on me déclare que le sol, dépositaire de l'histoire des hommes, est loin d'avoir livré tous ses secrets ! Argument irréfutable.

Le lendemain, le père Sako me fait visiter cette région chrétienne du nord de l'Irak, jusqu'aux villages les plus reculés, creusés dans les montagnes. Du « Passage d'Abram » je ne verrai qu'une vallée sans caractère, menant à la Turquie. À Al-Qosch, dans la cour de l'église Notre-Dame des Semences, je découvre des tombes du XIXe siècle de religieux arabes chrétiens, sépultures aux inscriptions bilingues : en araméen et en français. Et en l'église Mar Miha, on me montre l'emplacement des reliques du prophète Nahum.

Pour clore mon séjour dans cette partie du pays, le prêtre me présente un chef spirituel yézidi, qui n'a rien à me dire concernant Abram. Sa religion attribue à ses adeptes une origine différente du reste des hommes, une autre branche du genre humain. Selon leur tradition les premiers yézidis ont été procréés sans la contribution d'Ève ou d'aucune autre femme, car ils sont descendants directs d'Adam seul, tous nés, génération spontanée, dans une jarre remplie de son sperme, mêlé à de l'argile.

À Mossoul un chauffeur m'attend pour regagner Bagdad. De là je rejoins les rives de l'Euphrate qui furent la voie propice aux flux migratoires naturels vers la Syrie, la Turquie et Harran, puis vers le pays de Canaan.

Par endroits le sol forme une croûte molle où l'on s'enfonce dans un lit de poussière. Le sable me précède et me suit, comme pour Abram avançant vers des horizons impalpables. Le jour, il invite le soleil à lui montrer le chemin. La nuit, le ciel le guide. Les rares campements se protègent par le feu des animaux farouches et dangereux, créant des touches de lumière qui balisent la route, de loin en loin. La plaine s'étire sans ride, tel un lac où viennent roder gazelles, onagres, autruches et outardes. Il faut savoir interpréter le silence, l'aboiement d'un chacal et les cris des gibiers.

Térah et Abram tendent l'oreille aux bruits de la colonne où tous partagent la soif, la faim, les incertitudes et les espoirs. La caravane porte des faibles et des forts, des courageux et des pleutres, des inquiets, des téméraires. Mais tous avancent derrière leur guide qui voudrait relier entre eux les hommes des cités éloignées.

Je quitte l'Irak, pays qui porte en lui la mémoire du

Jardin d'Éden et du Déluge. Son nom même signifie en araméen « Terre de limon ». Je déserte ces étendues immenses où il gèle au nord et brûle au sud, jusqu'à 56°C parfois. Je laisse le pays d'Adam et Ève, où les guerres ont succédé aux cataclysmes depuis Sumer et depuis Babylone, terre des Hébreux et des déportés. Je pars du pays de l'écriture et des trésors, foulé par les Romains, les Grecs, les Arabes, les Perses, les Omeyyades, les Ottomans, royaume des califes, d'Aroun al-Rachid et de Saladin. Je fuis l'Irak de Saddam mais emporte avec moi un peu de cette mosaïque des peuples : arabes, kurdes, turkmènes, arméniens, et des courants religieux, chiites, sunnites, ismaéliens, chaldéens, nestoriens, jacobites, orthodoxes, mandéens, yézidis, mazdéens, bahaïs… qui depuis des millénaires véhiculent l'histoire et les légendes de cette Mésopotamie où s'enracine notre civilisation.

Je dis adieu au berceau des prophètes bibliques : Noé, Josué, Jérémie, Daniel, Ézéchiel, Jonas, Nahum, Ezra, et abandonne le Tigre, pour reprendre le chemin d'Abram qui allait vers Dieu.

*

Fallouja, Ramadi, cent kilomètres par l'autoroute. Puis encore trois cents kilomètres de nationale de plus en plus étroite, de plus en plus désertique à l'approche de la Syrie. Le chauffeur de la sécurité militaire qui m'accompagne me dépose au poste frontière. Cette route, dès 2003, et déjà durant l'embargo, me rappelle un peu la célèbre piste Hô Chi Minh qui permettait de ravitailler en armes le Vietcong, pendant la guerre d'Indochine. Les formalités de sortie du territoire ne sont que lentes tracasseries administratives, faites de questions ineptes, que le billet vert peut efficacement écourter. Une heure et demie plus tard je me retrouve seul, tirant mon sac sur l'asphalte, dans le no man's land bouillant. Parvenu sur le sol syrien j'avise enfin un taxi qui va m'emporter, à trente kilomètres de là, jusqu'à Mari, la fabuleuse.

À l'écart de la route s'élèvent des collines que le vent a rendues chauves. La terre blême craquelle sous le soleil et sur le plateau tout demeure terriblement aride. Soudain pourtant ce vide laisse place à de véritables oasis de verdure. La caravane de Térah aura rencontré de nombreuses tribus : certaines pacifiques, d'autres moins, tels les Benjaminites, groupes composés des *Beni-shimâl,* fils de la gauche, et les *Beni-yamin,* fils de la droite, des deux rives du fleuve.

Voilà Mari, prestigieuse capitale du moyen Euphrate. En 1933, à la tête d'un détachement français, le jeune lieutenant Cabane, découvre sur le Tell Hariri une statue si particulière qu'il en informe aussitôt sa hiérarchie.

De supérieur en supérieur, l'information circule jusqu'aux musées d'Alep et de Beyrouth, pour parvenir enfin au Louvre. Quelques mois plus tard, le célèbre archéologue français André Parrot[1], accom-

---

1. (1901-1980) Découvreur de Mari, dont il dirigea les fouilles de 1933 à 1974. Il a mis en évidence l'apport de l'archéologie aux récits bibliques.

pagné d'autres savants, se rend sur le site et entreprend des fouilles qui durent encore de nos jours, sous la direction d'André Margueron. Au fil des années, ces équipes de chercheurs découvrent des dizaines de milliers de précieuses tablettes, gravées d'écritures cunéiformes. Elles confirmeront qu'il s'agit bien de la cité évoquée par les anciens textes babyloniens.

La magnificence du gigantesque palais des rois et le temple de la déesse Ishtar étaient célèbres depuis les côtes méditerranéennes jusqu'au sud de la Mésopotamie. Des siècles avant Abram, au IIIe millénaire, le roi d'Ur, Mesanepada, avait fait parvenir au monarque de Mari des cadeaux somptueux, dignes de leur considération réciproque. Tous ces présents rendaient hommage à l'éclat, à la grandeur de la ville et témoignaient de paix et d'esthétisme, comme cette perle exceptionnelle de huit centimètres ou encore ces énormes œufs de lapis-lazuli.

À cette époque, pour mieux arroser l'environnement immédiat, un canal d'irrigation avait été construit, et le creusement d'un autre canal, consacré à la navigation sur cent vingt kilomètres, démontre l'importance que représentaient les échanges commerciaux avec l'intérieur. Ces prouesses, qui datent de cinq mille ans, rappellent là encore la grande capacité technologique des architectes de ces millénaires. Mari, dont la tranquillité était essentiellement troublée par les Benjaminites, constituait l'un des plus importants carrefours caravaniers de tout le Croissant fertile, jusqu'à sa destruction par les troupes du roi Hammourabi.

Le camp des archéologues fait face à la maison du gardien des lieux. Il s'étonne que je veuille parcourir le site en plein midi de ce mois de septembre et m'invite à me reposer sous un abri de nattes. Malgré la température et mes précédentes visites, la perspective de me replonger dans ce passé puissant me fascine. Bien sûr pour qui attend des dorures et des fastes, les ruines peuvent paraître décevantes. Ici, pas le moindre matériau dur, pas la moindre pierre. L'érosion et les oiseaux qui nichent dans les hautes murailles effritent chaque jour davantage le passé d'argile. Une toiture en tôles de plastique, regrettable, mais indispensable, protège la zone la plus délabrée.

En arrivant par la berge de l'Euphrate la tribu d'Abram doit apercevoir, de loin, les murailles impressionnantes du Palais royal. On ne peut imaginer descendre ou remonter le fleuve sans s'arrêter à Mari.

Je réinvente les trois cents pièces du palais, la porte monumentale et la salle du trône. J'y superpose Abram et sa famille et les vois circuler dans le quartier d'habitation.

Il vaut mieux laisser les troupeaux aux pasteurs, restés dans la vallée au bord de l'eau, où l'herbe est grasse ; puis, du creux, remonter vers la ville et découvrir le fameux temple, le palais et les marchands adossés aux maisons. L'ensemble de la cité paraît s'enfoncer dans la terre où elle a été creusée, pour gagner en fraîcheur. Depuis les terrasses, les parties les plus élevées offrent une vue à l'infini, sur la plaine et sur les tempêtes de sable lointaines.

Combien sont-ils, ceux de la caravane, à vouloir se

prosterner devant Ishtar ? La renommée de la déesse du ciel et les merveilles qu'elle accomplit parviennent à Ur, depuis des lustres. Le sanctuaire voit défiler des pèlerins qui l'invoquent, pour qu'elle réveille en eux les plaisirs de l'amour, de la fécondité et des entreprises guerrières. Le temple se trouve à l'orée de la ville et le groupe d'Abram, venant de l'est, y sera passé inévitablement. Certains d'entre eux y auront déposé des offrandes et des ex-voto, moins sûrs qu'ils sont encore de Dieu que de leurs idoles.

Un minibus m'enlève. Ce soir je dors à Deir ez-Zor. Cent vingt kilomètres à l'ouest, la steppe commence ici. Je vais, dès l'ouverture, visiter le petit musée où une reconstitution du cadre de vie et de personnages donne une bonne idée des mœurs de l'époque d'Abram. Puis sur cent vingt autres kilomètres je continue à longer l'Euphrate, qui se camoufle de plus en plus derrière des rangées de roseaux. À Raqqa je quitterai la Syrie, pour remonter jusqu'en Turquie, et enfin parvenir à Harran que j'ai hâte de rejoindre.

Sur la route j'imagine la caravane partie d'Ur depuis des semaines, voire des mois, subissant l'alternance de la vie et de la mort, avec ceux qui naissent et ceux qui succombent. Tous avancent, portés pas l'instinct ancestral des nomades, quand Abram progresse aussi dans sa quête de Dieu ; sa rencontre du Créateur compte tout autant que le chemin qui l'y mène.

Difficile, dans ces étendues sans fin, de ne pas penser. Marcher, boire, manger, dormir mais réfléchir toujours. Les questions le maintiennent certainement en éveil et le font souffrir. Ces voyages, où chacun se révèle, confrontent les hommes à leurs rivalités, à leurs ambitions et à leur conscience aussi. Abram doit ressasser les raisons du départ. À Ur, il ne se révoltait pas contre les hommes, mais pour Dieu. On l'avait pourtant banni et aujourd'hui, alors qu'il fuit, cet exil se mue en liberté. Tout de rigueur et de force morale, est-il fragile sous sa peau devenue dure ? Ne doute-t-il pas, et ce doute n'aurait-il pas la foi pour refuge ? Ne cherche-t-il pas à substituer à l'énigme une solution rassurante ? Cette vérité qu'il pressent intuitivement, a-t-elle besoin de preuve pour lui être dévoilée ? Quel caillou a-t-il dans sa sandale ?

*

Je viens de quitter la Syrie au poste de Tell Abyad. Depuis Raqqa, j'ai abandonné l'Euphrate pour remonter le Nahr al-Balikh, l'un de ses affluents, en obliquant plein nord pour aller vers Harran. La sortie du territoire s'est déroulée sans encombre. En échange, l'entrée en Turquie s'avère plus difficile. Un haut portail de fer, hermétiquement clos, se dresse en travers de la route. Au-delà, en retrait de plus de cent mètres, deux hommes armés me font face. Ils montent la garde dans des miradors postés de part et d'autre de cette barrière infranchissable.

Je suis ressortissant de la Communauté européenne et, à ce titre, n'ai pas besoin de visa. Le chargé de communication de l'ambassade de Turquie à Paris m'a assuré avoir prévenu ce poste-frontière de mon entrée, aujourd'hui. Les responsables des Affaires culturelles m'ont organisé des rencontres et des séances de travail sur le thème d'Abraham, avec des professeurs de l'université de Sanli-Urfa. Je dois me présenter devant le doyen en début d'après-midi.

Le tourisme ne semble pas avoir pénétré ces régions. Les plages des clubs de loisirs de la mer Égée sont bien loin. Je brandis mon passeport à bout de bras... en vain. Aucune réaction. Le bus qui m'a amené jusqu'ici a fait demi-tour et je suis le seul à être descendu à son terminus. Il faut dire qu'entre la Syrie et la Turquie les relations n'ont jamais été bonnes, même pas cordiales. Depuis l'accord Sykes-Picot de 1916, où la Grande-Bretagne et la France ont découpé secrètement, et à leur guise, les frontières du Moyen-Orient, la Syrie fulmine devant l'amputation qui lui a été faite des sandjaks d'Alexandrette, ou territoire d'Antioche[1]. Elle reproche également aux Turcs de lui causer délibérément de régulières tracasseries préjudiciables, en réduisant à volonté le débit de l'Euphrate, à partir d'un barrage situé juste en amont de la frontière. Quant aux Turcs, ils sembleraient ne pas avoir encore accepté la chute de l'Empire ottoman.

Pour l'heure, le large portail demeure toujours fermé, malgré mes gesticulations. J'interpelle haut et fort en français. Rien n'y fait. Puis en anglais, sans plus de résultat. Le temps passe et j'ai la désagréable impression de cuire au soleil. Soudain une idée me

---

1. Au sud-est de la Turquie, appelée de nos jours Iskendérun.

traverse l'esprit. Je hèle, en allemand, une sentinelle qui me répond dans la langue de Goethe. Je profite ainsi des bienfaits de l'immigration turque en Allemagne. Un quart d'heure se passe, le portail coulisse d'à peine un mètre, me permettant de me faufiler, traînant toujours mon sac. Mais face à moi un second mur de métal identique barre la route.

Je mets plus d'une heure à franchir ce poste-frontière où je me félicite encore d'avoir été recommandé par l'ambassade ! Je ne suis pas au bout de mes peines. Il me faut marcher à pied près d'un kilomètre, sous le soleil, pour trouver enfin un minibus qui part vers Harran. Son chauffeur me laissera sans explication à un carrefour, perdu au milieu de nulle part où, une demi-heure plus tard, un autre minibus m'emmènera à destination.

Arrivée à Harran, ils s'y établirent[1].

La Harran Naharayim, Harran des fleuves, comme il est écrit, morne plaine aride et déserte, une des régions les plus pauvres de Turquie. Le seul espoir de développement tient dans la mise en service du proche et gigantesque barrage Ataturk.

À l'entrée du village deux baraques en bois affichent pompeusement des pancartes : « agence de tourisme ». Il ne manque que les clients.

Le site antique se cache derrière l'unique protubérance incongrue du sol, au milieu du relief plat et

---

1. Gn XI, 31.

austère. Des dizaines de petites masures coniques en terre argileuse s'y agglutinent comme les alvéoles d'un essaim. Dans leur mur circulaire certaines comportent une minuscule ouverture qui tient lieu de fenêtre. Ces habitations semblent être tout droit sorties du IIe millénaire avant notre ère, identiques à celles où devaient vivre Térah et sa parentèle. Aujourd'hui, dans ces pains de sucre, habitent des familles entières arabo-kurdes.

Côté plateau, tout n'est que sécheresse et indigence. La terre se ride de petits plissements craquelés. Côté vallée, en contrebas, le long du fleuve, les alluvions fertilisent le sol. Des champs entiers de touffes blanches s'étirent sur des dizaines de kilomètres et les ballots de coton s'entassent au bord des pistes.

Depuis l'entrée de sa pauvre maison, un vieil homme, à très longue barbe et aussi longs cheveux, me tend un verre de thé. Notre dialogue se limite aux sourires et aux échanges de regards. Est-ce un lointain descendant d'Abram ou de l'un de ces Sabéens qui se sont longtemps multipliés dans la région ? Les adeptes de ce culte faisaient vœu de ne jamais tailler leur pilosité. Ils vénéraient sept divinités, une pour chaque jour de la semaine : Shamash, le dieu-soleil et Sîn, le dieu-lune comme à Ur, ainsi que les planètes Saturne, Jupiter, Mars, Vénus et Mercure. Leur dogme composite, utilisant à la fois la figure d'Abraham, l'astrologie babylonienne et des rites initiatiques secrets, a résisté au christianisme et à l'islam jusqu'au XVIIe siècle.

Il fait très chaud, le thé bouillant me désaltère pourtant.

Un autocar chaotique m'emporte vers Sanli-Urfa. Des petites montagnes se dressent brusquement, violentes parfois. Les gorges s'enchaînent et découpent soudain des falaises vertigineuses, creusées de grottes. La route devient sinueuse pour déboucher dans une ville bruyante et brutale de près d'un million d'âmes. Si je n'avais rendez-vous ici avec Abram et une assemblée d'universitaires, je poursuivrais volontiers très au-delà, de l'autre côté du lac de Van, aux confins de la Turquie et de l'Arménie. Là... *les eaux baissèrent au bout de cent cinquante jours et, au septième mois, au dix-septième jour du mois, l'Arche s'arrêta sur les monts d'Ararat*[1].

Bérose, l'historien du IVe siècle av. J.-C., écrit qu'à son époque les populations locales découpaient encore des morceaux de bitume durci pour en confectionner des amulettes. Les expéditions, en quête d'éventuels restes du vaisseau de Noé, se succèdent en vain depuis trois siècles, sur ce sommet qui conserve son secret dans ses brouillards éternels.

L'ambassade de Turquie à Paris a bien organisé mes recherches à l'université de la ville. Deux professeurs de français m'attendent à l'entrée de la faculté de théologie et de philosophie. Ils seront mes interprètes. Le doyen m'accueille chaleureusement. Avec une dizaine de ses confrères, nous menons nos travaux pendant un jour entier sur le « prophète Ibraham », conjonction des noms hébraïque, Abraham, et musulman, Ibrahim :

---

1. Gn VIII, 3-4.

— L'« Ur » biblique n'a jamais été situé dans le Sud irakien mais bien ici même. La ville ne se nomme-t-elle pas URFA ? me dit-on.

— Il est pourtant écrit dans la Genèse « Ur des Chaldéens », fais-je remarquer.

— Justement, la Chaldée était une région de la Mésopotamie du Nord, celle précisément où nous sommes.

— Il est aussi écrit dans la Genèse : *Il les fit sortir d'Ur des Chaldéens pour aller au pays de Canaan, mais arrivés à Harran ils s'y établirent*[1], renchérit la docte assemblée. Il s'agit donc bien des deux cités du territoire turc, séparées d'une quarantaine de kilomètres, et non d'Ur en Irak, un si long voyage se révélant impossible à l'époque.

— Pourtant, dis-je, la pérégrination effectuée ensuite par le patriarche, en Égypte puis vers le lieu qui deviendra plus tard La Mecque, représente plus du double du chemin ! Al-Tabarî confirme d'une certaine manière le parcours depuis l'Irak : *Abram et Loth partirent du pays de Babylone*[2]. Or cette cité sumérienne est bien située largement au sud de la Turquie et de Harran.

Je débattrai jusqu'à la nuit tombante. Aucun de ces théologiens, historiens, philologues, islamologues, maîtres en jurisprudence islamique, aucun de ces esprits éclairés me citant et me lisant des passages entiers des

---

1. Gn XI, 31.
2. Mohamed al-Tabarî, trad. Hermann Zotenberg, *La Chronique, op. cit.,* vol. 1, p. 36.

Livres ne s'écartera de la ligne coranique. Mes efforts, pour tenter d'obtenir de ces universitaires une analyse plus objective, resteront vains. À leur foi inébranlable et à leurs convictions historiques s'ajoute une interprétation locale singulière.

Cette version de la vie du patriarche contribue largement à l'économie de la région. Qu'ils soient chiites ou sunnites, turcs, irakiens, iraniens, ou syriens, les pèlerins ravalent leur hostilité millénaire pour venir se prosterner à Sanli-Urfa, par cars entiers, comme me le disait Othman. Le symbole unificateur d'Abraham se perpétue ainsi, au-delà des querelles et des conflits ancestraux.

Les ministères concernés ont aménagé l'« Histoire » du patriarche de façon grandiose, à la hauteur des prodiges qui, affirment-ils, se sont déroulés en ces lieux. Selon les autorités scientifiques, politiques, universitaires et religieuses turques, Abram est né à Urfa où s'est également déroulé l'épisode de la « Fournaise ». La preuve spirituelle est confirmée dans le « Livre sacré » du ministère du Tourisme ! La preuve matérielle va m'être montrée sur site, le soir même.

Deux des professeurs qui me reçoivent m'amènent dans la ville basse, au pied d'une citadelle perchée sur une falaise vertigineuse. À sa base, une grotte s'enfonce dans la terre : le Makam el-Khalil, mausolée que je prendrai en photo et que je montrerai aux femmes de Borsippa, où figure la mention qu'en ces lieux est né le prophète Abraham.

Face à cette grotte s'étend un ensemble de mosquées, de medersas – écoles coraniques – et de cellules réservées aux étudiants en théologie. Au sommet de la falaise, surplombant les ruines de la citadelle, se dressent deux colonnes gigantesques que l'on m'indique comme marquant le « trône de Nemrod », socle de la « catapulte du roi ». Un canal taillé dans la roche conduit l'eau des hauteurs à un vaste bassin où fourmillent des milliers de carpes. Elles sont devenues sacrées et intouchables depuis le miracle du feu relaté par la tradition :

Chaque jour, le nombre de ceux qui croient en la thèse du Dieu unique d'Abram s'élargit, jusqu'à la propre fille de Nemrod, amoureuse du patriarche.
À Ur comme à Harran, Abram combat les idolâtres et brise les statues qu'ils adorent chaque fois qu'il le peut. *Par Dieu*, dit-il, je *vais dresser des embûches à vos idoles, dès que vous aurez le dos tourné*[1]. Les incroyants demandent alors qu'on le brûle. Le monarque informé diffère, dans un premier temps, le supplice : Abram est le fils de son vizir. Des joutes interminables opposent les deux hommes et la dernière scelle le sort du sage :
— Que fait ton Dieu que je ne saurais faire ? demande Nemrod, qui se considère mi-dieu lui-même.
— Il fait mourir les vivants, comme il peut rappeler les morts à la vie.
— Je sais en faire autant, rétorque le despote.
Il ordonne qu'on lui amène deux condamnés qui doivent mourir en prison. Pour preuve de ce qu'il croit être son omnipotence, il tue l'un des deux hommes et épargne le second.

---

[1]. Cor XXI, 57.

Abram ajoute alors :

— Dieu fait lever chaque matin le soleil à l'orient. Peux-tu changer son cours et le faire lever à l'occident ?

Ce défi prend d'autant plus d'importance qu'il ne s'agit pas « simplement » d'inverser le cours de l'astre du jour. Selon la cosmologie des mythes hébreux, de l'est s'élèvent la lumière et la chaleur qui se répandent sur le monde. L'ouest renferme les entrepôts de neige et de grêle d'où soufflent les vents froids. Le sud apporte la bénédiction des pluies fertilisantes, quand le nord engendre les ténèbres. En modifiant la marche de l'univers, l'entreprise sous-entend de bouleverser toute l'œuvre accomplie à la Création.

Nemrod reste confondu et fait enchaîner l'impudent. Pour en finir, il édicte un ordre sur tout le royaume qui interdit à quiconque de brûler ou de flamber. Il réunit ainsi tout ce que la terre contient d'objets inflammables, afin de composer le plus grand bûcher jamais dressé. Des monticules de bois des forêts, de meubles, de tissus, de paille, sont apportés par les mulets et les ânes. Les hommes, les femmes et les enfants de toute part amassent tout ce qui se consume, afin de venger leurs divinités offensées, comme pour servir Nemrod. Puis on met le feu au dôme.

Lorsque le brasier devient visible à plusieurs dizaines de kilomètres à la ronde, on dépose Abram, enchaîné, au centre de la catapulte qui se dresse entre les deux colonnes.

Du sommet de la falaise il est alors projeté au cœur de la Fournaise ardente, et l'on dit que Térah, à la vue de son fils près de mourir, pousse ici même son dernier soupir.

Au moment où Abram se trouve dans les airs, envoyé aux flammes, l'ange Gabriel, agissant sur l'ordre de Dieu, le saisit et le maintient dans les cieux. Le feu se transforme en source, puis en un lac immense, où chaque morceau de bois devient une carpe. Gabriel dépose Abram sur la berge, libéré de ses entraves par l'autorité divine.

Nemrod, empli de confusion, voit depuis son palais l'eau et la verdure gagner l'espace incandescent. Il interpelle alors Abram qui vient à lui, traversant l'embrasement :

— Tu as un Dieu puissant, lui dit-il. Je devrais croire en lui, mais je ne le puis pas, puisque je suis dieu moi-même. En hommage à l'amitié qu'il te porte et au miracle auquel je viens d'assister, je t'offre des troupeaux de bœufs, de brebis, d'agneaux, et bien d'autres richesses. Je te donne également en serviteur l'un de mes nombreux fils que j'ai eu d'une esclave. Il a pour nom Éliézer et te servira jusqu'à ta mort[1].

D'autres traditions rabbiniques et islamiques vont plus loin. Devant le miracle inouï auquel il vient d'assister, Nemrod reconnaît son échec et s'incline devant la grandeur du Tout-Puissant. S'adressant à Abram, il lui dit : À présent, je crois en ton Dieu.

Qu'il ait triomphé de Nemrod à Ur des Chaldéens,

---

1. *Cf. ibid.*, p. 130-135, ainsi que la littérature orale mésopotamienne et turque.

en basse Mésopotamie, ou ici à Sanli-Urfa, Abram sort vainqueur de la Fournaise ardente. Sans le savoir, il vient de surmonter la deuxième épreuve voulue par Dieu[1].

Térah disparu, voilà Abram, seul, à la tête des siens.

Les déchirements intérieurs qui ne doivent cesser de s'imposer à lui sont une source de questionnement inépuisable. Son élan de l'âme et de l'esprit l'ouvre plus que jamais à Dieu et à ceux des hommes qui l'auront pourtant torturé par leur surdité. La mort de son père l'aura fragilisé aussi. Se sent-il en perdition, ou au contraire a-t-il atteint l'abandon nécessaire ?

Le terrain est propice ; Abram reçoit la Voix.

Cette messagère, d'abord imperceptible, reste en lui-même. Elle se fait l'écho de son intérieur le plus secret. Est-ce sa conscience qui se manifeste ? Est-ce sa douleur sourde qui l'envahit et se mue en vibration, se timbre et s'amplifie, l'enserre peu à peu, pour l'absorber tout entier ? Est-ce la lumière qui éclaire enfin ses profondeurs ?

Que peut être la Voix de Dieu ?

Celle qui l'envoûte, parvenant d'au-delà du temps, traversant l'infranchissable ? Descend-elle des cieux ou monte-t-elle de la terre ? Vient-elle à la fois de l'intérieur et de l'extérieur ? À moins qu'elle n'émane de la parcelle la plus immatérielle de son être.

Elle doit naître Souffle, puis devient ample, lente,

---

1. *Cf.* Marc Alain Ouaknin et Éric Smilévitch, *Chapitres de Rabbi Éliézer, op. cit.*, chap. 26, p. 55-156.

puissante en même temps qu'inaudible, porteuse de sens avant les mots. Elle ne peut s'insinuer en lui qu'intime et immense, obscure en même temps que souveraine. Et cette Voix qu'il entend pour la première fois, celle qui atteint l'harmonie absolue, lui dit de partir :

« Quitte ton pays, ta parenté et la maison de ton père, pour le pays que je t'indiquerai. Je ferai de toi un grand peuple, je te bénirai, je magnifierai ton nom ; sois une bénédiction !

Je bénirai ceux qui te béniront,
Je réprouverai ceux qui te maudiront.
Par toi se béniront
Tous les clans[1] de la terre. »

Abram partit, comme le lui avait dit Yahvé, et Loth partit avec lui[2].

---

1. Dans la Bible hébraïque, il est question de « familles » de la Terre.
2. Gn XII, 1-4.

LIVRE DEUXIÈME

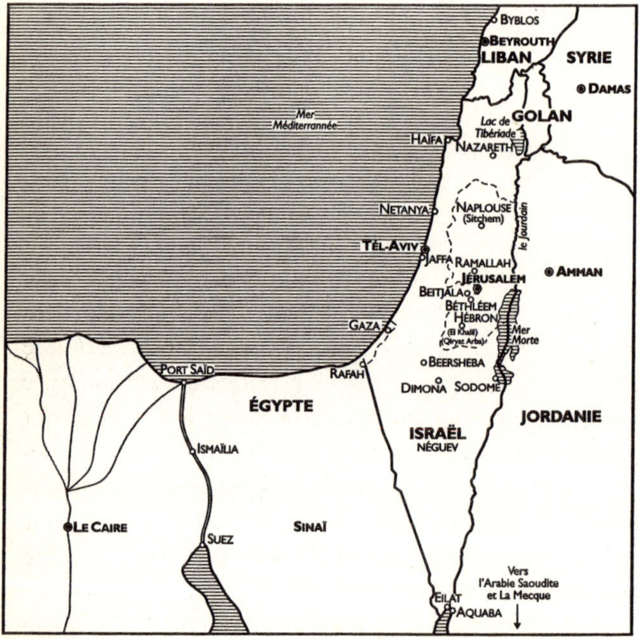

BYBLOS
BEYROUTH
LIBAN
SYRIE
DAMAS
Mer
Méditerranée
Lac de
Tibériade
GOLAN
HAÏFA
NAZARETH
NETANYA
NAPLOUSE
(Sitchem)
le Jourdain
TÉL-AVIV
JAFFA
RAMALLAH
JÉRUSALEM
AMMAN
BEITJALA
BÉTHLÉEM
HÉBRON
GAZA
Mer
Morte
PORT SAÏD
RAFAH
BEERSHEBA
DIMONA
SODOME
ÉGYPTE
JORDANIE
ISRAËL
NÉGUEV
ISMAÏLIA
LE CAIRE
SINAÏ
SUEZ
Vers
l'Arabie Saoudite
et La Mecque
EILAT
AQUABA

Chapitre I

Le champ de la conscience

La Voix suprême lui a parlé.

Voilà Abram révélé, c'est une évidence. Il ne doute certainement pas un instant qu'il s'agit bien de « La Voix ». Elle l'ébranle, le submerge, je présume, comme le ferait une vague déferlante, entraînant le sac et le ressac de ses pensées. Il lui faut faire silence, la laisser vibrer en lui, méditer ces mots qui résonnent à présent comme les versets d'une prophétie. L'incommensurable Voix lui enjoint de partir et lui donne pour mission de répandre sa dimension spirituelle comme on distribue des bienfaits.

Alors il part, sans aucun plan, aucun ordre autre que celui d'obéir et de marcher droit devant, sous le regard de Dieu auquel il voue une confiance absolue, quand d'autres vivent dans sa crainte.

Depuis Harran où il se trouve, plusieurs chemins naturels mènent aux villes du Sud. La piste en provenance de Mari, empruntée des années auparavant pour arriver jusqu'ici, offre l'avantage d'avoir déjà été parcourue par la caravane. Il suffit de redescendre en sens inverse. Elle présente néanmoins l'inconvénient de rallonger le parcours et de ne pas plonger directement sur Alep, étape logique vers le pays de Canaan.

La route actuelle, la plus fréquentée, court en Turquie, plein ouest jusqu'à Gaziantep, puis s'enfonce plein sud en Syrie, au poste de Kilis. Comme hier elle constitue aujourd'hui le canal principal de circulation, est-ouest et nord-sud, par lequel les autocars et autres poids lourds dévalent sur la Syrie et le Liban. À l'époque du patriarche elle ne présente ni l'intérêt de l'eau ni celui de la plus courte distance, avec le risque accru de mauvaises rencontres, les pillards privilégiant les grands axes. Enfin une autre voie, en biais vers le sud-ouest, traverse le site historique frontalier de Karkamish, puis rejoint l'Euphrate quand il coule en direction de la Mésopotamie. Cet itinéraire semble idéal pour la caravane, puisqu'il longe le fleuve sur une grande distance et permet d'avancer jusqu'à la piste de Manbej en Syrie, à trois jours de marche d'Alep.

La tribu, riche à présent des largesses de Nemrod, progresse certainement moins vite qu'à l'époque où elle transitait en Babylonie. « *Tout l'avoir qu'ils avaient amassé*[1] » nécessite un sérieux encadrement. Nahor est resté à Harran. Saraï et Loth font partie du voyage, mais trois cents serviteurs du roi, convaincus par les propos du sage, ont décidé de le suivre et de le servir[2],

---
1. Gn XII, 5.
2. *Sepher Hayashar* 34-43 ; *Ma'ase Abraham* 32-34, *cf.* Robert Graves, Raphaël Patai, trad. Jean-Paul Landais, *Les Mythes hébreux, op. cit.*

même s'ils n'en comprennent pas encore les raisons. Ils avancent et l'on peut deviner que certains se sentent parfois tentés de regarder en arrière, retenus par le doute vers les pas de la veille.

Le guide aura emmené les siens, tôt le matin jusqu'à tard le soir, interrogeant la voûte céleste en bon astronome qu'il est. Cette science précieuse tire de la lecture du ciel le moyen d'orienter le voyageur, en calculant le temps de marche face au mouvement des planètes. Elle se perpétuera et on la retrouvera chez les Rois mages, astronomes eux aussi, qui suivront le sens des étoiles pour parvenir jusqu'à Jésus et l'adorer.

Abram avance sans autre plan que l'obéissance pleine et entière à Dieu. Dans l'Anatolie qu'ils laissent, lui et les siens auront escaladé bien des montagnes, appréciant de les avoir vaincues, comme autant de difficultés qu'il faut savoir surmonter, la volonté seule permettant de s'extraire de sa condition. Sans le comprendre, en suivant le juste, ils sortent du paganisme pour aller vers la foi en l'Unique.

Par ce départ de Harran, sans hésitation ni dilemme, agissant comme la Voix le lui demande, l'élu vient d'accomplir sa troisième épreuve[1].

Certains rabbins attribuent ses déplacements successifs à des facteurs plus psychologiques que religieux : il y a bien sûr les mœurs du nomadisme, mais l'instabilité d'Abram naît peut-être de son incapacité, certes

---

1. *Cf.* Marc Alain Ouaknin et Éric Smilévitch, *Chapitres de Rabbi Éliézer, op. cit.,* chap. 26, p. 156.

provisoire, à convaincre les hommes de sa vision de l'Absolu.

Qu'on n'aille pas croire que le traitement privilégié dont Dieu le comble soit une grâce unilatéralement accordée par le Créateur, dans sa grande magnanimité ! Les œuvres du patriarche, sa vie d'abnégation et d'efforts personnels constituent les seules raisons de la reconnaissance divine. En s'élevant degré après degré, en gravissant les marches qui mènent à Dieu, il en deviendra l'« ami ». Le message aux hommes est clair.

La proximité de l'eau, précieuse pour la caravane, me fait opter pour le parcours longeant l'Euphrate. Le passage des postes frontières s'avère des plus rocambolesques. Pendant deux heures j'attends en vain une voiture pour Alep. Aucun véhicule ne se présente, jusqu'à ce qu'un vieux triporteur pétaradant accepte enfin de m'emporter dans sa benne à ciel ouvert, de Turquie jusqu'à Manbej. Chaque détour du relief conforte mon intuition : je vais dans les pas d'Abram.

Quel âge peut-il avoir quand il quitte Harran ? La Genèse précise « soixante-quinze ans ». Qu'en est-il de ces longévités canoniques qu'annoncent les Écritures ?

Les héros mythologiques et les rois babyloniens d'avant le Déluge atteignaient des existences qui se comptaient en dizaines de milliers d'années : Alulim, 28 800 ans, Dumuzi, 36 000, jusqu'au doyen Enmenluana qui défia le temps durant 43 200 ans.

Puis il y eut Adam. Il aurait vécu neuf cent trente ans. Chez lui, cette sorte de corps infini auquel nous serions tous rattachés depuis l'origine a sublimé toute notion d'âge. Ses descendants immédiats, sans autre raison apparente que celle de souligner leur sagesse, semblent bénéficier aussi de longévités remarquables : Seth, l'un de ses fils, expira à neuf cent douze ans ; Enoch, fils de Seth, à neuf cent cinq. Mathusalem atteignit neuf cent soixante-neuf ans ; Noé, neuf cent cinquante ; Térah, deux cent cinq ; Abraham, cent soixante-quinze et plus tard, Moïse, cent vingt ans.

Plus le rôle accordé au héros et au prophète est emblématique, plus on lui attribue une longue vie ; plus les textes se rapprochent des périodes historiques, plus les durées deviennent rationnelles. Dans le cas du patriarche, pour l'« appeler », Dieu aura attendu qu'il acquière une expérience humaine que seules les années peuvent apporter. Les œuvres du Seigneur sont incommensurables et incompréhensibles aux hommes. Les Livres soulèvent alors des questions, souvent métaphoriques, nourries d'un contenu dont le croyant doit trouver la clef, comme il en est de chaque pas, chaque acte, lié à Abram :

Quel est le sens de l'Appel de Dieu et de l'obéissance aveugle du sage ? Dieu ne répond-il pas à ses doutes par un commandement ? Un commandement au double sens même, selon la tradition judaïque : « *Lech lécha* » ; « *Lech* » « Va […] vers le pays que je te montrerai. »

Quand il se charge de son clan, la parabole ne préfigure-t-elle pas combien il se responsabilisera des hommes ? De même, s'il symbolise la soumission absolue, n'incarne-t-il pas également, dans le projet divin, la quête intérieure vers laquelle le Créateur veut encourager chaque individu ? « *Lécha* », lui dit le Tout-Puissant. Ne le pousse-t-il pas à aller chercher en lui-même, cela ne signifie-t-il pas « va vers toi », va vers le sens de l'existence humaine[1] ?

Nombre de rabbins pensent que le judaïsme puise ses racines dans la séparation du patriarche d'avec sa terre d'origine, comme dans l'Errance : une minorité trouve le courage de rompre avec l'environnement établi et fait le sacrifice de l'isolement, pour l'amour de son Dieu[2].

En échange de cette obéissance infinie et du don sans limite de lui-même, Abram devient le dépositaire du message et reçoit la plus extraordinaire des promesses : « *Je ferai de toi un grand peuple, je te bénirai, je magnifierai ton nom*[3]. »

On peut deviner combien de bouleversements se manifestent en lui. La Voix doit continuer de retentir sans cesse, comme une annonce dont il n'est pas instruit de la finalité. Il obéit et marche avec les siens, sans même savoir où il va, vers un pays qu'ils ne connaît pas, portant à bout de mots l'idée nouvelle, inconce-

---

1. Émile Moatti, Pierre Roclave, Muhammed Hamidullah, *Abraham,* Paris, Centurion, 1992, p. 26-28. Et Émile Moatti, *Priez,* n° 259, mars 2004.

2. Cet ordre divin marque, pour la tradition judaïque, une rupture avec le passé. Abram obéit – premier acte de foi – et se trouve désormais en marche vers la Révélation, premier pas vers la réalisation du judaïsme.

3. Gn XII, 2.

vable, révolutionnaire d'un maître de tous les mondes, unique et absolu, éternel, omniscient et omnipotent.

*

Lors de travaux que je mènerai à Damas, à l'Institut français d'archéologie du Proche-Orient (IFAPO), ainsi qu'à l'Institut français des études arabes (IFEAD), je tenterai, avec des archéologues, de poursuivre l'éternel débat : Abram a-t-il existé ? Si oui, il faut resituer le contexte historique dans lequel il aurait pu évoluer. Certains chercheurs en archéologie biblique ont constaté que la période de son départ de Harran vers le pays de Canaan pourrait correspondre à la déferlante Hyksos venant du nord, probablement de Mongolie, descendant vers l'Égypte où elle aura un rôle déterminant et une histoire.

L'ancêtre aurait-il alors été emmené par cette lame ? Cette version semble peu crédible tant la sécheresse d'âme et la violence de ce peuple vont engendrer le malheur, quand lui cherche tout au long de sa pérégrination la paix. Hyksos et Abram ne peuvent transhumer ensemble. Pourtant, on ne saurait ignorer que différents facteurs, dont la migration hyksos vers l'Égypte, aient pu influencer le sage dans sa future descente au pays du Nil.

*

L'évêque des Chaldéens d'Alep, Mgr Antoine Audo, sera mon guide dans cette cité, l'une des plus anciennes du monde, toujours effervescente sur son promontoire naturel.

Ici les invasions se succèdent depuis des millénaires. Perses, Grecs, Mongols, Mamelouks, croisés, Ottomans laissent place à une ville moderne, plus tournée vers l'Occident que Damas, l'Orientale. Les communautés chrétiennes, nombreuses et dynamiques, bâtissent depuis des siècles leurs églises, maronites, arméniennes, chaldéennes, dont les clochers alternent avec les minarets des mosquées. Des influences diverses se bousculent, celles des commerces russes, aux enseignes en cyrillique, ont pris le pas sur le passé byzantin que le Bédouin de passage a déjà oublié.

Depuis toujours Alep, odorante et colorée, se positionne comme un nœud de communication des caravanes de soie et de coton. Elle forme le point de rencontre des voies commerciales reliant l'Anatolie et la Turquie de l'Est au Jourdain et à l'Égypte, rapprochant l'Euphrate des côtes méditerranéennes et du Bosphore. Durant la période irakienne, « Pétrole contre nourriture », je croiserai sur cette route, Alep-Bagdad, de nombreux convois surchargés de marchandises.

Le musée de la ville renferme des pièces prestigieuses provenant de Mari, dont la statue de la déesse au vase jaillissant ainsi que plusieurs statuettes d'orants et d'adorants, antérieures de plus d'un millénaire aux jours du patriarche.

Au cœur des quartiers anciens s'élève un chef-d'œuvre de l'art médiéval qui surplombe toute la ville : la citadelle et au sommet de celle-ci, la mosquée d'Abram marque l'emplacement où il aurait fait halte. Ce lieu de prière, petit et simple, rappelle l'image de sa modestie. Là, à l'abri des murailles, l'évêque me raconte la légende locale :

— Depuis Ur, en Chaldée, puis tout au long de sa pérégrination jusqu'en Turquie, la Révélation d'Abram enrichit son groupe de nouveaux adeptes, qui croient en ses paroles prophétiques. Les années passées à Harran, les persécutions de Nemrod, suivies de l'épisode de la Fournaise dont il triomphe, ont fini par convaincre de nombreux hésitants qui grossissent ses rangs, chaque jour davantage. La longue marche ne l'a pas usé, au contraire. Il dégage toujours une puissance qui impose un espace de respect autour de lui. Il répète inlassablement sa foi au Dieu de tous les hommes, créateur de l'Univers, éclairant de ses propos ceux qui doutent. Il suffit de l'écouter pour comprendre. Il est conscient de son insignifiance en ce monde et sait rester humble. S'il marche en tête et montre la voie, il participe aussi aux besognes les plus simples, les plus quotidiennes. Dans son troupeau une vache semble avoir sa préférence. Certains la disent rousse. Chez nous elle est blanche, comme le lait. Sur cette colline d'Alep, le vertueux va la traire. En arabe on dit : *halaba achaba,* ce qui signifie dans sa forme conjuguée : « Il a trait la blanche. » Notre ville d'Alep, en arabe *Halab,* le lait, démontre que l'origine de son nom découle directement du passage du patriarche en ces lieux.

— Pourtant Alep existe déjà quand il y arrive. La ville se situe sur le parcours naturel des caravanes.

— Oui. Mais avec lui, elle devient le symbole du commencement, puisqu'on la rattache à l'origine de la pérégrination ordonnée par le Très-Haut. Dans nos traditions arabes, qu'elles soient chrétiennes ou musulmanes, Abram, père de la foi, incarne bien le rejet du paganisme et la référence du début. Au point que selon l'islam il est le premier croyant.

— Pour le judaïsme aussi il symbolise le commencement du commencement. Il représente bien sûr la sortie du paganisme, avec l'adhésion au Dieu, d'abord personnel, à travers l'Alliance qu'ils scellent ensemble, mais universel aussi. Un peuple et un pays lui ont été promis.

— Oui. Les trois religions monothéistes se rejoignent sur cette dimension morale qui interpelle la conscience. Abram n'agit plus sous l'autorité des forces naturelles mais sous la seule lumière de Dieu.

— Quand les Livres sacrés inscrivent Nemrod dans la posture de la toute-puissance, ils glorifient ainsi l'humilité et l'obéissance du sage.

— Vous ne croyez pas si bien dire : en arabe, le nom de Nemrod connote un défi insensé, associé à l'idée d'un pouvoir absolu. Celui qu'Abram a su ébranler, avec l'aide de Dieu.

*

Ils se mirent en route pour le pays de Canaan[1], cette

---

1. Gn XII, 5.

région du Pays de la pourpre, dont il est dit qu'il tient son nom d'une teinte produite à partir d'un coquillage.

Au IIe millénaire, Canaan s'étend de l'Euphrate au Nil, englobe toute la bande côtière de la Méditerranée à l'ouest pour aller mourir contre le Jourdain, vers les frontières de l'actuelle Jordanie.

Les premières mentions de ce nom apparaissent dans des textes akkadiens du XVe siècle av. J.-C. Des peuples de diverses origines parcourent cette région, notamment des continentaux comme les Hébreux, les Amoréens et bien d'autres, réunis progressivement sous le nom collectif de Cananéens. Ces groupes vont parler peu à peu une langue proche de l'hébreu et subiront les influences culturelles venues par la mer, principalement d'Égypte, de Crète et de Grèce.

Depuis Alep plusieurs chemins s'offrent à la caravane. La route qu'elle aura le plus vraisemblablement empruntée devrait être celle qui mène directement à l'actuelle Damas. Pourtant certains penchent pour un parcours par le bord de la Méditerranée, qui aurait emmené le groupe dans les grandes cités de la côte, auréolées à l'époque, et depuis plus d'un millénaire déjà, d'une renommée sans borne.

Lors de mon séjour au vétuste hôtel Baron d'Alep, je retrouve la trace de certains de ses illustres visiteurs du siècle dernier. Je dors dans les chambres – et peut-être même dans les lits d'époque, à en croire le confort – de Sir Thomas Edward Lawrence d'Arabie, d'Agatha Christie et de Charles de Gaulle. Après une dernière et bonne nuit dans un ancien caravansérail, transformé en hôtel, au pied de la Citadelle, je reprends la route afin d'étudier les deux itinéraires possibles du messager, à commencer par celui qui semble le plus naturel, plein sud.

Pour m'accompagner dans mon exploration je loue les services d'un chauffeur aussi pittoresque que son véhicule, dont aucune description ne peut restituer tout le charme. Le Moyen-Orient a le secret de telles rencontres.

L'antique Chevrolet jaune vif date du début des années cinquante. Son kilométrage « illimité », dont le compteur ne peut se souvenir, n'empêche pas la voiture d'avancer. Le bruit de la carrosserie brinquebalante et du moteur vacillant couvre la conversation, mais en criant un peu nous finissons par nous entendre.

Mako, Circassien d'origine, a décoré son habitacle de tous les gris-gris que les croyances régionales peuvent produire. Son véhicule témoigne de la cohabitation fertile des religions, dans la composante syrienne. L'homme s'enorgueillit de ses capacités prolifiques. Il me présente les photos de sa nombreuse progéniture : à trente-cinq ans il compte déjà douze enfants, preuve d'une virilité affirmée, m'explique-t-il. Pendant plusieurs jours il m'accompagnera avec passion et dévouement dans mes recherches, du nord au sud de la Syrie, en passant par le Liban. Ensemble, et de manière évidemment peu scientifique, nous tenterons d'imaginer les itinéraires qu'aurait pu emprunter le patriarche.

En provenance d'Alep, il aura pu longer les monts de l'Anti-Liban dans sa lisière continentale, en Syrie.

Le champ de la conscience

Il y aurait trouvé plusieurs points d'eau jusqu'aux villes actuelles de Hama et de Homs, poursuivant ainsi jusqu'à Damas. Il aurait parcouru alors la vallée de l'Oronte, le Nahr al-Assi. Le fleuve rebelle, dévalant des montagnes de la Bekaa libanaise, fertilise cette plaine traditionnellement vouée aux échanges économiques depuis des millénaires.

Routes et autoroutes courent aujourd'hui sur le même tracé. La région a été aussi le champ de toutes les batailles qui opposèrent, pendant plus de cinq mille ans, des armées dont les milliers de tablettes découvertes à Ebla racontent les victoires et les défaites. Ebla, elle-même, fut une riche cité jusqu'à ce qu'elle soit détruite par Sargon d'Akkad, vers – 2 300.

Damas, mentionnée dès le IIIe millénaire sur les tablettes de Mari, ponctue de tout temps l'histoire du Proche-Orient. Les plus anciens écrits la rendent même témoin des grands événements universels. Dans les flancs du mont Qassioun, à l'orée nord de la ville, une grotte aurait abrité les premiers jours d'Adam. Abel y aurait été enterré. Les plus grands prophètes y auraient séjourné. Par la suite, de hautes figures tels Paul, Saladin, Ibn Arabi, l'émir Abdelkader… marqueront le riche passé de la cité. Au-delà de tous ces personnages, une tradition locale, relayée par chrétiens et musulmans, assure qu'Abram y serait né !

Me voici donc en quête de ce énième lieu de naissance. Mako, toujours dévoué, me mène, après bien des recherches, jusqu'à une maison particulière du quartier de Berzé, sur le flanc d'une colline des faubourgs anciens de Damas. Un adolescent m'accueille dans une modeste habitation qui n'arbore aucun signe particulier. En haut d'un escalier tortueux, à l'entrée d'une pièce aménagée en salle de prière, une vieille Damascène assise sur des tapis tient lieu de gardienne du temple.

Sans un mot elle m'indique une petite grotte, d'un mètre cinquante de profondeur environ, en contrebas d'une margelle sur laquelle se consument quelques rares bougies. L'endroit sombre, que rien ne distingue de n'importe quelle autre anfractuosité, ne semble pas souvent visité. À mes questions les hôtes répondent, sans grande conviction, ce que la légende leur a transmis et qu'ils répercuteront sur les générations futures : il s'agit de la grotte de naissance du prophète Abraham ! Au moins personne ne cherche-t-il à tirer un quelconque profit de ce réduit, qu'aucun tour-operator n'a encore récupéré.

Je travaillerai à Damas avec plusieurs islamologues, dont Mohamed Nabil al-Khayat, avec qui nous avons voulu limiter notre recherche à une approche strictement scientifique, attachés seulement au texte coranique, sans aborder la tradition ou les légendes :

Le Coran ne présente pas Abraham/Ibrahim en prophète secondaire. Comme dans l'Ancien et le Nouveau Testament il tient un rôle primordial, puisqu'il est le premier croyant. Il nie les idoles, les combat et les brise. Son père le lui reproche : « *Éprouverais-tu de l'aversion pour mes divinités*[1] *?* » sous-entendant aussi celles que je crée, et Nemrod jette le contestataire dans les flammes, dont il sort sain et sauf.

Quand Abraham se fut éloigné de ces gens-là et de ce qu'ils adoraient, en dehors de Dieu... [2], il suit l'appel de Dieu pour se consacrer au culte et à l'affirmation du Tout-Puissant. Ce qui implique, selon l'islam, la double idée de migration et de religion, contenue dans sa pérégrination que l'on appelle, en arabe, la *Milla* d'Abraham.

Comme la Bible, le Coran déroule un récit à la fois temporel et intemporel ; seul le message, et non la chronologie, atteste l'unicité de Dieu. Les musulmans, *muslim,* sont les « soumis ». Mohamed al-Khayat préfère à cette traduction usuelle de « soumis » celle de « remis » à Dieu, impliquant l'idée de s'en remettre à l'Éternel.

Sur divers points, relatifs à Abraham, le Coran diverge de la Bible, entre autres exemples : le chemin qui mène le guide avec son fils Ismaël, jusqu'à La Mecque où ils bâtiront ensemble la Kaâba, ou encore le Sacrifice d'Ismaël et non d'Isaac, etc.

Damas abrite de nombreuses communautés religieuses, à l'exception des juifs qui, particulièrement depuis la guerre des Six-Jours en 1967, ont presque tous déserté la Syrie. Comme à Alep je déambule entre

---

1. Cor XIX, 46.
2. Cor XIX, 49.

synagogues et yeshivoth[1] abandonnées, dans le vieux quartier juif oublié. Une ancienne école confessionnelle a même été transformée en poste de police.

Le musée de Damas présente une moisson extraordinaire de pièces sumériennes, mais une salle abrite la mémoire juive : une œuvre rare, une reconstitution exceptionnelle d'un sanctuaire juif datant de la période romaine. Cette synagogue, de Doura Europos, découverte sur les bords de l'Euphrate, conserve une immense fresque murale rééditifiée à l'identique. Autour de la niche qui abritait la Torah, des scènes de l'Ancien Testament recouvrent des panneaux entiers. On y voit, dans leur représentation humaine, Moïse, Jacob, Ézéchiel, David, Esther, Mardochée, Élie, Josias, Aaron, Salomon et… Abraham.

De Damas, il aura pu rejoindre le Jourdain et le lac de Tibériade, par le plateau du Golan, pour son nouveau rendez-vous avec Dieu.

*

La mer suggère l'image de l'infini. Plus qu'un espace physique, elle forme un espace mental, tout comme l'Euphrate de son enfance, avec cette eau dont il sait qu'elle descend des cieux et y retourne après avoir fécondé la terre.

Les évocations fascinantes qu'on lui aura rapportées de cette mer qu'il ne connaît pas l'auront-elles

---

1. Écoles talmudiques.

mené depuis Alep vers Ougarit, située sur la côte de l'actuelle Syrie, puis au Liban d'aujourd'hui, Byblos, Beiryt (Beyrouth), Sidon et Tyr ne constituent-elles pas la partie la plus développée du pays de Canaan ?

Au départ d'Alep, il faut d'abord franchir une zone de collines pour gagner Ougarit (Ras Shamra) la Cananéenne. Aujourd'hui ses ruines reflètent tristement ce passé glorieux. L'herbe et les buissons épineux envahissent les pierres tombées au sol, dans un site dont les restes semblent peu parlants. Depuis le VIIIe millénaire les groupes d'habitants successifs ont développé ce qui deviendra une agglomération bien urbanisée, jusqu'à ce qu'elle soit détruite, là encore, par Sargon d'Akkad, à la même époque qu'Ebla.

Vers – 1900, son essor reprend et gageons qu'Abram connaît de réputation l'existence de cette cité, berceau de l'écriture cunéiforme alphabétique depuis déjà un millénaire. Il arrive dans une ville reconstruite, considérablement étendue, qui a même reçu en visite le roi de Mari. À Ougarit, on vénère Baal, dieu de l'orage, qui ne peut se concilier avec la foi d'Abram. Les générations futures banniront ce culte, comme en témoignent les multiples condamnations de l'Ancien Testament[1].

De là, quelques journées de marche le long de la côte, vers le sud, mènent à Byblos. Une bande de terre plane, tout en longueur, telle une large plage,

---

1. Nb XXV, 3-5 ; Dt IV, 3 ; Jg II, 11-13 ; Jg VI, 25-32 ; 1 R XVI, 31-33, etc.

accueille les eaux des montagnes spectaculaires, enneigées l'hiver, qui creusent des ravins accidentés pour se déverser dans la mer.

Comment franchir ces excavations profondes, même hors saison des pluies, avec des centaines de têtes de petit et gros bétail, sauf à gravir ces hauteurs à partir de l'actuelle Tripoli, jusqu'à Baalbek ? L'ancienne cité avait été bâtie sur un tell, dont les origines remontent au moins à la fin du IIIe millénaire. De Baalbek la caravane aurait dû traverser les plateaux de la Bekaa, puis suivre les rivières alimentées par les neiges éternelles du mont Hermon et arriver ainsi en surplomb du lac de Tibériade.

Mako pense, comme moi : ce chemin semble peu probable. Le relief est trop accidenté et la zone de forêts était peuplée, à l'époque, d'animaux féroces. À l'inverse, l'ombre des cèdres présente un camouflage naturel. Certaines armées l'ont largement utilisée au fil des siècles. Quelle meilleure protection pour la tribu, face aux hordes de pillards ? Des deux maux, lequel choisir ?

Ces montagnes apparaissent à ce point giboyeuses que la littérature s'en empare jusqu'en Égypte : les héros viennent de loin dans ces contrées pour chasser l'éléphant, le lion, le guépard, la hyène monstrueuse, et rencontrent, pour finir sur une chute toujours romanesque, une jolie princesse qu'ils sauvent et épousent. La route la plus vraisemblable, sur ce versant des monts Liban, demeure celle du bord de mer. Une fois surmontées les difficultés des ravins de la côte, il reste à poursuivre vers le sud puis, au-delà de Beyrit, Sidon et Tyr, obliquer au sud-est et rejoindre le lac de Tibériade, tout proche.

Sur cette partie des rives de la Méditerranée l'influence égyptienne s'exerce depuis la plus haute Antiquité. On imagine aisément combien Abram peut y être sensible, s'il passe à Byblos. Ici, le seul nom d'Égypte évoque la richesse, les cultures du Delta, l'eau du Nil en abondance, qui rappelle l'eau pure des fleuves de Babylonie... Il ignore, à n'en pas douter, qu'il guidera plus tard les siens vers cette terre, quand la famine et la sécheresse auront tari la partie intérieure du pays de Canaan. Le Musée de Beyrouth témoigne aujourd'hui de la riche histoire de ces grandes cités côtières. Les nombreux trésors exceptionnels ont pu être miraculeusement préservés, malgré les bombardements intensifs que l'édifice a subis durant la récente guerre du Liban[1]. Le bâtiment se trouvait situé juste sur la ligne « de front » entre les factions rivales. Cette avenue qui séparait Beyrouth-Est de Beyrouth-Ouest avait été surnommée : « Le passage du Musée ». Le traverser représentait une véritable épreuve, trop souvent associée au « passage » de vie à trépas. Les milices de tous les clans s'y livraient aux pires exactions : massacres, enlèvements, bombardements. S'aventurer sur cette artère relevait du suicide. Pour éviter les destructions et les pillages, le conservateur de l'époque avait fait placer

---

1. Guerre civile qui dura de 1975 à 1990.

les richesses du patrimoine dans des sortes de sarcophages de béton, les avait fait enfouir dans le sol, sous une chape de ce même béton. La paix revenue, les objets ont été remis en espace, dans un nouvel édifice, au concept aéré et moderne, entièrement reconstruit.

Dans ces lieux j'ai procédé à diverses recherches sur le cadre historique de la période abrahamique, comme je le ferai dans la remarquable Bibliothèque orientale, fondée en 1875, qui se trouve plutôt vers le bord de mer. Elle dépend de l'université Saint-Joseph et renferme des manuscrits exceptionnels, des incunables, des ouvrages rares, voire introuvables, relatifs aux civilisations de l'Orient ancien.

En 2006 de nombreux immeubles de Beyrouth portent encore leurs blessures, murs brûlés, trous d'obus, traces de mitrailles, que les constructions nouvelles tentent d'effacer. Après les attentats politiques et le retrait des troupes syriennes avec leurs services de renseignement, l'espoir de l'unité de la nation ne semble pas inaccessible. Dans ce pays aux composantes religieuses si diverses devrait souffler plus que dans tout autre État arabe l'esprit d'Abraham.

*

Au fil des siècles, pour les étrangers de passage comme pour ses habitants, Byblos résonne de nombreux récits qui la rattachent au pays du Nil. Plutarque en relate l'un des plus fabuleux qui prend ses sources dans un passé bien antérieur à Abram. Il

Le champ de la conscience

marquera l'impulsion nouvelle des relations entre les deux royaumes. Par cet épisode les dieux de l'ancienne Égypte vont tracer, les premiers, la voie des mers :

Seth, jaloux de son frère Osiris, le tue et jette son corps dans un cercueil de bois, emporté par le Nil. Une énergie surnaturelle entraîne la funèbre embarcation jusqu'aux rivages de Byblos. Isis, veuve éplorée par la mort de cet être éternellement bon, arme un bateau et part à la recherche du défunt.

Se laissant porter par le Nil et les courants qui la poussent vers la mer, elle retrouve la dépouille d'Osiris, à Byblos. Avec le temps les racines d'un arbre ont enserré le cercueil, au point que le cèdre, ou bien était-ce un sapin, a absorbé le dieu du recommencement, formant corps avec le corps sacré.

Le roi de Byblos, ignorant du contenu merveilleux et admiratif de cette excroissance exceptionnelle, fait tailler dans le tronc une colonne de soutènement pour le toit de son palais.

Isis, néanmoins, ne s'avoue pas vaincue. Elle joue de tous ses arguments et parvient à convaincre la reine de lui offrir les restes de l'arbre. Elle rapporte ainsi la dépouille d'Osiris en Égypte où, avec l'aide d'Anubis, elle lui rendra le souffle de vie. En échange de l'attitude généreuse du couple royal de Byblos, elle lui offre des parfums et des joyaux, gestes que reprendront les hommes, prouvant une fois de plus qu'ils agissent à l'instar des dieux.

Par cet exploit, de « magicienne » Isis devient la déesse la plus populaire de la mythologie égyptienne.

Sur ses traces, les Égyptiens vont entreprendre le même voyage, découvrant le commerce maritime. Ils cherchent à se procurer des matériaux dont manque leur pays : des bois syriens pour bâtir des barques et des bateaux, sapins, caroubier, genévrier... de l'ivoire, des minéraux, des encens, de la résine pour le culte et la momification, autant de richesses qu'ils vont acquérir à Byblos, nouveau lieu de convergence et d'échanges.

En paiement ils proposent des vases et autres objets de granit et d'albâtre, ou des disques d'offrandes. L'un d'entre eux porte même des inscriptions relatives à la IVe dynastie, avec mention de Chéops, Chéphren et Mykérinos[1].

De nombreux événements vont entériner ces relations chaleureuses :

Une déesse syrienne, la « dame de Byblos », devient si populaire en Égypte auprès des femmes, que beaucoup prennent son nom.

La flotte du roi égyptien Sahurê[2] ramène en grande pompe à son monarque, depuis les côtes du Nord, une fiancée, princesse de Syrie, qui deviendra reine d'Égypte.

---

1. Chéops, roi d'Égypte, IVe dynastie (vers 2600 av. J.-C.). Il fit élever la plus grande des trois pyramides de Gizeh. Chéphren, roi de la IVe dynastie (vers 2500 av. J.-C.), fils de Chéops, fit construire la deuxième pyramide de Gizeh. Mykérinos, IVe dynastie (vers 2600 av. J.-C.), fit bâtir la troisième pyramide de Gizeh.

2. IVe dynastie, fils de Ré, lieutenant du Créateur investi d'un pouvoir cosmique.

Amenemhat IV[1] envoie un coffret d'or et d'obsidienne, rempli de grains d'encens, au fils d'Abichemou, roi syrien de Byblos. Les souverains de Syrie se comportent comme s'ils vivaient à la cour d'Égypte, s'entourent de signes monarchiques égyptiens tels des faucons d'or, des vautours, des scarabées et vont jusqu'à faire graver des hiéroglyphes sur leurs glaives, leurs haches et leurs poignards. Ainsi la mode égyptienne se répand-elle partout, jusque sur les objets usuels et dans la statuaire où l'on trouve des sculptures d'hommes habillés de pagnes... à l'égyptienne. Les cultures s'entremêlent, l'art et les croyances subissent les influences réciproques puisqu'on épouse ici des femmes de là-bas, qui engendreront des enfants des deux rivages. Les relations se développent si bien entre les deux États qu'une liaison maritime fonctionne régulièrement à partir de – 2430, reliant le pays des sapins au pays des encens.

Je suppose le patriarche, sept cents ans plus tard, traversant ces régions, du nord au sud, d'un côté ou de l'autre des monts Liban ; il ne peut ignorer les narrations colportées par les marins et les marchands qui poursuivent le commerce de leurs ancêtres. Ils disent combien la Basse-Égypte est belle et riche, les terres grasses et fécondes. Ils racontent le Nil généreux et ses bras qui irriguent la moindre parcelle du Delta avant de se jeter dans la mer. Les rois les plus récents,

---

1. Noms portés par quatre pharaons de la XIIe dynastie (XXe-XVIIIe s. av. J.-C.)

les Sésostris et les Amenemhat, ne refoulent pas les étrangers aux intentions pacifiques, mieux même, ils les accueillent sans ostracisme.

Toutes ces légendes et les récits d'authentiques témoins s'imprimeront vraisemblablement en lui, sans savoir qu'un jour, elles lui reviendront en mémoire.

*

Abram et les siens approchent de Sichem, première étape biblique en pays de Canaan, qui deviendra plus tard Naplouse, située à 65 kilomètres au nord de Jérusalem. Une antique cité hellénistique a été exhumée à la sortie orientale de la ville actuelle, au pied du mont Ebal, là où se dressait, selon la Bible, le « chêne de Moreh ». Or au XVIIIe siècle av. J.-C., les Hyksos, qui descendent vers le delta du Nil, vont occuper l'agglomération. Le patriarche les précède-t-il en ces lieux, lorsque la Voix magnifique, descendant des cieux ou émergeant de son âme, lui apparaît pour la première fois ?

« *C'est à ta postérité que je donnerai ce pays*[1] » : cette promesse divine ne le pousse-t-elle pas, plus que jamais, à élargir le champ de sa conscience ? Si depuis l'enfance il s'impose une éthique personnelle, en cet instant il doit ressentir une obligation morale plus forte encore. Tout homme est sans cesse confronté au Bien et au Mal. À Harran, quand la Voix lui avait

---

1. Gn, 7.

annoncé : « *Je ferai de toi un grand peuple* », voulait-elle lui offrir de bâtir une nation ? S'il cédait au Mal, il aurait obéi alors dans le seul intérêt d'une prospérité. S'il inclinait au Bien, il aurait écouté l'unique conviction qu'il a de la grandeur de Dieu.

À ce stade de sa pérégrination il a acquis une grande sagesse. Depuis Ur on ne le présente plus brisant les idoles, mais plaçant Dieu comme unique centre de l'infini. Nul ne peut douter de son désintéressement. L'exigence qu'il s'impose croît en lui. Il s'attend sans doute à une mission qu'il ignore. Comment saisir tout le mystère des paroles et surtout des silences du Créateur ? Faut-il encore marcher pour le rencontrer ?

Cette fois, à Sichem, les textes disent que Dieu « lui apparaît ». Comment le disciple accueille-t-il l'événement ? On peut, bien sûr, le supposer ouvert à toute la connaissance que l'Éternel veut faire éclore en lui. Il est certainement en attente depuis que la Voix généreuse lui a parlé, cette Voix qui à Harran lui demande de l'entendre sans rien lui imposer en retour. Si un seul instant il avait douté de sa réalité, avec l'apparition, l'incroyable devient cohérent.

Si Dieu l'a poussé sur cette route, sans en dire davantage, ne doit-il pas en découvrir lui-même les raisons ? Sur son ordre il avance, sans savoir s'il se rapproche ou non d'un but qu'il méconnaît, attendant qu'émerge en lui un jaillissement. Aujourd'hui enfin, le Très-Haut lui apparaît ! Comment comprendre son dessein ? Si à travers lui son « ami », le Tout-Puissant, voulait se révéler aux hommes ?

Cette fois le Créateur va même beaucoup plus loin : « C'est à ta postérité que je donnerai ce pays. » Alors, dans sa plus profonde gratitude, à Sichem, Abram bâtit un premier autel à Dieu. Il ne peut imaginer que cette promesse, rapportée dans les Écritures, deviendra aux yeux des hommes une prophétie qui va changer le cours de l'histoire.

*

— Vous êtes ici sur le mont Guérizim, le lieu saint où notre ancêtre, le prophète Abraham, a offert à Dieu le sacrifice de son fils. D'ailleurs Guérizim signifie « sacrifice ».

— Je croyais que pour les juifs et les chrétiens, l'événement s'était déroulé sur le mont Moriah, à Jérusalem.

— Non. Cela a été inventé par les rabbins. Les chrétiens n'ont fait que reprendre aveuglément ces affirmations fausses.

L'homme qui répond à mes questions, Benyamin Sedaka, coiffé d'une sorte de tarbouche rouge, ne se considère ni juif, ni chrétien ou musulman. Il est prêtre samaritain et responsable de cette petite communauté religieuse qui, à ses dires, comprend un peu plus de sept cents membres. J'ai parcouru, à travers les collines, les quelques kilomètres qui me séparent de Naplouse pour le rencontrer, sur leur mont sacré. Certains traitent ce groupe de secte, ce dont les intéressés se défendent vivement :

— Nous sommes les premiers monothéistes, descendants directs d'Abraham, de Joseph, de Moïse et avant, bien sûr, d'Adam, qui fut le premier Hébreu. Pour respecter au plus près les préceptes de nos prophètes, nous restons strictement fidèles à l'enseignement de notre livre sacré, la Torah. Comme elle l'exige, nous ne quittons jamais la Terre sainte, en demeurant ici en son centre exact. Chez nous pas de diaspora, nous vivons entre nous, depuis toujours. Nous choisissons nos femmes dans notre communauté, dans notre famille. Ainsi sommes-nous assurés de notre intégrité et du respect de nos rites, que nous transmettons aux générations suivantes. Notre liturgie conserve les prières ancestrales que nous sommes les seuls à connaître encore et à réciter en hébreu archaïque. Nous sommes les vrais témoins des temps bibliques.

— Vous divergez sur de nombreux points avec la lecture que les juifs ont de la Torah.

— Quelques points seulement nous séparent. Ils ont fait des ajouts et des erreurs, mais croyez-moi, nous sommes les seuls à détenir la vérité.

— Sur les traditions vous êtes également en rupture avec le judaïsme. Vous perpétuez le sacrifice du mouton, par exemple, comme les musulmans.

— Vous ne pouvez pas dire « comme » les musulmans, puisque nous célébrons ce sacrifice depuis les origines, avant même que l'islam et le judaïsme existent. Et nous le perpétuons en tant qu'acte historique lié à Abraham et non comme un geste religieux. Nous célébrons la Pâque en reproduisant le sacrifice d'Isaac, que notre ancêtre était prêt à offrir à Dieu. Chaque année, au cours d'une grande cérémonie, nous égorgeons ainsi des dizaines de moutons dans notre abattoir à ciel ouvert.

Et voyez-vous, la plus belle manifestation de l'esprit d'Abraham réside dans notre relation avec les juifs, les chrétiens et les musulmans. Nous nous entendons bien avec tous et circulons en Cisjordanie sans problème. À nos enfants, au prénom juif nous ajoutons souvent un prénom musulman.

Je vous le dis, nous sommes les vrais héritiers du message d'Abraham et les seuls descendants du royaume biblique d'Israël.

Lors de notre entretien je verrai les traces des générations successives de mariages consanguins ; je croiserai dans le village une proportion importante de personnes et d'enfants handicapés.

*

À peine arrivé à Sichem, Abram passe la montagne à l'orient de Béthel (Beth-El, La Maison de Dieu) et d'Aï, probablement cette colline à l'est de Beitin. Il y fait halte avec les siens et y élève un deuxième autel à Dieu. Autant peut-on penser qu'il avait dressé le premier en remerciement de l'« Apparition » et de ce qu'elle lui avait annoncé, autant en ces lieux il en bâtit un deuxième par pure dévotion, comme une nouvelle étape au service de l'Unique.

Malgré la proximité du Jourdain et celle d'autres cours d'eau, tel le Fari'a, la sécheresse frappe le secteur et va pousser le guide à descendre toujours plus loin au sud, vers le Néguev.

De quelle sécheresse s'agit-il ? Celle des hommes qui croient encore en leurs divinités ? Celle d'un pays qui s'étend jusqu'à la mer Morte, vers Sodome, où sévissent la décadence et l'immoralité ?

Peut-être le Divin n'a-t-il pas orienté le sage vers cette région de débauche sans raison ?

En bon chef de clan, pour protéger les siens de toute calamité, Abram aura préféré les emmener plus loin, marchant vers la riche vallée du Nil qui a toujours attiré les nomades en période de sécheresse.

Dans la tradition rabbinique, l'homme est confronté à la prise de décision, selon son intime conviction. La discrétion de Dieu n'a d'autre but que de le responsabiliser, pour qu'il fasse le libre choix de la vie et du bien ou de la mort et du mal, suivant qu'il observe ou non la Loi[1]. Mais face à l'axe du bien s'ouvrent deux autres sentiers : la justice et la générosité. Abram se trouvant à la croisée des chemins aura pris celui du bien, à n'en pas douter. Puis devant l'embranchement, il aura emprunté la voie de la conduite morale d'abord et celle du cœur ensuite, sans pouvoir renoncer ni à l'un ni à l'autre. « *Qui poursuit la justice et la miséricorde trouvera vie, justice et honneur*[2]. »

Les décennies parviennent-elles à plier son corps, à voiler son regard ? Sa quête donne-t-elle aux siens l'impression qu'il fuit le réel, en proie à un désarroi

---

1. Dt XXX, 15-20.
2. Pr XXI, 21.

intérieur ? Je le vois repartant, arc-bouté contre toutes les forces qui soufflent en vent contraire. L'éternel exilé avance sur le chemin du Néguev avec, chevillée au corps, cette vertu souveraine qu'est le dépassement.

*

Le minibus israélien m'emporte vers la frontière égyptienne, par la route côtière. Son départ aléatoire dépend du niveau de sécurité locale. La tension est vive en cette fin d'été 2004. Nous sommes trois passagers, dont deux jeunes femmes touristes, originaires des îles Fidji. Nous franchissons péniblement « le mur » et les différents check points qui nous séparent de Gaza.

Khan Younis sert de relais depuis des millénaires ; il y a de fortes chances pour qu'Abram ait transité par là. Aujourd'hui, de ce passé frontalier subsistent quelques vestiges d'un vieux caravansérail qui marque l'itinéraire des anciennes caravanes chamelières. À chaque arrêt les attentes se font plus longues et les questions des hommes en armes, plus brutales. Les interrogatoires se répètent, auxquels je m'attache à ne répondre que la stricte vérité.

Pourquoi vais-je au Caire ? Pourquoi n'ai-je pas pris la route, beaucoup plus sécurisée, qui passe par le sud-est et traverse le Néguev jusqu'à Eilat, sur le golfe d'Aqaba ? J'aurais dû logiquement l'emprunter, si j'avais choisi la prudence. Mais le sage n'aurait eu aucune raison de procéder à un tel détour de plus de trois cents kilomètres dans les sables.

Mes travaux sur Abram ne convainquent personne.

Ils paraissent même incongrus. Quand j'avance qu'il aurait pu utiliser ce chemin, *pour descendre en Égypte,* comme il est écrit, *car la famine pesait lourdement sur le pays*[1], les anachronismes se télescopent. Je sens qu'on trouve mon attitude suspecte, que l'on me prend même pour un illuminé. Ici, seule compte la dure réalité du présent. Elle nous fait longer la bande de Gaza.

Nouvelle halte : nous devons laisser passer un convoi militaire qui protège les colons d'éventuelles attaques de snipers. À un poste de jonction j'assiste à un échange particulièrement tendu entre Palestiniens et soldats de Tsahal, l'armée israélienne, où l'on pointe les mitraillettes sur les poitrines avant d'utiliser les mots. Les hommes en sont là aujourd'hui et cela paraît banal.

*

Lorsqu'on vantait au patriarche les charmes de l'Égypte, alors qu'il séjournait du côté de Byblos, lorsqu'on lui disait la séduction qu'exerçait le pays des Pharaons, on lui aura aussi présenté d'autres récits, moins rassurants, qu'il se devait de connaître.

Pour atteindre l'Égypte, en venant de Canaan par les chemins terrestres, le voyageur doit affronter mille difficultés : les longues marches dans le désert, les assauts éventuels des tribus de pillards auxquelles il faut savoir faire face, négocier les exigences de certains agriculteurs qui instaurent des droits de péage

---
1. Gn XII, 10.

exorbitants pour traverser leur terre et échapper aux animaux qui dévorent les troupeaux…

Hier, et parfois même aujourd'hui, en certains points, chaque rencontre constitue un danger potentiel.

Nous venons de changer de véhicule à la frontière. L'autocar égyptien, presque vide, file à présent vers Le Caire où j'ai rendez-vous à l'Institut dominicain des études orientales. Quelle Égypte va découvrir le patriarche ? Celle des rois de la XIIIe dynastie, des Sésostris et des Amenemhat qui se termine vers – 1790, ou celle des Hyksos qui leur ont succédé durant ce que l'on nomme l'« époque intermédiaire » ?

Jusqu'à cette invasion, les Égyptiens n'ont d'autre objectif que la grandeur de leur pays. Ingénieurs, soldats, promoteurs des arts et de l'agriculture, ils développent et embellissent les villes importantes comme Héliopolis, Thèbes, Tanis et contrôlent aisément la sécurité du Delta.

Les riverains voient déferler par la mer des groupes entiers de travailleurs immigrés, qui fuient la misère et les révolutions de leur pays. Les Égyptiens savent en intégrer le flot, utilisant ces forces vives comme main-d'œuvre ouvrière, le servage et la servitude. La Palestine et une partie de la Syrie auraient été des pays sous protectorat égyptien, sous la XIIe dynastie.

L'Égypte, vers laquelle se dirige Abram, est en pleine prospérité si les Hyksos n'y ont pas encore ravi le pouvoir.

Le champ de la conscience

Dans l'intérieur, en Haute-Égypte, les rois tentent régulièrement de dompter les tribus rebelles, toujours battues mais jamais soumises. Chaque fois qu'ils le peuvent, les Pharaons les combattent, prennent des terres inhospitalières aux peuples barbares qu'ils remplacent par des colonies d'agriculteurs du bassin du Nil. Ils repoussent ainsi les frontières de l'empire à l'est du Delta, vers Canaan, et au sud d'Éléphantine[1], vers la Nubie. Dès lors le pays ne forme plus qu'un seul empire, habité par un seul peuple, parlant la même langue, adorant les mêmes dieux et obéissant au même monarque. Pour renforcer leurs limites territoriales et d'éventuelles tentatives d'invasion, les Égyptiens élèvent dans les sables des forteresses et des murailles. Mais cette vigilance ne peut s'étendre à toute la péninsule désertique du Sinaï, où des bandes cherchent à piller les riches mines de cuivre et de turquoises et procèdent à des razzias jusqu'à la lisière du désert et des terres cultivées.

Dans ce contexte qu'advient-il d'Abram, de ses troupeaux, de ses biens et des siens qui partent, de campement en campement, à travers les espaces battus par le vent et le sable, pour franchir le Néguev ?

Il aura aussi fallu traverser les immensités âpres et brûlées du Sinaï pour atteindre les riches régions du Delta, par où les étrangers peuvent entrer sans difficulté, tant que leurs intentions restent pacifiques.

Cette migration d'Abram et de son peuple, depuis le

---

1. Île du Nil, face à Assouan. Place forte et point de départ des expéditions vers le Soudan à l'époque pharaonique.

pays de Canaan vers l'Égypte, constitue la quatrième épreuve[1] à laquelle Dieu l'astreint.

S'il poursuit jusqu'au Caire actuel, l'arpenteur découvre les Pyramides de Gizeh, l'une des sept merveilles du monde, dont s'enorgueillissent à juste titre les Égyptiens d'aujourd'hui. Le voilà confronté, pour la première fois, à des constructions monumentales, bâties un millénaire plus tôt, qui rappellent les Ziggourats de son enfance. Comme en Mésopotamie, les rois se prennent pour des dieux et confondent astres et divinités. Quels troubles peuvent alors l'assaillir, lui qui lutte depuis des décennies contre ces croyances ? Il retrouve ici les mêmes dévotions qu'à Ur et Babylone, à Mari ou Harran, les mêmes rites ; les monarques égyptiens célèbrent à Héliopolis, dans le sanctuaire de Râ, le rituel du renouvellement des saisons au moment de Zakmoukou, la fête du commencement de l'année.

Si Abram parvient en Égypte après la chute de la XIIIe dynastie, les Hyksos y règnent en maîtres.
Le seul énoncé de leur nom a pour effet de hérisser les égyptologues que je rencontre à l'Institut français d'archéologie orientale du Caire (IFAO). L'établissement trône aujourd'hui au cœur de la ville, dans une ancienne bâtisse princière, le Palais Mounira. L'édifice imposant, aux parquets cirés, voit se succéder depuis des générations des scientifiques, dont certains mènent des travaux en archéologie biblique.

---

1. *Chapitres de Rabbi Éliézer, op. cit.,* chap. 26, p. 156.

Le champ de la conscience

Nous savons peu de chose de ce peuple nomade venu du Nord. On ne trouve aucune trace écrite ou bâtie derrière lui. Ils forment un groupe composite d'Amous, de Chémous, de Mentous... tous des Hyksos ! Après avoir détruit le royaume Amorite d'Alep, là-haut en Syrie, ils déferlent sur le pays de Canaan, puis s'infiltrent en Égypte insidieusement, pour raser ensuite les temples et les palais, violant et massacrant les populations. Finalement ils élisent pour roi Salitis, qui siège à Memphis et fonde en – 1780 la capitale Avaris, au cœur du Delta, région riche puisque irriguée de nombreux canaux naturels.

Les Égyptiens appellent les Hyksos du terme péjoratif de *Shémaou,* qui sous-entend étrangers, pasteurs, bédouins, en tout cas ennemis. On les dit asiatiques, mongols, originaires de l'Euphrate et du Taurus, amassant sur leur passage des mercenaires de tout poil. Flavius Josèphe les croit arabes, d'autres en font des Phéniciens. Quand ils s'emparent du pouvoir, on les nomme « pestes », « fièvres », « race ignoble » !

Face à la grandeur de l'Égypte ils se civilisent et s'affinent, respectent les religions locales, même s'ils continuent d'honorer leurs divinités barbares tel Baal. Peu à peu ils vont aimer cette terre et s'y fondre au point que « les Hyksos avaient à peine pris l'Égypte que l'Égypte les prit[1] ».

*

---
1. Remarque attribuée à Gaston Maspero (1846-1916), égyptologue français, fondateur de l'IFAO, au Caire. Il dégagea notamment le Sphinx de Gizeh et le temple de Louxor.

Saraï resplendit d'une beauté jamais égalée. Les textes des traditions judaïques ou islamiques se surpassent en descriptions des plus merveilleuses à son égard. Ils dépeignent toutes les parties de son corps dans de grandes envolées sensuelles, avec luxe de détails, rien n'est oublié : les cheveux, les yeux, le nez, le visage, sa poitrine, la blancheur de sa peau, sa taille, sa stature, ses bras, ses mains dont les paumes et les doigts, les jambes, les pieds, tout en elle est supérieur de grâce, de finesse, d'harmonie… une perfection l'emportant sur toutes les autres femmes[1].

Une tradition bien plus tardive raconte qu'Abram, chaste jusque-là, avait respecté sa femme, en n'ayant même jamais soulevé ses voiles. Connaissant la réputation de « grands fornicateurs » des Égyptiens, il l'avait cachée dans un coffre pour franchir la frontière. Hélas un garde ouvrit la malle et fut stupéfié par l'extraordinaire éclat de Saraï[2].

Peut-on raisonnablement penser que le couple, formé depuis soixante années au moins, n'ait jamais connu l'acte de chair ? À moins que cette thèse ne veuille justifier la stérilité supposée de Saraï.

Aucun homme, a fortiori Pharaon lui-même, sûr de sa puissance, ne résisterait à une telle beauté. Sa renommée parvient aux oreilles du monarque par ses

---

1. *Apocryphe de la Genèse,* XX, 1-8.
2. Robert Graves, Raphaël Patai, trad. Jean-Paul Landais, *Les Mythes hébreux, op. cit.,* 19, C. Voir aussi *Sepher Hayashar* 51 ; Josèphe, *Antiquités* I, 8, 1.

gardes-frontières, et par certains habitants : « *Jamais les yeux des hommes n'ont rien vu de semblable*[1]. »

Abram, sans doute, pressent une confrontation inévitable avec Pharaon. Aussi prend-il la précaution d'aménager une réponse à la curiosité prévisible du roi.

La narration qu'en fait la Bible a embarrassé bien des commentateurs des trois monothéismes jusqu'à nos jours : « *Dis, je te prie, que tu es ma sœur, pour qu'on me traite bien à cause de toi et qu'on me laisse en vie par égard pour toi* » […] *La femme fut emmenée au palais de Pharaon. Celui-ci traita bien Abram à cause d'elle ; il eut du petit bétail et du gros bétail, des ânes, des esclaves, des servantes, des ânesses, des chameaux*[2]. Pharaon ne met pas en doute les propos de Saraï, il prépare les épousailles et offre de somptueux cadeaux au « frère » supposé, qui retournera en Canaan plus riche que jamais… *très riche en troupeaux, en argent et en or*[3].

La ruse devient d'autant plus immorale, en apparence, que, selon les livres, Saraï appelle de ses vœux et de ses prières des châtiments divins contre le roi et contre l'Égypte.

Quand Pharaon s'apprête à mener Saraï dans sa chambre nuptiale, Abram et Loth se jettent en prières, implorant Dieu afin qu'elle puisse conserver sa virginité. L'ange Gabriel intervient, se fait invisible et, à

---

1. Mohamed al-Tabarî, trad. Hermann Zotenberg, *La Chronique, op. cit.,* vol. 1, p. 138.
2. Gn XII, 13-16.
3. Gn XIII, 2.

chaque tentative du roi pour déshabiller Saraï, assène des coups au monarque.

En même temps, mille maux s'abattent sur le palais : la lèpre envahit le visage des eunuques, gagne les murs, les poutres et les colonnes des pièces, jusqu'à ce que Saraï avoue au roi la vérité. Pharaon cesse alors toute démarche pour la posséder. Il la libère, lui fait don d'une servante nommée Hagar, l'une des filles qu'il a eues avec une concubine, abandonnant au couple tous les présents qu'il lui a offerts[1].

La version de la tradition islamique diffère quelque peu. Au moment où Pharaon sent ses désirs pour Saraï et *étend la main vers elle,* la captive prononce quelques paroles de malédiction : « *Que la main qui cherche à toucher une femme qui appartient à un prophète devienne sèche*[2]. » Ce qui advient aussitôt. Pharaon demande alors à Saraï de prier pour que sa main retrouve son état naturel, ce qu'elle obtient. Mais le roi tente à nouveau son geste. La captive reformule sa malédiction et la scène se reproduit trois fois, jusqu'à ce que le monarque, à la quatrième tentative, abandonne ses efforts. Saraï lui apprend enfin qu'elle est la femme d'un prophète de Dieu, ce qui convainc Pharaon de renoncer définitivement à la séduire. Il la couvre même de cadeaux et ajoute en servage l'une de ses quatre cents filles, Hagar[3].

---

1. *Les Mythes hébreux, op. cit.*, 26, e.
2. *La Chronique, op. cit.*, p. 138-139.
3. *Ibid.,* p. 39.

Une autre version judaïque, hautement symbolique celle-ci, largement inspirée de la Genèse, assure que, la nuit de Pâque où Saraï allait être prise par Pharaon, Dieu envoya de grandes plaies sur l'Égypte et sur son palais, annonçant ainsi au roi, telle une menace implicite pour le futur, qu'il pourrait à nouveau faire s'abattre sur le pays les pires malheurs.

Certains rabbins voient une confirmation de cette interprétation dans le verset biblique *Iahvé frappa Pharaon de grandes plaies, et aussi sa maison, à propos de Saraï...* [1] : préfiguration des plaies qui précéderont l'Exode du peuple de Moïse.

Une lecture hâtive de cette confrontation entre les trois protagonistes pourrait donner une image négative de la probité d'Abram. Mais les voix des commentateurs m'obligent à souligner leur entreprise de réhabilitation du patriarche :

Chez de nombreux peuples de cette époque n'avait-on pas coutume de nommer l'épouse sa sœur ?

Des découvertes archéologiques attestent même que le rang de « sœur » attribué aux épouses par des maris soucieux de les protéger leur conférait des privilèges particuliers : une considération accrue et un statut plus sûr que celui de simple conjointe légitime.

Certains imaginent difficilement qu'un prophète, tel Abram, soit accompagné d'une femme exceptionnelle. Plus on la décrit belle, plus on comprend qu'elle soit

---

1. Gn XII, 17.

courtisée par Pharaon et qu'il l'enlève par la force. Devant l'escorte armée que le roi envoie pour la quérir, le juste, s'il ne peut rien, sait au moins opposer la sagesse.

Pour d'autres, Abram risque la mort si Pharaon apprend que Saraï est son épouse. Face à cette situation sans issue, le patriarche fait preuve d'intelligence en disant : « Elle est ma sœur. » Il prouve son habileté, plutôt que d'affronter directement le roi par un refus dont il ne sortirait pas vainqueur.

Certains expliquent : n'a-t-il pas dit : « *elle est ma sœur, fille de mon père, mais pas de ma mère* », attitude acceptable en cas de danger de mort ou de viol[1] ?

D'autres rappellent les propos qu'il tiendra plus tard au roi de Sodome : « *Je jure que je ne prendrai rien de ce qui est à toi, fût-ce la courroie d'une sandale.* » *Un tel homme ne peut pas être cupide*[2] *!*

Certains prétendent qu'il n'aurait pas pu refuser à Pharaon ses présents, au risque de l'humilier et d'attirer sa vengeance.

D'autres soulignent qu'il ne veut rien conserver des cadeaux du roi, à l'exception de la servante Hagar. Il fera don, lui-même, de tous les présents à des nécessiteux.

Certains rabbins voient dans le récit de l'enlèvement un argument qui autorisera les Israélites à dépouiller

---
1. Élie Munk, *La Voix de la Torah,* t. 1, *La Genèse,* Paris, Fondation Samuel & Odette Lévy, 1998, chap. XII, 13, en référence à Gn XII, 12-13.

2. *Ibid.*, et 16.

les Égyptiens pendant l'épisode de l'Exode : Pharaon ayant voulu forcer Saraï, les juifs forceront les biens de son peuple.

Tous ces avis en défense, et bien d'autres, rejettent la faute sur Pharaon. Abram sait d'avance qu'il abusera de son pouvoir : les puissants n'en jouent-ils pas toujours ?

Ce comportement du monarque ne préfigure-t-il pas l'avenir, avec la sortie d'Égypte ? Pharaon renverra le peuple, au début du livre de l'Exode. L'enlèvement de Saraï aura contraint Abram et les siens à quitter le pays du Nil où il était venu chercher refuge.

D'ailleurs n'en sera-t-il pas ainsi, au cours des siècles, de la situation précaire des juifs au milieu des nations ?

Selon la tradition islamique, quand le patriarche répond au roi qui l'a convoqué : « Elle est ma sœur », il dit la vérité : dans le Coran il est écrit : « *Tous les croyants sont frères et sœurs*[1]. »

Dans des moments bien plus dramatiques, tel celui de la Fournaise, Abram n'a jamais sollicité l'aide de Dieu. Lors de cette confrontation, il se met en prière et l'appelle, pour la première fois, à son secours. Le Très-Haut envoie aussitôt Gabriel, reconnaissant ainsi l'intégrité d'Abram.

Le Souverain du Monde laisse Pharaon offrir des

---

1. Interprétation par Tabarî de la sourate Cor XLIX, 10. *Cf. ibid.* 28, p. 138.

présents magnifiques au patriarche qui les refuse, preuve supplémentaire de sa droiture. Pharaon doit même insister pour que Saraï accepte ses cadeaux, ainsi que l'une de ses propres filles pour la servir, celle de rang supérieur.

Abram a surmonté toutes les difficultés de l'épisode égyptien, il a vaincu le souverain par l'habileté et la sagesse, venant ainsi à bout de sa cinquième épreuve[1].

La caravane reprend la route, emmenant avec elle la servante Hagar. De la période égyptienne, cet événement sera le plus riche de conséquences, pour l'avenir des peuples et de l'histoire ; Hagar enfantera Ismaël.

---

1. *Chapitres de Rabbi Éliézer, op. cit.,* p. 156-158.

Chapitre II

L'Annonce faite à Hagar

Devant moi, péniblement je suppose compte tenu de son âge, Abram remonte d'Égypte, dans l'odeur de sable et de sueurs mêlées, *Abraham, avec sa femme et tout ce qu'il possédait, et Loth avec lui, remonta au Néguev*[1].

La tribu avance, ne voyant plus qu'elle-même dans les mirages, marche interminable, propice au dialogue intérieur. Le patriarche aura été subjugué par les fastes de la civilisation égyptienne et ébranlé peut-être par les aléas dont il a triomphé. À moins qu'il ne se sente, au contraire, renforcé de sa confrontation avec Pharaon et l'Égypte. Il lui fallait vivre cette étape pour en sortir grandi. Sa descente dans le Delta annonçait d'évidence une remontée vers sa terre. Il y revenait plein de ce qu'il avait certainement appris au contact des sages et des astrologues du Nil, de ce qu'il avait découvert aussi de leur mode de vie et de leurs croyances. Car,

---

1. Gn XIII, 1.

si nous n'avons pas de précisions sur la durée de son séjour en Égypte, il paraît peu probable qu'il n'ait fait qu'un aller-retour. On parle même de cinq années de présence, avant que la rumeur de la beauté de Saraï ne soit parvenue à Pharaon.

Les richesses matérielles qu'il rapporte ne représentent rien face à celles de l'expérience. Mais il ne sait que répondre aux moqueries de ses détracteurs, quand il proclame la grandeur de Dieu, sa fidélité à son Seigneur qui pourtant semble l'abandonner.

Pourquoi, si l'Être Suprême existe, et qu'il en est bien l'ami, lui a-t-il laissé entraîner les siens sur des routes peu sûres, dans des errements aléatoires, sans lui accorder le repos et le bonheur justement mérités par tant d'abnégation ? Sans prétendre tout expliquer, il continue d'affirmer l'existence de Dieu. À présent, son retour fait taire ses détracteurs. Tous savent sa « victoire » sur le monarque d'Égypte. Ils comprennent que ses pérégrinations lui ont été imposées pour éprouver son amour du Créateur et chaque jour ils sont plus nombreux à le rejoindre.

Je ne peux que l'imaginer toujours en tête de la colonne, montrant la voie depuis son départ d'Ur, tel l'arpenteur de Dieu.

La prudence exige qu'il emprunte au retour le même chemin qu'à l'aller. Si aucun incident n'a troublé son périple lors de la descente, on peut raisonnablement penser qu'il aura repris le même itinéraire. Ainsi d'ailleurs est-il écrit : *ses campements le conduisirent du Néguev jusqu'à Béthel*[1] que l'interprétation rabbinique

---

1. Gn XIII, 3.

traduit par : il repassa suivant les mêmes étapes. Cette lecture ne paraît pas particulièrement hasardeuse puisqu'à l'époque les nomades, comme lui, se déplacent selon les lois naturelles de la transhumance : le chemin le plus sûr selon la meilleure disposition climatique.

Aujourd'hui, par le bord de mer, seul le poste de Rafah permet de franchir la frontière. De nombreuses périodes de troubles en interrompaient souvent le passage mais la bande de Gaza, évacuée au cours de l'été 2005, a permis la réouverture de cette route, en novembre de la même année. Les préoccupations stratégiques israéliennes, issues de 1967, avaient imposé des positions militaires renforcées sur les zones frontalières, en particulier dans cette région sensible. Du point de vue israélien, le maintien de la sécurité nécessitait une protection armée de chaque instant. De leur côté les gardes palestiniens et égyptiens vivaient, eux aussi, perpétuellement le doigt sur la détente. Gageons que le déblocage de l'accès de Rafah marque une ère définitivement reléguée au passé.

L'évacuation des colonies, implantées dans la bande de Gaza depuis trente-huit ans, plaçait les soldats de Tsahal entre la double menace des groupes palestiniens du Hamas, qui pouvaient encore tirer des roquettes, et celle des colons juifs exaspérés, qui avaient bâti depuis des décennies l'implantation de Goush Katif, la plus importante de la région. Ces partisans acharnés de l'idéologie du Grand Israël considèrent cette colonie agricole en territoire occupé comme une parcelle de leur terre, une partie intégrante de leur pays. Les sermons, les prières de certains de leurs rabbins brandissant la Torah à bout de bras et appelant à la malédiction de leurs gouvernants, les tentatives de suicide, les immolations par le feu, les tirs meurtriers sur des Palestiniens de passage voulaient inscrire le désespoir des déplacés dans la mémoire collective du pays. Mais ces actes ne modifieront en rien le long terme. L'histoire aura raison de leur détresse et de l'entêtement des nationalistes religieux extrémistes, transportés par la foi inébranlable dans leur interprétation des « Alliances » passées entre Dieu et Abram.

*

La principale préoccupation des pâtres du sage et de Loth se résume à la recherche de nourriture pour leurs troupeaux. La famine et le manque d'eau assèchent le désert. Une telle concentration de bétail échauffe l'esprit des bergers. Ceux de l'ancêtre prétendent que les bêtes de Loth vont sans les muselières qu'elles devraient porter pour les empêcher de brouter les champs d'autrui. Ceux de Loth répliquent que Dieu a promis ce pays à Abram. Mais puisqu'il ne procrée pas, son neveu est donc son seul héritier. Ainsi les bêtes de Loth ne mangent-elles que ce qui leur revient.

On voit bien les difficultés qui pouvaient opposer les tribus nomades entre elles, lorsqu'elles détenaient d'importants troupeaux. Ce passage veut souligner aussi la magnanimité d'Abram qui abandonne à Loth les plus belles terres, alors que ce dernier possède certainement moins de bêtes que son oncle.

Sur ces controverses les traditions rabbiniques et islamiques assurent que s'il y a dispute et séparation entre les deux groupes, c'est en raison de l'obstination du groupe de Loth à demeurer idolâtre et infidèle[1].

Pour prévenir toute querelle qui pourrait les confronter, l'oncle propose à son jeune parent de choisir la région qu'il préfère et de s'y retirer avec ses hommes et ses troupeaux : « *Qu'il n'y ait pas discorde entre moi et toi [...] Sépare-toi de moi. Si tu prends la gauche, j'irai à droite, si tu prends la droite, j'irai à gauche*[2]. » Loth se décide pour la région la plus irriguée, la plus riche, celle du Jourdain.

Les raisons de ce choix sont-elles dictées par la seule fertilité du sol ? Le fleuve s'écoule vers Sodome l'idolâtre, la débauchée, Sodome la scélérate où il va néanmoins s'installer. Cette lecture corroborerait la thèse selon laquelle Loth adore toujours les idoles.

Certains soulignent la fatalité : le jeune homme tient de son père, Harran. Souvenons-nous : ce dernier croyait aux divinités de pierre et hésitait à choisir entre les convictions de Nemrod ou d'Abram. Il fut projeté dans la Fournaise ardente, convaincu tardivement par la foi de son frère. Au contact de l'Égypte polythéiste le neveu aurait fait le choix du paganisme, rejetant son oncle et ses croyances. Cette décision de Loth, préférant le péché et la luxure à la probité, oppose sa punition à la récompense que recevra Abram : la troisième intervention de Dieu en sa faveur.

---

1. Élie Munk, *La Voix de la Torah, op. cit.,* chap. XIII, 7.
2. Gn XIII, 9.

On connaît le patriarche généreux envers tous, pourtant il dit à son neveu : « Sépare-toi de moi » : ses paroles se font dures à l'égard de Loth, plus intransigeantes qu'il y paraît. Sur quel ton et avec quelle intention prononce-t-il ces mots ? Ne s'agit-il pas d'une phrase tranchante, qui ne peut entraîner que la rupture ? Abram s'engage en sens opposé et s'arrête, avec les siens, en pays de Canaan.

La tradition islamique raconte qu'il s'y établit avec Saraï et Hagar. Les vivres diminuent, la région manque d'eau. Le patriarche leur creuse un puits et part seul à travers le désert, sac à l'épaule, en quête de nourriture. En chemin, pris de fatigue, il s'endort. Au retour, pour ne pas donner l'impression à ses femmes de rentrer bredouille, il remplit son sac de mesures de sable. À la nuit tombée, Saraï et Hagar s'enquièrent de ce que leur homme a rapporté. Elles fouillent la besace, y trouvent de la fleur de farine dont elles préparent du pain qu'elles offrent à Abram à son réveil. Le vertueux comprend alors qu'il doit ce miracle à la puissance de Dieu. La nouvelle se répand et dans cet espace, qui n'était qu'un désert, viennent habiter des gens de tous horizons, bâtissant chaque jour davantage, jusqu'à ce que l'endroit devienne une ville.

Ce serait donc dans cette contrée que Dieu s'adresse à Abram, pour la troisième fois, lui réaffirmant, en d'autres termes, les promesses qu'il lui a déjà faites :

« Lève les yeux et regarde, de l'endroit où tu es, vers le Nord et le Midi, vers l'Orient et l'Occident. Tout le pays

que tu vois, je le donnerai à toi et à toute ta postérité, pour toujours. Je rendrai ta postérité comme la poussière de la terre. Quand on pourra compter les grains de poussière de la terre, alors on comptera tes descendants[1]. »

Comment peut-il réagir devant ces promesses successives d'une postérité aussi nombreuse quand Saraï s'avère stérile depuis toujours ? À l'âge qu'elle a atteint à présent, il n'y a plus aucun espoir possible d'engendrement. Néanmoins, face à la reconnaissance que Dieu lui adresse par ses paroles, le saint homme lui rend hommage en élevant un troisième autel, aux chênes de Mambré, qui est aujourd'hui Hébron, où il pose sa tente.

Depuis toujours les anciens vénèrent le chêne comme un arbre sacré. On le choisit pour havre où l'on s'assied pour débattre du « sens ». On le désigne comme point de rencontre, il ponctue le chemin des voyageurs. Il survit aux hommes, reliant les générations, confident des échanges secrets que l'on accroche à chacune de ses branches. Il sert de modèle à l'être humain, ses racines bien ancrées dans la terre et son tronc porteur de la sève nourricière. Abram est à son image, à la fois les racines et la cime. Ces chênes symbolisent des moments clefs de sa pérégrination. Aux chênes de Mambré, on lui annoncera l'enlèvement de Loth et, surtout, sa postérité.

À cinq kilomètres d'Hébron précisément, à Ramat el-Khalil, « la colline de l'ami », je longe l'enceinte sacrée

---

1. Gn XIII, 14-16.

qui marque l'emplacement du campement d'Abram. Une sorte de clôture carrée, faite de gros blocs de pierre bien taillés, protège un puits toujours alimenté en eau, réputé pour être celui du patriarche. Un archéologue israélien m'explique que ces aménagements remontent à l'époque du règne de l'empereur romain Hadrien, qui avait maté la deuxième révolte juive en 134 de notre ère et interdit Jérusalem à tout circoncis. D'autres situent ces vestiges plus loin dans le temps, lors de la première révolte juive de 66 à 70. La clôture protégeait alors un vieil arbre, un pistachier, devant lequel se trouvaient l'autel et le puits d'Abram. Les populations de la région honorèrent longtemps le site, qui devint un lieu de pèlerinage, en hommage au sage et à son offrande à Dieu.

La plaine d'Eshkol me fait face, riche de ses vergers plantés de vignes, d'oliviers, de figuiers. Je repense à la famine, décrite dans la Genèse, qui sévissait sur la région à l'époque du guide. Pourtant, quelques siècles plus tard, cette même plaine sera présentée dans le *Livre des Nombres,* comme aussi fertile qu'elle l'est aujourd'hui :

Dieu ordonne à Moïse d'y envoyer ses hommes afin de constater, notamment, si le pays est bon ou mauvais et si la terre y est grasse ou maigre. Ils parviennent sur place où ils cueillent des raisins, des grenades et des figues, à en charger de pleins brancards. L'endroit sera alors appelé Eshkol, « grappe », en souvenir de celles qu'avaient coupées les hommes de Moïse[1].

---
1. Nb XIII, 24.

Je vois s'éloigner les chênes de Mambré, dont la légende assure qu'ils poussent là depuis la création du monde, et quitte le sanctuaire d'El-Khalil qui devrait unir juifs, chrétiens et musulmans. Il s'inscrit aujourd'hui, hélas, dans une des zones de la région les plus confrontées à la violence. J'en ferai bientôt la triste expérience quand je reviendrai à Hébron au Tombeau des Patriarches, le caveau de la Makpelah des juifs, le Haram el-Khalil des musulmans.

*

Abram vient à peine de surmonter la famine qu'il doit partir en guerre.

Le roi Amraphel, puissant monarque au pouvoir absolu, allié à trois autres rois, veut écraser les roitelets de la région de la mer Morte, qui se révoltent. Ici les régnants prolifèrent, frayant sans cesse avec le mal et la mort. Chaque cité, dont les richesses suffisent à vivre de manière autonome, s'érige en État, désirant toujours la ruine de la ville voisine, sans penser que trop d'opulence asservit souvent les peuples. De mouvements tournants, en ordres de bataille, les armées s'affrontent sur des sols mouvants gorgés de bitume où les rois de Sodome et de Gomorrhe sont défaits. Les vainqueurs entrent dans les villes, les mettent à sac et emmènent avec eux des prisonniers, dont Loth.

Abram, informé par un rescapé – d'autres disent par l'ange Michaël – de la captivité de son neveu, lève immédiatement trois cent dix-huit de ses hommes et vole, en pleine nuit, au secours de l'infortuné, écrasant l'adversaire dans le Nord, à Dan, et le poursuivant même jusqu'à Hoba, à proximité de Damas.

De cet annonciateur, que sait-on ? Un Midrach[1] rapporte que l'homme est, en réalité, animé de mauvaises intentions. En venant déloger le juste de sa passivité, il espère sa mort, afin d'avoir le champ libre pour épouser Saraï. Un autre Midrach[2] vient contrebalancer cette lecture calomnieuse et souligne, au contraire, combien son intervention instantanée va lui permettre de se distinguer et de devenir ainsi un modèle, démontrant que l'homme peut vaincre le mal.

Au retour de cette guerre, alors que le patriarche est accueilli en triomphateur, le roi de Sodome se porte au-devant de lui : « *Donne-moi les personnes et prends les biens pour toi*[3]. » Le vertueux a justement l'intention de ne rien conserver du butin. Il libère les détenus, renonce à tous les trésors de guerre et n'accepte du roi de Sodome « *ni un fil, ni une courroie de sandales*[4] ». Devant ce triomphe, Loth ne devrait-il pas reconsidérer son attitude et sa présence dans la ville des débauches ? Il n'en fera rien, jusqu'à ce qu'il y soit contraint. Les commentaires rabbiniques voient, dans l'empressement avec lequel l'oncle se porte au secours de son neveu, la préfiguration exemplaire de la solidarité juive.

De cet épisode seront tissés des interprétations discutables et de nombreux récits merveilleux. L'un

---

1. *La Voie de la Torah, op. cit.,* chap. XIV, 13.
2. *Ibid.*
3. Gn XIV, 21.
4. Gn 14-23.

d'entre eux raconte cette lumière mystérieuse provenant de Jupiter, que seul l'élu peut percevoir :

> Une clarté flamboyante nimbe ses ennemis pendant les combats nocturnes, de sorte qu'ils lui apparaissent en toute clarté, alors que lui leur demeure invisible. Les armes de l'adversaire se changent en poussière, quand la poussière qu'Abram soulève se transforme en autant de lances et de javelots. Les flèches des belliqueux deviennent des brins de paille alors qu'une poignée de chaume lancée par le patriarche se mue en gerbes de pointes acérées[1].

Et que penser de ce commentaire sur les trois cent dix-huit combattants :

> Selon le système d'interprétation de la Guématria, à chaque lettre équivaut un nombre. La valeur numérique d'un mot correspond donc à la somme des équivalences numériques des lettres qui le composent. Il ne reste plus ensuite aux spécialistes qu'à donner sens au résultat. En additionnant, selon cette méthode mystique des traditions juives, les valeurs du nom « Éliézer », l'intendant du patriarche, on parvient au nombre 318. Ce qui autorise certains à affirmer que seuls, à eux deux, le maître et son serviteur triomphèrent de leurs ennemis, la force d'Éliézer égalant celle de trois cent dix-huit jeunes gens[2].

---

1. *Genèse Rabba* 418 ; *Tanhuma Buber Genèse* 76 ; *Sanhédrin* 96a ; *cf.* Robert Graves, Raphaël Patai, trad. Jean-Paul Landais, *Les Mythes hébreux, op. cit.*, 27, f.

2. *La Voie de la Torah, op. cit.,* chap., XIV, 14.

Mais qui est Amraphel, ce Roi des nations venant de Shinéar ?

Souvent, dans la tradition rabbinique, on l'identifie à Hammourabi, et le pays de Shinéar, à la Babylonie. D'autres sages assurent qu'il s'agit de Nemrod, que bien des vassaux et des populations auraient abandonné après l'échec de la tour de Babel. Certains talmudistes en concluent que si l'on identifie Amraphel à Nemrod, c'est bien la preuve qu'ils étaient au moins égaux en puissance et en vice.

Me reviennent en mémoire les propos que me tenaient certains évêques chaldéens rencontrés en Irak, au monastère Mar Behnam, près de Mossoul : Nemrod, monarque de légende, n'était autre que Hammourabi, roi historique. On est souvent tenté d'associer les puissants dans la crainte qu'ils inspirent.

Melchisédech, roi de Salem, future Jérusalem, est prêtre de Dieu. À la fin des combats dont le juste sort vainqueur, le monarque vient lui rendre hommage et le bénir. Le patriarche lui donne alors *la dîme de tout*[1], sorte de don qui préfigurera le prélèvement légal instauré plus tard par Moïse, au profit des prêtres.

Certains disent que Melchisédech aurait enseigné à l'élu les règles du sacerdoce, en particulier celles attachées au pain et au vin. Il lui remet également les vêtements de peau d'Adam et Ève ; à travers ses promesses Dieu n'a-t-il pas désigné Abram comme père d'une multitude, transmetteur du destin de l'humanité ? Le

---

1. Gn XIV, 20.

rôle de « sein paternel[1] », qui recueille les âmes des justes, lui sera même conféré par l'Église chrétienne médiévale.

Riche certes, Abram n'en est pas moins considéré par les rois autochtones comme un étranger, un Hébreu. Il vient de l'autre côté du fleuve et clame que toutes les choses de la nature ne peuvent être nées de divinités d'albâtre, mais d'un Dieu unique qu'il oppose à tous. Sa victoire lui donne désormais l'envergure d'un patriarche dont on va se disputer l'amitié.

Les scientifiques considèrent généralement la Genèse comme dépourvue de vertus historiques. Pourtant, plusieurs spécialistes estiment que ce chapitre sur les combats, opposant Abram aux rois, peut traduire des faits avérés, rapportant les conquêtes de quatre envahisseurs qu'un roi aurait vaincus. Les lieux existent bien mais l'histoire n'a pu identifier aucun des personnages cités.

Dans l'énumération biblique que les rédacteurs font des territoires – nommés et situés très précisément – conquis par le vertueux, ne veulent-ils pas indiquer une délimitation territoriale de la Terre promise pour la postérité ? Selon cette interprétation, la Genèse atteste qu'Abram va transmettre à ses descendants des possessions qui leur reviendront de droit, par héritage. Cette théorie ne sera pas sans conséquence pour l'histoire de la région depuis la naissance du sionisme, que son

---

1. *Cf.* livre troisième, chap. III du présent ouvrage, et Jérôme Baschet, *Le Sein du père,* Paris, Gallimard, 2000.

promoteur, le journaliste et écrivain hongrois Theodor Herzl, concrétisera lors du Congrès juif mondial de 1897.

En enlevant Loth, n'est-ce pas le patriarche que visent les rois ? Il aura été entraîné malgré lui dans ce conflit, l'une des plus fortes expériences de sa vie, et il lui aura fallu partir en guerre, lui qui ne veut que la paix.

Ses convictions font de lui l'homme à abattre, puisqu'il détourne les populations de leurs idoles. Les combats mythiques, captivants, qu'on leur attribue, les prouesses sexuelles dont dépendent la fertilité des terres et la fécondité des bêtes exercent une forte fascination auprès des Cananéens. Les rois ont l'habitude d'associer leur pouvoir à celui des divinités, ce qui leur donne une toute-puissance dans l'ordonnancement de la vie de leurs sujets.

La Torah magnifie peut-être, à dessein, la victoire d'Abram. Elle revêt d'autant plus de sens qu'il incarne la Loi divine et ainsi renforcé, lui, l'élu peut mieux répandre sur les hommes la foi dont Dieu l'illumine. Reste aux peuples à rendre hommage au bénéfice de cette foi puis à y adhérer. La parabole de son triomphe sur les Rois veut prouver combien est grande la récompense de celui qui ramène son prochain vers le Maître de tous les mondes. Au cours des siècles, et jusqu'à nos jours, nombreux seront ceux qui utiliseront cette démonstration pour dire qu'il est permis de faire la guerre, lorsque la cause est juste.

Le massacre d'innocents ne peut laisser Abram indifférent. Chez lui la fusion de l'éthique et de la foi aboutit à regarder l'homme avec indulgence et à l'aimer. L'acte de Caïn, qui avait égorgé son propre frère, devrait servir d'exemple repoussoir aux luttes fratricides, hélas… L'ancêtre est de nouveau contraint de renverser tous les obstacles que dressent contre lui ceux qui le dénoncent. Depuis sa plus lointaine enfance il réprouve les combats. Les vieux codes moraux babyloniens disaient déjà que l'homme ne doit pas tuer son semblable. Depuis Ur, Abram condamne toute violence issue de la soif du pouvoir et de la richesse. Seule l'agression de l'autre légitime la défense.

Il se lance alors, à contrecœur, dans ces batailles qu'il exècre et qui n'abîment que les humbles. Si la pierre tombe sur la cruche, dit un proverbe talmudique, malheur à la cruche ! Si la cruche tombe sur la pierre, malheur encore à la cruche ! Dans tous les cas, c'est toujours la cruche qui souffre. Il part délivrer Loth et combat les rois belliqueux, oppresseurs de leur propre peuple.

*

Cet épisode de la vie d'Abram et de la campagne des quatre rois est également relaté, de manière détaillée, dans l'un des extraits des *Manuscrits de la mer Morte,* appelés encore les *Écrits de Qumran,* au chapitre de l'Apocryphe de la Genèse. En septembre 2004, j'étudierai ces textes à l'École biblique et archéologique française de Jérusalem qui œuvre, comme le font d'autres équipes dans le monde, à leur décryptage depuis leur découverte. Les frères dominicains qui animent ce centre de recherche depuis 1890, le plus ancien de Terre sainte, éditent de multiples ouvrages et publications, dont la fameuse Bible de Jérusalem, devenue un modèle pour toutes les Bibles modernes ultérieures. L'école, entourée d'un parc planté de pins, se situe dans la partie est de la ville, à quelques enjambées de la porte de Damas et des remparts construits par Soliman le Magnifique au XVIe siècle. Là, les marchands de fruits, de légumes, de persil, de coriandre, d'épices et de pâtisseries jalonnent les allées sombres du bazar, éclairées au néon, ruelles qui découpent en territoires les églises, synagogues et mosquées où tous prient le Dieu d'Abram.

La Cité de David, accrochée à un éperon rocheux, Ville du Temple et du Peuple du Livre, a vécu d'innombrables événements depuis le début de notre ère : l'essor du judaïsme, le triomphe du christianisme, la conquête musulmane, les croisés et la domination ottomane, tous vénérant, à divers titres, le mont Moriah. Les ruines du Temple, le Saint-Sépulcre, la mosquée al-Aqsa confèrent à Jérusalem son titre de Trois fois Sainte, de Capitale de l'Éternité. De là, je rayonnerai sur toute la grande région, en Israël, en Palestine et en Cisjordanie, jusque dans les villes de la zone dénommée, selon un doux euphémisme : les « territoires ».

L'école, havre de paix, ne parvient pas à échapper aux bruits des explosions et des sirènes qui couvrent parfois la clameur de la ville. Une déflagration vient de se faire entendre du côté de la limite des zones arabes et chrétiennes. Je monte sur la partie la plus élevée des toits de l'École archéologique, pour ne rien voir finalement.

J'ai honte soudain de ma curiosité malsaine et dérisoire. Il s'agit d'un attentat suicide avorté, déclenché par une jeune femme palestinienne, qui entraîne avec elle dans la mort quelques musulmans. Les drames se succèdent et les habitants continuent de vaquer à leurs occupations, comme si rien ne venait troubler le cours lamentable et malheureusement normal de leur journée. Je vais à la quête d'informations, le soir, dans la salle de télévision. Une brève évocation rapporte les faits, tant sur les chaînes locales qu'étrangères, dans une sorte de banalisation fataliste de l'horreur. Mon impuissance me révolte. Je vais l'enfouir dans les travaux nocturnes que je mène dans la bibliothèque. Elle abrite sous terre des livres par milliers.

On connaît l'histoire, ou les histoires, de la découverte des rouleaux de la mer Morte, celles que racontent les scientifiques, comme les vendeurs de souvenirs dans les bazars de Jérusalem :

En 1947, des Bédouins trouvent des manuscrits de cuir, en état plus ou moins lisible, dans une grotte du désert de Juda, alors sous autorité jordanienne. Le lieu se nomme Qumran et surplombe la pointe nord-ouest de la mer Morte. Certains récits plus précis ajoutent qu'un berger, Mohamed ed-Dib, parti à la recherche d'une de ses chèvres égarée dans une cavité de la roche – à moins que, selon d'autres, il ne cherchât une cache pour des marchandises de contrebande –, déniche quelques jarres oubliées par le temps, au fond d'une caverne. Elles contiennent des textes qui vont révolutionner le monde de l'archéologie et des recherches bibliques : huit jarres intactes avec couvercle et une cinquantaine en moins bon état, dont une seule renferme trois rouleaux de cuir couverts de signes étranges.

Ces documents vont permettre de porter un regard nouveau sur l'histoire des siècles qui ont précédé l'ère chrétienne. Ils vont favoriser l'étude de la Bible, à base de documents originaux antérieurs au Christ. Les chercheurs peuvent désormais s'appuyer sur des éléments matériels authentiques, vieux de plus de deux mille ans. Leur rédaction semble en effet remonter, pour les plus anciens, au IIIe siècle av. J.-C.

Les Bédouins vont vendre certains de ces rouleaux à un antiquaire, d'autres à un ecclésiastique jacobite, d'autres à des chercheurs jordaniens, anglais, américains, canadiens, allemands et d'autres fragments encore parviennent à l'université hébraïque de Jérusalem. Divers textes sont ainsi édités à partir des années cinquante et continuent de l'être aujourd'hui, déchaînant bien souvent les passions.

Selon la théorie la plus largement répandue, ces manuscrits proviendraient de la secte juive des Esséniens. Ils vivaient retirés dans le désert, loin des préoccupations matérielles, pétris d'ascétisme, ayant pour principal souci la prière et érigeant la pureté à l'état d'obsession. D'ailleurs le mot « Essénien » ne signifie-t-il pas « pieux » en araméen ? Ce groupe répondait aux mœurs licencieuses de l'époque par l'austérité et l'humilité. Bien des aspects de la foi et de la pratique religieuse les opposaient au clergé de Jérusalem. Ils croyaient en l'immortalité de l'âme notamment, conception rejetée par les hiérarques sacerdotaux. Isolés dans leurs croyances ils se réfugièrent hors la cité, sous la tente ou dans des grottes, formant une confrérie du partage qui allait préfigurer, d'une certaine manière, l'un des aspects du concept communautaire des kibboutz.

Les fouilles, dans les cavernes de la région, se succèdent et mettent au jour, au fil des décennies, d'autres lambeaux. Ils révèlent des écrits de première importance pour l'histoire religieuse, contenant des prières, des chants rituels, des hymnes, des traités d'astronomie, des horoscopes araméens, des poésies liturgiques et bien sûr de nombreux fragments paraphrasant ou expliquant tel texte de l'Ancien Testament, prouvant que la Bible hébraïque se lisait à Qumran, chez les Esséniens.

Des chercheurs français se mettent à l'œuvre dès l'origine de la découverte. Parmi d'autres, le révérend père Roland de Vaux O. P., de l'École biblique de Jérusalem, s'attelle à la tâche avec son équipe à partir de 1956. Ils exhument les ruines d'un monastère, découvrent onze grottes, contenant plus de huit cents parchemins rédigés pour la plupart en hébreu ancien, en araméen et en grec. Ils publient, dans des livres et des revues, le résultat de leurs études qui font autorité.

Au décès du père de Vaux, en 1971, le père Émile

Puech, à l'époque boursier de l'Académie des Belles-Lettres et depuis, entre autres, chercheur au CNRS et directeur de la revue *Qumran,* arrive à l'École biblique et rejoint l'équipe en qualité d'assistant. Après dix-neuf années consacrées aux célèbres écrits, il est élu par ses collègues, en 1990, éditeur en chef des manuscrits de Qumran.

En l'an 2000, alors que je suivais le voyage du pape Jean-Paul II en Terre sainte, j'avais déjà eu l'occasion de m'entretenir avec ce savant de ses travaux. Sous tous les cieux où les documents de Qumran sont étudiés, les chercheurs utilisent les méthodes scientifiques les plus en pointe. Depuis 1947 les techniques ne cessent d'évoluer : le microscope, la photographie, l'infrarouge et le binoculaire, jusqu'à l'informatique qui a permis de réaliser un bond dans les méthodes d'analyse. Pourtant il est arrivé à Émile Puech d'adjoindre, à ses examens rigoureusement scientifiques, une palpation très personnelle de certains lambeaux. L'enchaînement de lettres ou de mots sur de petits morceaux de peau n'aboutit pas toujours à un résultat explicite. Il faut reconstituer le puzzle à partir de milliers de fragments, en s'assurant aussi de ce qu'ils appartiennent bien à la même partie du corps de la même bête.

Émile Puech a été berger, enfant et adolescent, dans le Massif central. Il m'expliquait que l'épaisseur de la peau des chèvres et des moutons ou le coucher des poils n'ont rien de commun selon qu'ils appartiennent au cou ou à la cuisse, et ainsi de suite. Cette méthode artisanale, toute additionnelle qu'elle soit, apporte parfois une contribution non négligeable à ses recherches. De cette fascinante épopée des manuscrits de la mer Morte, ce seul élément anecdotique pourrait paraître réducteur. Il offre néanmoins le plaisir de relativiser les capacités de la science qui a encore besoin de la main de l'homme.

Aujourd'hui le Musée d'Israël, à Jérusalem, expose une grande partie des rouleaux qumraniens dans le « Sanctuaire du Livre ». La visite des lieux me fascine et la confrontation à certains de ces textes originaux, qui ont traversé deux millénaires, me frustre : d'épaisses vitres protègent ces parchemins, que nous ont transmis les scribes du désert de Juda, apportant une réalité à certains chapitres bibliques.

Par la conclusion de cette guerre contre les rois dont il sort vainqueur et par sa grande magnanimité, Abram vient de franchir la sixième épreuve imposée par Dieu[1].

Jusqu'ici le patriarche n'a jamais encore dialogué avec le Créateur. Dieu lui disait et il recevait. Une fois seulement le Verbe s'est matérialisé. Aujourd'hui il va intervenir dans des propos que l'on pourrait croire, à première lecture, rassurants : « *Ne crains point Abraham, je suis ton bouclier, ta récompense sera très grande*[2]. »

---

1. *Cf.* Marc Alain Ouaknin et Éric Smilévitch, *Chapitres de Rabbi Éliézer, op. cit.,* chap. 27, p. 159-162.
2. Gn XV, 1.

Ce « ne crains point » n'implique-t-il pas, pourtant, la menace ressentie par ceux qui « craignent » Dieu ?

Abram a certainement compris depuis longtemps que l'accomplissement de l'homme passe par les sacrifices et l'abnégation. Il n'a jamais attendu de « récompense ». Mais à cette époque déjà, comme aujourd'hui encore, juifs, chrétiens et musulmans savent que les bons recevront, ici ou dans l'au-delà, un signe de la gratitude divine et les mauvais, des punitions :

« *Craignez pour vous-même l'épée, car la colère s'enflammera contre les fautes ; et vous saurez qu'il y a un jugement* ». (Ancien Testament[1].)
Et sortiront ceux qui ont fait le bien, pour une résurrection de vie, ceux qui auront fait le mal, pour une résurrection de jugement (Nouveau Testament[2].)
*Oui, les hommes bons seront plongés dans les délices
Et les libertins dans une fournaise où ils tomberont le jour du jugement.* (Coran[3].)

Le « bouclier » laisse entendre qu'Abram, les siens et sa descendance subiront mille menaces, et que la nécessaire protection de Dieu leur sera accordée, selon leur degré de perfection.

Cette relation directe, qu'il a dorénavant avec le Tout-Puissant, l'autorise-t-elle à demander, à réclamer

---

1. Jb XIX, 29.
2. Jn V, 29.
3. Cor LXXXII, 13-14.

même, une postérité ? « *Mon Seigneur Yahvé, que me donnerais-tu ? Je m'en vais sans enfant [...] un des gens de ma maison héritera de moi*[1]. »

Traverse-t-il à ce point une période de désespoir, devant la stérilité présumée de Saraï, qu'il ose ainsi se plaindre ? S'il n'a pas d'enfant il ne pourra pas transmettre d'héritage ! Tel qu'il nous apparaît, son souci ne peut pas porter sur la seule transmission de ses biens matériels. Non, il place son espoir dans les nouveau-nés, si purs à la naissance qu'ils devraient contribuer à améliorer le genre humain :

La Voix le rassure une fois encore. Éliézer n'héritera pas de lui. Seul l'enfant de son sang recevra son legs, et sa postérité sera aussi nombreuse que les étoiles du ciel, s'il peut les dénombrer. Là encore, est-ce Dieu ou sa propre conscience qui manifeste ce qu'il veut entendre ?

Cette fois, l'allégorie de la multitude n'est plus illustrée par les grains de terre. Voilà encore un exemple de la complexité des interprétations possibles. Certains en tireront pour conclusion que l'événement se déroule la nuit, d'autres que le message signifie : sors de ta tente et regarde vers le haut, toujours vers le haut, pour te hisser plus encore vers Dieu. Certaines traditions juives y voient une allusion aux connaissances astrologiques d'Abram. Peut-être a-t-il déchiffré dans son ciel zodiacal qu'il n'aurait pas d'enfant. Dieu le mène hors de sa tente, et en lui faisant observer les étoiles, lui dit implicitement : sors de ton destin, tel que tu l'as

---

1. Gen XV, 2.

lu dans les astres. Car seuls les idolâtres et les faux prêtres de Babylone croient en la prédestination, inscrite irrévocablement dans la position des planètes.

L'exigence que le Très-Haut a de son témoin touche au degré supérieur de l'esprit et de la foi. Il ne peut douter de l'engagement plein et entier du patriarche. En échange de cette fidélité, et face aux questions exprimées par Abram quant à sa descendance qui signifient en fait « comment puis-je être certain de cette bénédiction ? », Dieu veut lui donner une assurance. À son tour il s'engage, et il le fait selon l'usage des hommes, par un vieux rite d'Alliance empreint de la plus grande solennité :

Le principe consiste à sacrifier des animaux en les coupant en deux.
Les contractants déposent alors les parties fendues d'un côté et de l'autre d'une ligne centrale, puis passent ou se placent entre elles, symbolisant ainsi le plus ferme des engagements. Les intervenants vont être liés en une seule entité symbolique, à l'image des deux portions qui ne formaient auparavant qu'un seul corps. Cette manière d'être partie intégrante du serment se retrouve dans l'hébreu biblique, où l'on ne « concluait » pas d'Alliance, on y « entrait » ; et s'il ne la respectait pas, le parjure courait le risque d'avoir le corps déchiré en deux, comme les animaux sacrifiés.
Abram exécute l'ordre divin et tranche par le milieu une génisse de trois ans, une chèvre de trois ans, un bélier de trois ans et dispose chaque moitié face à face.

Il prend également une tourterelle qu'il place face à un pigeon. Ce geste porte en lui un sens éminent puisque le pigeon est l'emblème d'Israël et la tourterelle, celle des Ismaélites nomades[1] !

Il est important de noter aussi cette promesse que Dieu fait à Abram dans ce même chapitre, promesse prophétique qui, selon une certaine lecture rabbinique, vise l'histoire du peuple descendant de Jacob en Égypte :

Dieu lui annonce que ses descendants demeureront des étrangers sur une terre qui ne leur appartiendra pas. Ils seront les esclaves des maîtres du pays qui les opprimeront, durant quatre siècles. Mais l'Éternel jugera les oppresseurs et rendra libre sa postérité qui deviendra riche en quittant la terre des tyrans.

Dès après le coucher du soleil une colonne de feu passe entre les animaux partagés. Dieu s'engage vers Abram en lui annonçant la Nouvelle Alliance :

« *À ta postérité je donne ce pays, du Fleuve d'Égypte jusqu'au grand fleuve Euphrate*[2]. »

Ainsi s'affirme, aux yeux des Hébreux, le don réitéré de la Terre sainte, formel et imprescriptible. Par la suite, dans le judaïsme, le mythe d'Abraham va constituer une sorte de charte de propriété du pays de Canaan.

Par le partage des animaux, geste d'obéissance qui

---
1. Robert Graves, Raphaël Patai, trad. Jean-Paul Landais, *Les Mythes hébreux, op. cit.,* 28, e.
2. Gn XV, 18.

scelle l'Alliance, le patriarche vient d'accomplir la septième des dix épreuves que Dieu lui a imposées[1].

*

Jamais, dit-on, esclave ou servante égyptienne n'avait pu sortir de son pays, affranchie. Hagar matérialise l'amour de Pharaon pour l'épouse du patriarche, l'hommage à la beauté ou la réparation du malentendu, mais aussi le souci d'un père, tout monarque qu'il est, de placer sa fille dans la meilleure famille qui soit. Saraï et Abram n'avaient-ils pas bénéficié des miracles de Dieu ? Pharaon en avait été témoin. Il valait mieux qu'Hagar soit servante de ce couple plutôt que maîtresse chez elle. Et puis l'Ancien n'avait-il pas, lui également, reçu Éliézer en cadeau de Nemrod !

Après tant d'années d'amour et de vie ensemble, Saraï n'a toujours pas donné d'enfant à son mari. Aussi lui offre-t-elle Hagar, suivant ainsi une coutume mésopotamienne tout à fait légale : une femme stérile a le droit de donner à son époux sa servante, comme compagne accidentelle, afin qu'elle procrée. Cette coutume est même régie par le Code d'Hammourabi : l'enfant devient celui du couple marié, la mère biologique se retrouvant dépossédée de tout droit. La stérilité était humiliante pour la femme légitime, en échange, la servante considérait comme un grand honneur d'être choisie pour remplacer sa maîtresse dans la couche conjugale et engendrer l'enfant du maître de maison.

De nos jours on peut aisément comprendre cette

---
1. *Chapitres de Rabbi Éliézer, op. cit.,* 15, p. 163-167.

pratique de substitution, certes plus technique, tant le rôle de « mère porteuse » est entré dans nos mœurs et dans nos lois.

Sans protester Abram consent à suivre le conseil de Saraï et va « trouver » Hagar, comme l'écrit pudiquement la Bible.

À ceux qui jugent une telle attitude choquante, certains rabbins répondent que derrière la générosité de Saraï se cache la volonté de Dieu. Seul le Tout-Puissant peut tenir de tels propos, par la bouche de l'épouse. Le patriarche accepte, mais ne vit-il pas cet acte comme une véritable contrainte ? La perspective d'avoir pour héritier de sa foi l'enfant d'une domestique, qui de surcroît deviendrait à son tour le maillon d'une immense descendance, peut l'avoir contrarié.

Et Hagar, que pense-t-elle de cet engendrement avec un vieillard, tout charismatique qu'il soit ? Pour qu'elle l'accepte, Saraï doit peut-être persuader sa future rivale qu'elle va donner naissance à l'ancêtre de tout un peuple.

Saraï, stérile physiquement, ne l'est certainement pas spirituellement. Elle a abandonné ses parents, sa terre natale, suivi son mari dans toute sa pérégrination puis, obéissant à ses ordres, a menti à Pharaon. Depuis toutes ces années partagées avec son mari, elle a embrassé sa foi. Aussi peut-on s'étonner que personne ne la présente implorant le Seigneur de la rendre féconde.

Peut-être a-t-elle perdu tout espoir en raison de son âge. Fait-elle passer avant tout l'intérêt supérieur de la multitude annoncée plutôt que de céder à des considérations de basse jalousie ? À moins que, suivant l'exemple d'Abram, elle ne cultive l'abnégation tout simplement.

Le plus dur est à venir. Ses bons sentiments vont difficilement résister à l'épreuve. On peut supposer que, dans son esprit, l'enfant à naître sera le sien. Elle veut se persuader qu'elle l'élèvera elle-même et que Hagar reviendra à sa condition première, chacune reprenant son rôle d'épouse et de servante. Si l'on s'en tient à la Bible, un différend naît entre les deux femmes et Saraï chasse Hagar avant qu'elle n'ait mis au monde Ismaël. L'ange la rejoint alors dans le désert, lui demande de retourner chez sa maîtresse, ajoutant la parole divine dont il est porteur :

« *Je multiplierai beaucoup ta descendance, tellement qu'on ne pourra pas la compter* […] *tu es enceinte et tu enfanteras un fils et tu lui donneras le nom d'Ismaël* […] *Celui-là sera un onagre d'homme* […] *il s'établira à la face de tous ses frères*[1]. »

Le fait que l'ange soit apparu à Hagar démontre, selon certains sages, qu'elle bénéficie d'une considération certaine de Dieu. Maïmonide ajoute qu'elle n'est pas pour autant prophétesse et qu'il ne doit s'agir que d'une apparition au cours de laquelle elle a reçu une voix céleste.

Isma-El signifiant « Dieu entend », que l'on peut interpréter en « Dieu entend ta peine », présente et future, implique qu'Il entende aussi celle de la mère.

Et Hagar offre à Abram, âgé alors de quatre-vingt-six ans, son premier fils, Ismaël.

---

1. Gn XVI, 10-12.

Chapitre III

L'Annonce faite à Saraï

Le patriarche se sent comblé d'une joie immense devant la naissance d'Ismaël, ce fils inespéré. Toutes les traditions s'accordent sur ce point. Mais, selon l'islam, Saraï exprime violemment sa colère envers Hagar. À peine né, voici l'enfant confronté aux mesquineries humaines. Aucune allusion n'est faite à un comportement offensant qu'elle aurait pu manifester envers sa maîtresse, contrairement à la Bible et à certains autres écrits rabbiniques qui la présentent, dès qu'elle se sait enceinte, pleine de mépris pour Saraï. La version islamique prête même à l'épouse légitime des intentions meurtrières et, si elle finit par renoncer à tuer celle qui devient chaque jour davantage sa rivale, elle entend au moins la mutiler :

« *Il faut absolument que je lui coupe quelque chose, se dit Saraï.* […] *Je la circoncirai pour l'empêcher de rechercher les hommes*[1]. »

---

1. Mohamed al-Tabarî, *La Chronique, op. cit.,* vol 1, p. 144.

Elle parvient à « circoncire » Hagar, opération qu'elle étend, pour la justifier, d'abord à elle-même, puis à Abram. L'intervention féminine, on l'aura compris, consiste en une ablation du clitoris et l'on ne peut douter que dans l'esprit de Saraï son geste, appliqué à Hagar, se veuille punitif. Cette dernière, encore jeune, est en âge de procréer et d'éprouver l'émotion des sens. Saraï va lui ôter tout désir. Quant à elle, son excision ne semble présenter aucune conséquence puisqu'elle s'estime, depuis longtemps, en renoncement des plaisirs du corps.

Que se passe-t-il entre les deux femmes ? Laquelle ouvre les hostilités ? Saraï cède-t-elle à la jalousie ou bien à la souffrance de ne pas avoir pu enfanter ? Hagar devient-elle arrogante, consciente de ce qu'elle va s'inscrire dans le devenir des hommes comme la mère d'une multitude, ou réagit-elle à la mutilation qu'elle vient de subir ? Les points de vue semblent assez partisans selon qu'ils soient juifs ou musulmans. On imagine aisément qui soutient qui.

Hagar quitte la maison d'Abram et certains interprètent cette fuite comme une rupture avec Dieu. Seule l'intervention de l'ange la ramène vers le divin. Elle comprend alors que le Tout-Puissant entend l'humiliation des humiliés.

Vouloir clarifier la situation entre les deux femmes relève de la gageure. Abram, lui-même, ne sait que répondre et laisse Saraï agir comme bon lui semble, *exemple typique de l'humilité d'âme d'Abram, l'une de ses grandes vertus,* écrira Maïmonide[1].

---

1. Maïmonide, *Aboth* V, 19. *Cf.* Élie Munk, *La Voix de la Torah, op. cit.,* t. 1, *Lekh-Lekha,* chap. XVI, 6.

La Bible conclut cette confrontation avec une Saraï maltraitant Hagar, au point que celle-ci s'enfuit à travers le désert. La crainte de la soif se substitue à la foi. Au lieudit *Lakhaî-roï,* en hébreu « du vivant de ma vision », se trouve le puits de Birmayin, à l'endroit appelé de nos jours Oum-el-Bared, point d'eau que l'on peut raisonnablement rapprocher de celui de la narration biblique. « *Tu es El-Roï* », dit Hagar à Yahvé, ce qui confirme qu'elle est bien dans la foi d'Abram, si elle l'a jamais quittée[1].

Quant à Ismaël, il sera « un onagre d'homme », a dit l'ange, ce qui signifie qu'il aura un caractère marqué par le souci d'indépendance, tels les Bédouins. Les rabbins le voient sauvage comme un animal. Il ne reconnaîtra aucune autre autorité que celle de son chef et dans son cas on peut penser, bien sûr, qu'il s'agira des autorités paternelle et divine.

Son côté « onagre », farouche, rude, assoiffé de liberté, il l'héritera d'Hagar. Son aspiration à la perfection, il la tiendra de son père. Mais, regrettent les rabbins, ce fils d'Abram n'a pas Saraï pour mère !

À leurs yeux, il lui manquera cette consécration du corps et de l'esprit, cette pureté que seul peut transmettre le sein de la mère juive.

Pour l'islam, il en va tout autrement et le récit de ces faits s'inscrit de manière fondamentale, puisqu'il est constitutif de l'histoire des musulmans :

---

1. Gn XVI, 13.

Abram, démuni, interroge Dieu sur l'attitude qu'il doit adopter envers les deux femmes. L'Éternel lui répond qu'elles sont issues de la côte gauche de l'homme, raison pour laquelle l'élu doit faire preuve d'indulgence envers elle.

Pour mettre fin à une atmosphère qui devient chaque jour plus irrespirable, le patriarche réunit quelques provisions, puis emmène Ismaël et Hagar avec l'unique dessein de les éloigner du foyer. Contrairement à ce que la mère et l'enfant pourraient redouter, et malgré le vent qui efface tout, leur avenir va s'inscrire indéfiniment dans ces sables. L'espace va se recomposer pour eux et défier le temps.

Vers quelle « destination » marchent-ils ? Dans leur cas ce mot ne peut être dissocié de sa racine, « destin ». Au milieu de ces sables, où une tache d'eau paraît un lac, surgit Jebril, Gabriel, selon le Coran ; l'ange de Yahvé, sur la route de Shour, précise la Bible, à la lisière nord-est de l'Égypte ; « shour » signifie mur, tels ceux édifiés par les Égyptiens pour se défendre des Bédouins ou telles autres murailles, plus tard.

Le pur esprit, voyant que son protégé s'égare, dans ses pensées comme dans ses pas, le réoriente vers un lieu où Abram reviendra par la suite rendre visite à ce fils.

Malgré les suppliques d'Hagar, Abram sent viscéralement qu'il doit retourner vers Saraï. Il laisse la mère, l'enfant et quelques provisions au lieu où se situent aujourd'hui le premier sanctuaire de l'islam, la Kaâba, et les puits de Zemzem, pour repartir vers Canaan. Abandon indigne et lâche ? On serait tenté de croire qu'il aime mal son fils, alors qu'il doit certainement user à son égard des prévenances d'un père, ayant reçu cette naissance comme l'aboutissement de sa vie. Mais, là encore, il ressent cette séparation comme la volonté du Seigneur.

Hagar avance face à l'immensité du vent, dans ce désert où chaque pas apporte une autre épreuve. La chaleur fige la lumière. Les yeux lui brûlent. Le sable absorbe ses pleurs, comme indifférent à son désarroi. La voilà folle d'inquiétude avec pour unique souci de trouver l'eau qui épanchera la soif de son enfant.

Elle laisse Ismaël un moment, livré au seul courage de ses deux ans, et escalade les collines de Safâ et Marwa, courant de l'une à l'autre, sept fois, en vain[1]. Le nom Hagar, devenu verbe, signifie en arabe « fuir », « errer », et en hébreu « résider », « immigrer », et le désespoir, que l'on peut aisément imaginer chez cette jeune mère effarée, ne lui donne-t-il pas un visage hagard issu de la même étymologie ?

Au milieu d'une foule compacte, qui entraînerait par la force de sa dévotion n'importe quel réfractaire, je cours à petits pas, pieds nus, sept fois entre ces deux monticules. Dans le saint des saints de La Mecque, au cœur de l'enceinte sacrée, l'aire de course entre les deux points se présente sous la forme d'une vaste galerie couverte de plafonds sculptés, jalonnée de hautes baies vitrées. Au centre de la foule, une allée protégée permet aux invalides de parcourir le circuit

---

1. *La Chronique, op. cit.*, p. 144-145.

en chaise roulante. Des portails de verre s'ouvrent sur l'extérieur, autant d'issues de secours gardées par des militaires déchaussés. La fouille méticuleuse, masculine et féminine, se déroule à chaque entrée. Puis le pèlerin rejoint le flot qui l'emporte vers ses frères essoufflés. Ils avancent, pour la plupart, sans avoir la moindre idée des origines de ce périple.

De ces millions de musulmans réunis ici, très minoritairement arabes – à peine plus du cinquième –, la plupart ignorent le sens des gestes exécutés pendant le pèlerinage du Hadj. Ils reproduisent les mêmes mouvements que ceux qui les précèdent, souvent abêtis de fatigue par le voyage, le manque de sommeil et les journées de prière. Des groupes entiers de femmes asiatiques, venant de Malaisie, d'Indonésie, d'Inde… toutes de petite taille, la tête ceinte du même tissu blanc, courent après l'ombre d'Hagar, sans le savoir. Elles ont pour seul souci de ne pas perdre le panache blanc du guide qui leur montre la voie, employé d'une agence de voyages spécialisée. Il leur aura vaguement expliqué les consignes de sécurité plutôt que la signification du rituel : rester groupés, suivre, ne jamais s'arrêter surtout si quelqu'un tombe à leurs pieds au milieu de la marée humaine, au risque de s'exposer au piétinement et à la mort inéluctable.

Vêtu des deux serviettes rituelles, vierges et sans couture, l'*ihram,* j'accomplis les allées et venues, enchevêtré à des groupes de toutes origines, qui psalmodient chacun dans leur langue. Les parfums forts et souvent bon marché, plus effluves que fragrances, couvrent l'odeur de sueurs que les ablutions obligatoires ne sont pas parvenues à estomper. D'ailleurs autour du sanctuaire, les multiples parfumeries exposent leurs échantillons exhalant des senteurs discutables, qui s'entrechoquent dans des émanations souvent ordinaires.

Parvenu à l'extrémité Marwa, je contourne une sorte de rocher central, pivot du flot humain qui repart sans ralentir vers Safâ, en répétant sans cesse que Dieu est le plus grand : « *Allah Akbar !* » À chaque pas les mêmes formules résonnent comme une litanie machinale. Au point que certains pèlerins, plus détachés que d'autres des obligations rituelles, cheminent à l'extérieur du courant principal, répétant pour la forme ces mêmes formules. En réalité ils parlent politique, grosses voitures, coût de la vie à La Mecque, évoquent tel film égyptien ou même leur passion des femmes. Les femmes... presque aussi nombreuses que les hommes pendant le pèlerinage, me ramènent à Hagar.

Elle escalade la colline de Safâ, déserte, sans un seul point d'eau. Chaque pas l'épuise un peu plus. Elle lutte contre les larmes de l'impuissance qui la gagne. Il lui faut sortir d'elle-même. Elle dévale la pente et court au sommet de Marwa, qui n'est que roche et sable. Là non plus, pas une goutte pour étancher la soif de l'enfant qui trépigne. Comme tous les petits il pleure, tape du pied et, sous son talon, jaillit une source devenue sacrée qu'on appellera Zemzem. Les oiseaux la découvrent à leur tour et viennent la survoler pour y boire. De sorte que les membres d'une tribu nomade du lointain Yémen, les Jurhum, voyant la noria ailée dans le ciel, rejoint l'endroit, s'y installent et participent à l'éducation d'Ismaël. Persuadé que cette eau risquerait de se tarir si le jeune garçon retournait un jour chez les siens, chacun l'entoure d'égards et de prévenances jusqu'à lui donner pour femme une fille de leur tribu, afin qu'il s'établisse en ce lieu et n'en reparte jamais[1].

Depuis, l'eau de cette source n'a jamais cessé de couler. Les Saoudiens la captent par millions de litres qu'ils distribuent gratuitement aux croyants, tout au long de leur parcours, durant la période du pèlerinage. Je visiterai l'usine de mise en bouteilles, située au cœur de Mecqa al-Moukharama, où chacun, plus qu'ailleurs, remercie Dieu d'avoir inspiré le pied d'Ismaël.

*

Le patriarche va avoir quatre-vingt-dix-neuf ans quand survient la huitième épreuve, celle de l'Alliance par la circoncision[2].

Dieu lui apparaît à nouveau. Les Écritures précisent l'âge de l'élu, selon le Zohar, parce qu'une nouvelle vie commence pour lui. Il y aura eu ainsi un avant et un après cette intervention divine, où il atteindra le degré supérieur de son existence.

À ce cours avancé de la vie, on pourrait le considérer au plus près de son exigence de perfection, pourtant le

---

1. *Ibid.*, p. 146-147.
2. *Cf.* Marc Alain Ouaknin et Éric Smilévitch, *Chapitres de Rabbi Éliézer, op. cit.,* chap. 29, p. 168-175.

Seigneur le rappelle à l'ordre : « *Marche en ma présence et sois parfait*[1]. » Le Créateur fit Adam parfait, mais celui-ci, usant à mauvais escient de son libre arbitre, jeta l'imperfection sur tout le genre humain. Or, s'il est prophète, Abram n'en est pas moins homme. Dieu, néanmoins, lui garde toute sa confiance. Il passe avec lui une nouvelle Alliance, dont le caractère solennel sera fondamental pour l'Histoire :

« *On ne t'appellera plus du nom d'Abram… Ton nom sera Abraham, car je te fais père d'une multitude*[2]*…* »

Le Très-Haut poursuit en lui annonçant une descendance de nations et de rois, s'y engage par une Alliance éternelle avec Abraham et sa descendance, et lui donne en propriété perpétuelle le pays de Canaan. Pour conclure cette Alliance par un engagement réciproque, le Seigneur demande un signe en retour : la circoncision, par ablation du prépuce, sur tous les mâles nés ou vivant dans le sein de la famille, dès qu'ils auront atteint huit jours.

Cet acte se pratique déjà à l'époque, chez de nombreux peuples sémitiques qui le considèrent comme un rite d'initiation à la vie sexuelle. Des statuettes, datant de 2800 av. J.-C., attestent qu'en Syrie, en ces temps reculés, la circoncision s'effectuait couramment. On peut également voir dans ce geste un souci d'hygiène, dans des régions où les infections de cette partie du corps, plus spécialement chez l'enfant, doivent être fréquentes.

---

1. Gn XVII, 1.
2. Gn XVII, 5.

Certains interprètent cette intervention comme une volonté d'atténuer le désir et donc l'activité sexuelle. Le gland ainsi dégagé, à force de frottements sur les vêtements, deviendrait moins sensible à l'érection, encourageant l'homme à plus de chasteté et le prédisposant à plus de pureté morale, comme de pureté physique. Mais gardons-nous de tirer des conclusions comparatives sur l'activité sexuelle des circoncis et des incirconcis. Le sens que prend ce geste, à présent, c'est l'entrée de l'enfant dans le peuple de Dieu. Ce premier sacrifice demandé à l'homme, par la chair et par le sang, sur la partie la plus intime de son corps, sa virilité, implique une forme d'abnégation totale, preuve d'une soumission pleine et entière à Dieu. La règle s'applique en priorité au patriarche, qui aura attendu d'avoir quatre-vingt-dix-neuf ans pour être enfin parfait, le prépuce étant considéré comme impur. Ismaël a treize ans et se voit également circoncis le même jour.

Ainsi qu'il le fera plus tard pour Isaac, son deuxième fils, le juste célèbre l'événement par de grandes réjouissances. Elles témoignent du bonheur éprouvé par les pères à circoncire leur fils, comme ces fêtes que pratiquent toujours, à cette occasion, juifs et musulmans.

Chez les juifs, lors de la cérémonie, on remercie Dieu de permettre à l'enfant son introduction dans l'Alliance d'Abraham.

Quant aux chrétiens, ils vont remplacer cette « amputation », dont saint Paul est l'un des ardents détracteurs, par l'éminent sacrement du baptême, qui symbolise également l'alliance entre le baptisé et Dieu.

Malgré la crainte que pourrait lui inspirer la circoncision imposée aux siens, crainte de les isoler du reste des hommes, le guide a obéi au Tout-Puissant, accomplissant ainsi la huitième épreuve qui lui était imposée.

Le geste de la circoncision marque son allégeance, l'Alliance et un recommencement, une nouvelle vie pour l'Élu. Dieu lui attribue un autre nom : Abram n'est plus et renaît « Abraham », qui signifie père d'une multitude. L'homme d'Ur et de Harran, le nomade des chemins d'Égypte et de Canaan, rompt avec le passé. Il a une terre à présent, qu'il a conquise éthiquement et spirituellement. Il n'y vit plus en étranger et doit devenir le père d'innombrables nations.

Il porte dorénavant, dans sa chair, le sceau divin, prêt ainsi à affronter la pleine réalisation de lui-même qui tend à l'idéal.

Dieu fait trois autres promesses à son messager lors de cette même apparition :

Il annonce que de Saraï le nom sera Sarah, soulignant ainsi l'importance qu'il lui accorde et qu'il attribue à son rôle auprès du patriarche. Dieu la bénit et, surtout, promet qu'elle engendrera elle aussi des nations, à commencer par un fils, qu'elle appellera Isaac. Cette prophétie paraît incroyable à Abraham qui en rit. S'il réagit ainsi ce n'est pas par manque de confiance en la parole divine, mais par la disproportion entre l'humble couple vieilli qu'il forme avec Sarah – elle a quatre-vingt-dix ans, lui cent ans – et le destin incommensurable promis à leur enfant. À moins qu'il ne rie de joie !

Abraham aime son fils Ismaël, bien qu'il soit fils de Hagar. Devant les questions qu'il se pose sur l'avenir de l'adolescent, le Créateur bénit à son tour l'enfant et lui assure une descendance de douze princes, qui engendreront douze tribus, pour former une nation immense.

Enfin, pour Isaac, qui signifie « celui qui fait rire », par allusion au rire de ses parents, Dieu déclare que, lorsqu'il naîtra de Sarah, l'année suivante, il établira avec lui son Alliance.

Ismaël, Isaac, certains voient dans ces deux fils l'image bipolaire des oppositions qui régissent l'univers : comme toujours, la nuit et le jour, le blanc et le noir, le plein et le vide… dressant les douze tribus d'Ismaël face aux douze tribus d'Israël, nées d'Isaac. Je préfère ne retenir que les principes d'indissociabilité et de complémentarité qui découlent de ce dualisme.

*

L'action se déroule trois jours après la circoncision, au moment le plus douloureux. Le décor : les Chênes de Mambré où le sage, assis devant sa tente, se repose de son opération.

Attend-il les gens de passage qui voudraient le rejoindre dans l'Alliance ? Il est ouvert, plus que jamais, à l'hospitalité offerte à tous. À l'époque déjà, comme aujourd'hui, chez les juifs, les chrétiens ou les musulmans du Moyen-Orient, l'accueil de l'étranger est un devoir sacré.

Tout à ses pensées il découvre soudain, en levant les yeux, trois hommes debout devant lui. Il les accueille chaleureusement et se prosterne même à leurs pieds, comme s'il pressentait en eux des êtres supérieurs. Il fait tuer un veau tendre et demande à Sarah de préparer des galettes de fleur de farine, tandis qu'il leur offre du beurre et du lait. Au moment de prendre congé, l'un des trois voyageurs, auquel Abraham s'adresse en l'appelant Seigneur, dont on sait que le mot a un double sens – profane et sacré –, lui dit qu'il reviendra l'année suivante, quand Sarah aura enfanté un fils.

Sarah ! Le rire de Sarah ! Combien d'encre a-t-il fait couler ! Depuis longtemps elle a oublié ses cycles menstruels. À l'annonce qu'elle entend, cachée à l'intérieur de la tente, on peut la supposer mortifiée ; elle a conscience de l'usure de son corps. La lumière du désert, crue et peu flatteuse, lui montre trop souvent la fatigue de ses chairs. Alors elle rit, elle rit plutôt que de pleurer, tant cette prophétie, que son mari lui a déjà rapportée, lui semble absurde. Et si elle veut y croire néanmoins, peut-être rit-elle alors de ce que les autres riront d'elle, quand ils l'apprendront. À moins que ce ne soit un rire de joie.

Chez les chrétiens, la lecture des Évangiles, par l'épisode de l'Annonciation, rappelle étrangement celle faite à Sarah. Luc rapporte la parole de Gabriel. L'ange envoyé de Dieu annonce à Marie qu'elle concevra en son sein et enfantera un fils nommé Jésus... et si Marie ne rit pas, elle ne s'étonne pas moins que Sarah de cette prophétie, puisqu'elle ne connaît pas l'homme[1].

Les voyageurs – à moins que ce ne soient là aussi des anges, ou Dieu lui-même, car qui d'autre aurait pu faire une telle promesse à une femme si âgée – insistent, et l'un d'eux réitère la prophétie. Puis les trois hommes s'en vont. Le sage les raccompagne quand le Tout-Puissant, car enfin c'est bien lui qui se cache sous l'apparence de ces trois étrangers, se manifeste. Il aborde la question des cités de la dépravation, Sodome et Gomorrhe :

Les péchés de ces villes lui sont parvenus et Abraham redoute sa colère. Il se lance avec le Très-Haut dans une âpre discussion en défense d'éventuels innocents qui y vivent. Ne risquent-ils pas de périr avec les infâmes, assoiffés de violence et de dépravation, qui se nourrissent de sordide et de turpitudes ?

Outre leur pratique de l'idolâtrie, de quelles ignominies Sodome et Gomorrhe se rendent-elles, avant tout, coupables ? De crimes d'ordre social et moral.

À une époque où l'ouverture d'esprit et l'humanité à l'égard des autres sont des qualités peu répandues, la xénophobie des Sodomites et des Gomorrhites révolte tout le pays de Canaan, dont la tradition d'hospitalité n'est plus à vanter. Les gens des deux cités, riches et repus, refusent toute aide aux pauvres. Ils nourrissent leur cupidité de vol sur tout étranger de passage, quand ils ne se livrent pas sur lui à d'autres exactions.

---

1. Lc I, 26-35.

Mais cela n'est rien au regard de leurs vices qui attentent à la pudeur. Les habitants sacrifient leurs jours aux seuls plaisirs charnels. Les femmes, toujours lascives, vouent un véritable culte à l'amour des sens. Les riches vont jusqu'à crever les yeux de leurs esclaves pour assouvir des jeux pervers.

Tous, des plus jeunes aux plus âgés, rapportent les traditions rabbiniques et islamiques, tous se livrent à des actes contre nature :

« *Où sont les hommes qui sont venus chez toi cette nuit ? Amène-les-nous que nous en abusions* » (Ancien Testament[1]).

Abomination, que nul, parmi les mondes, n'a commise avant vous (Coran[2]).

Loth, et son épouse pervertie elle aussi, habite Sodome. Il est le seul à se conduire comme le veulent les bonnes mœurs. Mais il a beau déployer tous ses efforts pour ramener les habitants à la raison, il ne reçoit en retour que moqueries et menaces.

On en est là du constat que le Créateur peut faire, quand Abraham intercède auprès de lui. L'abnégation de l'un va-t-elle compenser la déchéance des autres ? La cause semble désespérée. Le patriarche sait que Dieu a envoyé le Déluge pour nettoyer la terre des humains corrompus.

Dans la tradition hébraïque le Tout-Puissant accorde dix jours avant le Grand Pardon de Kippour, « dix jours de pénitence », pendant lesquels chacun

---
1. Gn XIX, 5.
2. Cor VII, 80.

peut faire son examen de conscience. Abraham, qui ne peut encore connaître ce rite plus tardif, sait néanmoins la magnanimité du Seigneur, qui laisse aux pécheurs la possibilité de se repentir. Il ne désespère pas de la miséricorde divine et se lance dans une véritable négociation, un marchandage avec le Très-Haut pour tenter de sauver le peu d'innocents, s'il en est :

Comment le Maître de Justice pourrait-il condamner toute une ville, mêlant justes et pécheurs ? S'il y a dans la cité ne serait-ce que cinquante méritants, le Créateur les tuerait-il avec les mécréants ? « *Si je trouve à Sodome cinquante justes dans la ville, je pardonnerai à toute la cité à cause d'eux*[1] », lui répond Dieu.

Mais comme s'il doutait qu'il y en ait autant Abraham se reprend et plaide, implore pour le salut des justes, même si on ne peut en dénombrer que quarante-cinq, peut-être quarante et ainsi de suite en décroissant, trente, vingt, dix ? Oui, s'ils ne sont que dix, seulement dix, le Seigneur éradiquerait-il toute la ville ? La vertu de quelques hommes ne compenserait-elle pas l'iniquité des autres ?

Il sent Dieu s'éloigner, se fondre, à moins que ce ne soit lui-même, à la pensée du destin imminent et inéluctable qui attend ces villes. Pourquoi le juste devrait-il périr aux côtés du corrompu ? Quelle est cette justice aveugle qui condamnerait collectivement ? Une nation

---
1. Gn XVIII, 26.

entière serait-elle tenue pour fautive des crimes d'une minorité d'entre elle ?

Dieu ne répond plus. Abraham veut peut-être ignorer que Sodome et Gomorrhe n'abritent pas un seul juste.

À moins que, s'il en reste un seul, Loth ne soit celui-là.

*

Au long contact de son oncle, Loth avait fait l'apprentissage de la vertu. Depuis qu'il vit à Sodome, seul le souvenir de cette qualité cardinale lui demeure. Pourtant depuis quelque temps il ne supporte plus que ses visiteurs soient traités de manière indigne par les Sodomites. Il s'en est plaint à plusieurs reprises auprès d'Abraham et a même parfois, dans des moments de désespoir, et pour que cessent ces faits, imploré Dieu dans quelques prières.

On raconte qu'un jour deux jeunes hommes, racés, bien faits et de beauté exceptionnelle, viennent lui rendre visite. Loth fait preuve de ce grand sens de l'hospitalité hérité de son oncle. Il les accueille chaleureusement, leur offre un festin, quand déjà le bruit de leur présence court dans la ville. Loth redoute, pour ses hôtes, les dévoyés qui se regroupent devant sa maison et demandent qu'on leur remette les éphèbes dont ils veulent abuser. Il refuse bien sûr de nourrir leur plaisir amoral. « *J'ai deux filles qui sont encore vierges, je vais vous les amener ; faites-leur ce qui vous semble bon, mais pour ces hommes, ne leur faites rien puisqu'ils sont entrés sous l'ombre de mon toit*[1] », dit-il. Livrer ses propres filles à la débauche plutôt que de défendre leur honneur jusqu'à la mort ! Quand bien même cela sauverait-il la vie de ses visiteurs, il s'agit d'un geste tout aussi inhumain que celui voulu par les assaillants.

D'ailleurs, de cet acte il lui sera tenu rigueur. Une voix céleste lui prophétise qu'en raison de cette attitude odieuse il périra par l'inceste.

Les Sodomites menacent et finissent par forcer la porte de chez Loth. Au moment de se saisir des deux jeunes gens, ceux-ci lancent un souffle aveuglant sur leurs agresseurs, qui perdent instantanément la vue et se répandent en hurlements dans la ville. La cité entière enfle d'envies de meurtre sur Loth et les siens qui craignent pour leur vie. Les deux jeunes hommes se révèlent alors. Ils ne sont autres que des anges, envoyés par le Très-Haut, pour sauver Loth de la destruction inéluctable de Sodome. Cette dernière nuit d'abjections en apporte encore la preuve, s'il en faut : ses habitants sont irrémédiablement pervertis.

La fuite s'organise pour l'aube suivante. Les anges recommandent à Loth, à son épouse et à leurs deux filles de partir sans se retourner sur leur passé indigne, « *ne regarde pas en arrière* », sous-entendant, « *car tu as fait le mal tout comme eux*[2] ».

*

---
1. Gn XIX, 8.
2. *Ibid.* 2, chap. XIX, 17.

L'Annonce faite à Saraï

Pour tenter de reconstituer l'épisode du cataclysme, qui appartient au patrimoine des grandes légendes de l'humanité, j'ai parcouru les rives de la mer Morte, longues du nord au sud de 76 kilomètres, d'ouest en est d'environ 17 kilomètres.

J'ai longé les berges israéliennes, ponctuées de sites mythiques et historiques tels le Qumran des Esséniens, ou Massada, dernière citadelle des juifs révoltés contre la présence romaine. Parfois les montagnes se dressent, hallucinantes, creusées de grottes. Ailleurs la route s'enfonce sur des plateaux jaunâtres.

À bien y regarder ces zones volcaniques peuvent avoir été l'objet d'irruptions, dont les retombées de lave, de soufre et de feu ont pu être associées à un châtiment divin. Soufre et feu sont réservés, dans la tradition rabbinique, aux condamnations touchant à des actes de dépravation des mœurs[1]. Les auteurs de ces récits mythiques ont pu laisser aller leur imaginaire fécond, associant la disparition de villes supposées par l'anéantissement venu du ciel.

Dans les années quarante, alors qu'il était en poste à l'amirauté de Lattaquié, seul port de Syrie, mon père avait fait le chemin du Jourdain et du lac salé. Il avait rapporté des bouteilles de cette eau lourde qui furent conservées dans la famille pendant des décennies. Plus tard je regarderai souvent ces photos où on le voit flotter, assis sur l'eau, lisant son journal. Aujourd'hui

---

1. *Ibid.*, chap. XIX, 25 ; *cf.* aussi Lv XXI, 9 ; Gn XXXVIII, 24.

j'abandonne quelques heures Abraham, Loth et les siens pour reproduire les gestes paternels sur la mer Morte, où l'eau vient s'immobiliser et mourir dans le sel. De là j'aperçois les nombreux aménagements touristiques et thermaux qui surgissent sur la rive ouest.

Plusieurs stations proposent le traitement de toutes sortes de maux : les eczémas et le psoriasis, les allergies, l'asthme et autres maladies respiratoires, la tension artérielle et les dérèglements circulatoires, les troubles musculaires et articulaires, les problèmes des voies digestives ou urinaires, les traumatismes soignés par des boues argileuses, l'obésité et tout ce qui concerne le psychosomatique...

Vers le sud, l'industrie multiplie ses pôles, ayant pris le relais des anciens qui utilisaient déjà les mottes de bitume mourant sur les berges pour calfeutrer les coques de leurs bateaux. Le spectacle de gigantesques usines, émergeant en plein désert, est impressionnant. On y traite le sel bien sûr mais aussi les phosphates, le magnésium, les potasses...

À part ces points de vie, le reste est désert. Aucune végétation ne pousse spontanément, elle serait brûlée par le sel. L'eau, surchauffée, suffoque et fume par endroits. Des stalagmites d'argile saline s'élèvent ici et là, comme des troncs d'arbres vides de sève.

Voilà cette mer Morte, qui vit néanmoins, alimentée par le Jourdain et quelques autres sources descendant, pour la plupart, des montagnes de Judée, et par quelques cours d'eau jordaniens : le Wadi Mujib et le Zered. La forte évaporation, spécifique à ce lac, crée une brume qui stagne au-dessus de la région, l'inscrivant dans une sorte de vision floue aux aspects parfois oniriques.

L'Annonce faite à Saraï

Au pont Allenby je franchis la frontière pour passer sur la rive jordanienne. Ce côté de la mer est plus mort qu'à l'opposé. Quelques chantiers ponctuent la berge, çà et là. Je m'engage vers le sud. Entre Mazra et Sakka, je m'arrête pour gravir à pied le chemin d'une paroi rocheuse. Un petit site y a été « reconstitué », présenté comme la grotte où Loth et ses filles ont séjourné.

À quelques kilomètres au nord se dresse, en surplomb de la route, un monticule de forme humaine. La désagrégation des colonnes de sel argileux sculpte des formes étranges. J'approche celle dont la tradition populaire croit et affirme qu'il s'agit de la femme de Loth, incapable de se défaire de son passé. La curieuse, impie et pervertie, se tient inerte sur un promontoire, comme effarée par le spectacle de la Sodome hallucinante, qu'elle vient de voir engloutie, il y a plus de trois mille sept cents ans. Je me place à ses côtés et regarde, comme elle, vers l'ouest, vers le panorama magistral de la mer Morte. Des fumerolles montent encore du sol comme des fumées après une destruction. Je n'aperçois rien d'autre que cette eau immobile, dépourvue d'oxygène et saturée en sel, qui s'étend à quatre cents mètres au-dessous du niveau de la mer. On explique scientifiquement cette bizarrerie par l'effondrement d'une faille géologique.

Des antiques Sodome et Gomorrhe, rien ne subsiste. Aucun vestige des villes disparues n'a été mis au jour. Pourtant la croyance se veut formelle. C'est bien ici. D'ailleurs l'appellation arabe officielle de ce lac, Bhar Lut, signifie « la mer de Loth » ?

En forçant mon observation, peu à peu mes lectures

rabbiniques et islamiques se superposent à l'écran brumeux :

L'ange Gabriel passe son aile au-dessus de Sodome et de Gomorrhe puis les enveloppe par le dessous pour les détacher du sol. Il les élève ensuite dans le ciel, avec leurs habitants qui s'affolent et courent en tous sens. Il porte les deux cités dans les airs, les fait pivoter, les retourne à l'envers et les écrase enfin, sur la terre de leurs péchés.

Puis, comme si le Créateur voulait absolument que rien ne subsiste, pas plus un habitant qu'un seul germe du sol, un cataclysme s'abat sur ce qui n'est déjà plus que ruines :

Yahvé fit pleuvoir sur Sodome et sur Gomorrhe du soufre et du feu... (Ancien Testament[1]).

Nous avons renversé ces cités de fond en comble. Nous avons fait pleuvoir sur elle, en masse, des pierres d'argile (Coran[2]).

Des giboulées de cendre succèdent aux coulées de lave, des chaleurs incandescentes aux gerbes brûlantes... jusqu'à l'anéantissement total des damnés. Il ne reste plus rien qu'un désert de désolation. Sodome et Gomorrhe se meurent. Abraham pleure tous ces morts et déplore les paroles dites à son neveu : « Sépare-toi de moi. » Loth se lamente et sa femme se fige pour l'éternité.

---

1. Gn XIX, 24.
2. Cor XI, 82.

Chapitre IV

L'ultime Épreuve

Si les événements se sont déroulés ainsi qu'on les raconte, Loth, le seul « juste relatif » de Sodome, ne doit son salut qu'aux mérites d'Abraham. Encore sous le choc et empreint d'un sentiment de culpabilité, comme le suggèrent certains rabbins, il n'ose rejoindre son oncle.

Il habite, avec ses deux filles, dans la montagne qui surplombe la ville submergée. Peut-être même à l'endroit de cette grotte, accrochée au versant jordanien, qu'on lui attribue aujourd'hui. C'est sur ces hauteurs que, selon la Genèse, l'inceste va se réaliser.

L'épisode embarrasse nombre de commentateurs et on les comprend. Loth devient l'amant d'un soir de ses deux jeunes vierges, mais à son insu, dit la Genèse : *Elles firent boire, cette nuit-là, du vin à leur père, et l'aînée vint s'étendre près de son père, qui n'eut conscience ni de son coucher ni de son lever*[1].

---

1. Gn XIX, 33.

Peut-on lui accorder des circonstances atténuantes ? Pourquoi a-t-il accepté de boire ? Poussé par le désespoir né de la disparition de sa femme ? Enivré volontairement par ses filles ? Peut-on imaginer que, dans un demi-sommeil, l'éthylisme l'ait amené à la conclusion de l'acte, instinctivement plus que consciemment ? Cette dernière hypothèse rassurante ne suffit pas à apaiser les critiques de quelques analystes peu convaincus de son innocence.

L'action se déroule en deux temps, font-ils remarquer. Loth, pris de boisson, se laisse d'abord « approcher » par son aînée puis, le lendemain, boit à nouveau plus que de raison et, cette fois, sa cadette « s'unit » à lui. Tout cela sans en conserver le souvenir et malgré l'avertissement divin. Si Loth n'a pas voulu lui-même l'inceste, il est au moins coupable d'y avoir consenti, disent ses détracteurs.

Quelle idée folle passe par l'esprit des deux sœurs pour qu'elles décident d'enivrer leur père et d'abuser de lui ? Cette question donne lieu à bien des débats contradictoires :

On nous dit que la débauche de Sodome habite irrémédiablement le cœur et le corps de ces jeunes dévoyées. Ou encore que la femme, depuis Ève, s'obstine à engendrer le péché. Dès la fleur de l'âge, elle cède à ses instincts les plus vils et le temps n'y changera rien.

On nous répond qu'elles auraient utilisé Loth pour procréer, persuadées de ce qu'aucun homme ne voudrait épouser et rendre mères les uniques rescapées de la cité de toutes les orgies. La Bible les absout, affirmant que seuls de purs desseins les animent. Les deux adolescentes ont la certitude que tous les hommes de la terre ont été emportés par le cataclysme. Leur mère éternellement pétrifiée, elles demeurent les deux dernières femmes au monde. Leur geste devient, dès lors, louable même. Elles remplissent leur devoir de procréatrices, convaincues d'être les seules en mesure de perpétuer la race humaine. D'ailleurs Dieu ne les condamne pas, jugeant certainement, de l'avis des sages, que si l'acte semble coupable l'intention ne l'est pas.

Les plus iconoclastes osent même pousser la réflexion vers des conclusions quasi blasphématoires : comment les filles de Loth pouvaient-elles trouver autant de vin, alors que toute la région a été anéantie, si ce n'est avec l'aide, voire la complicité, sinon même à l'instigation, de Dieu[1] ?

Quelles raisons impérieuses ont poussé les auteurs à insérer, dans la Genèse, ce récit déconcertant ? Il devait leur paraître important de fustiger les effets pervers du vin, dit-on ; ou bien la volonté de souligner la complexité de l'âme humaine ; ou encore le souci de jeter l'anathème contre l'inceste condamné par la tradition juive.

L'aînée de Loth enfantera d'un fils, appelé Moab, « Eau du père », qui engendrera les Moabites, et la

---

1. *Cf.* Élie Munk, *La Voix de la Torah, op. cit.,* t. 1, *Wayyera,* chap. XIX, p. 32-36 ; Maïmonide, *Aboth* V, 19.

cadette donnera le jour à un garçon nommé Ben-Ammi, « fils de mon parent », ancêtre des Ammonites. La descendance féminine de Moab conservera cette empreinte de débauche, comme le précise le *Livre des Nombres* : *Le peuple se livra à la prostitution avec les filles de Moab*[1], qui voulaient détourner les juifs de leur foi en Dieu et les ramener à l'idolâtrie. Le véritable objectif des rédacteurs ne résidait-il pas dans la volonté de ternir la réputation de leurs violents voisins du Sud, les Moabites et les Ammonites, en leur accolant l'image indélébile de peuples incestueux ?

Sur cet épisode de Loth et ses filles, le Coran et la tradition islamique couvrent les faits d'un voile de silence pudique.

*

Abraham et les siens se déplacent vers l'ouest, jusqu'à Gerar, que l'on situe de nos jours entre Beersheba, la Bersabée biblique, et Gaza, dans le triangle de désert *du pays d'angoisse et de détresse, de la lionne et du lion rugissant, de la vipère et du dragon volant*[2].

Aujourd'hui, dans ce Néguev dont le nom évoque en hébreu le « pays sec », les cultures recouvrent près d'un quart de la région. Le reste des étendues désolées, à l'écart des routes, ressemble certainement à cette nature hostile que rencontre le guide à près de quatre

---

1. Nb XXV, 1.
2. Is 30, 6.

millénaires de nous. Pourquoi aurait-il quitté la région riche du Jourdain ?

Les esprits critiques estiment qu'il n'a plus rien à attendre, en commerce ou en conversion, d'un pays détruit et sans vie. À moins qu'il ne veuille s'éloigner de Loth et de ses filles dont la mauvaise réputation lui porte ombrage. Mais l'homme de paix que l'on décrit, dont la mission repose sur sa légendaire hospitalité, pénétré par la proclamation de Dieu, ne répond pas à ce portrait. On le dit, au contraire, toujours prêt à aider ceux qu'il rencontre, les sensibilisant aussi à sa foi.

Précisément, rétorquent les objecteurs, les hommes du Nord demeurent convaincus que le sort appliqué aux villes vouées à Sodome ne peut résulter que d'une condamnation de Dieu. Le cataclysme en a converti plus d'un. Pas par la crainte, mais par la reconnaissance de la puissance divine. Ainsi renforcé dans son message Abraham progresse dans la région inculte des Rois de Gerar, où il peut poursuivre son influence spirituelle.

Partout où passe la caravane, la beauté de Sarah précède la colonne et, comme Pharaon, Abimelech, monarque de l'endroit, succombe au charme de la dame dont on tisse des légendes. Elle a pourtant quatre-vingt-dix ans passés. Près de vingt années se sont écoulées depuis l'épisode égyptien mais, à l'annonce de sa prochaine grossesse, nous enseigne le Talmud, Sarah avait retrouvé sa beauté en même temps que sa nature féminine[1].

---

1. *Talmud* B. M. 87 a ; *cf. La Voie de la Torah, op. cit.,* chap. XX, 2.

Abraham répète qu'elle est sa sœur, Abimelech l'enlève, Dieu intervient et le ravisseur rend Sarah à son mari, avec quelques cadeaux pour prix de la douleur.

Pourquoi inscrire dans la Bible un épisode aussi secondaire qui redit, quasi à l'identique, la mésaventure égyptienne ? Sur la vie des patriarches, la Torah relate de nombreux événements qui semblent à première lecture ne pas avoir de portée historique. L'accumulation de tels exemples indique ainsi, à tout bon Juif, la ligne de conduite à suivre devant les grands et les petits problèmes de l'existence. L'histoire des patriarches porte, en elle-même, la charpente de l'éthique juive.

*

Les écrits rabbiniques laissent à penser qu'Isaac voit le jour dans la région de Beersheba où le clan réside au moment de l'enlèvement de Sarah. Des fouilles archéologiques ont révélé que de nombreux pasteurs et agriculteurs occupent cette zone, à cinq mille ans de nous. Puis les lieux s'inscrivent comme une halte pour les Bédouins qui viennent y abreuver leurs troupeaux.

De nos jours cette ville-champignon, à l'architecture résolument audacieuse, constitue un point de départ vers l'est, la Jordanie, le sud de l'Égypte et l'Arabie Saoudite. En contraste avec le modernisme, des milliers de nomades vivent encore sous la tente. Ils continuent de sillonner ces chemins de roches, de cratères et de sable, comme les parcouraient leurs ancêtres, commerçants caravaniers, qui reliaient les côtes de l'Arabie méridionale aux côtes méditerranéennes. Abraham se joint sans doute à eux quand il ira retrouver Ismaël à La Mecque, par la route que l'on appelle encore « la côte des scorpions ». Il devra traverser le futur pays des Nabatéens qui se disent descendants directs de Nebayot, fils aîné d'Ismaël.

Dans quelques rares petites villes de cette province, et en particulier à Dimona, habite une communauté appelée les Black Hebrews. Ces Afro-Américains, arrivés en Israël à partir de 1969, pratiquent un judaïsme teinté de syncrétisme judéo-chrétien. Les juifs traditionnels les regardent d'ailleurs d'un œil plutôt distant.

— Nous avons instauré des règles de vie « divines », me dit leur « ambassadeur », le prince Asiel ben Israël. Nous avons rejeté le christianisme, car il représente pour nous la religion de l'esclavage et nous vivons un judaïsme biblique, comme aux origines.

— À quelle religion vous apparentez-vous ?

— À aucune car, à part la nôtre, toutes les autres divisent les hommes.

Ici les règles de vie sont qualifiées de « divines », à commencer par l'harmonie avec la nature. Une « diète divine » impose une alimentation végétarienne, l'habillement « divin » ne peut se concevoir que blanc immaculé, les vêtements excentriques, les looks à la mode ne reflétant que les travers d'une société trop matérialiste. Les rares bijoux portent l'authenticité ethnique de leurs sources africaines.

— Tous nos actes quotidiens doivent nous ramener à Dieu, par un chemin de pureté : y compris la musique, la danse, le théâtre, l'enseignement, l'éducation... Nous bannissons, bien sûr, drogue, abus sexuel et corruption, notre communauté ayant élevé les valeurs de l'unité familiale à son niveau supérieur. Nous avons recréé sur terre le Royaume de Dieu, dont nous célébrons la gloire en observant strictement sa Loi. Quant à notre ancêtre Abraham, nous le vénérons comme notre patriarche, l'un des tout premiers Hébreux.

La revendication originelle des Black Hebrews s'appuie sur plusieurs hypothèses :

Les Hébreux israélites bibliques ont été capturés par les Babyloniens, les Assyriens, les Égyptiens, mais aussi par les Romains. Ces derniers les ont emmenés en esclavage loin de Jérusalem, en Europe mais aussi et surtout en Afrique. Nombre d'entre eux sont parvenus à s'échapper et à gagner le continent profond. Leurs descendants deviendront à leur tour, quelque dix-huit siècles plus tard, la proie des esclavagistes modernes qui les déporteront en Amérique. Le retour sur leur terre d'origine en Israël ne concrétise que le juste rétablissement de l'histoire.

Mais pour convaincre les sceptiques, la communauté complète son « histoire » d'un passé où s'enchevêtrent antériorité hébraïque et racines africaines. Flavius Josèphe rapporte les assertions de l'historien Alexandre, selon lesquelles Efer, l'un des petits-fils d'Abraham, envahit la Libye. Avec son armée, il colonise la région située au sud de ce pays, s'enfonçant au cœur de l'Afrique. D'où l'affirmation des Black Hebrews américains de leur véritable filiation hébraïque et abrahamique.

Les scientifiques n'ont pu encore retracer les origines géographiques et ethniques des Hébreux. On sait d'eux qu'il s'agissait de groupes insoumis, ramassis de pillards, déracinés venant du sud, poussiéreux surgis des sables dont certaines bandes combattaient Pharaon. On n'en connaît pas davantage. Pourtant ces lointains points de départ septentrionaux constituent, aux yeux des Black Hebrews, une « preuve » supplémentaire les autorisant à s'affirmer comme les premiers Hébreux.

On l'a vu, ils ne sont pas les seuls !

*

Le Talmud dit à plusieurs reprises que Sarah fut exaucée dans son désir de procréer le jour de Roch Hachana. Il est même précisé qu'elle conçut Isaac, ce jour-là[1]. Malgré l'anachronisme – cette fête étant née plusieurs siècles après Abraham –, l'affirmation n'est pas plus incohérente que celle attachée à Kippour, jour où eut lieu, selon la tradition rabbinique, la circoncision du patriarche.

De la même manière en islam, la volonté de sacraliser certaines journées symboliques occulte toute logique temporelle.

---

1. *Cf. ibid.* 2, XXI ; Ber 29, b.

Lors d'un voyage que j'effectuai en octobre 2005 en Iran, je participai à une rencontre présidée par le directeur de l'OCRI, éditeur de la pensée du guide suprême de la Révolution islamique, aujourd'hui l'ayatollah Khamanei. Cette réunion eut lieu le premier jour du mois de Ramadan. Pour célébrer cette visite, l'hôte voulut mettre l'accent sur l'importance que revêt ce mois dans la religion islamique, d'autant plus que « c'est au treizième jour de Ramadan, dit-il, qu'Abraham reçut la Révélation ». On pourrait être surpris du choc chronologique qui découle de cette croyance, indiscutable ici : Abraham, XVIIIᵉ siècle avant notre ère, la naissance de l'islam datant du VIIᵉ siècle apr. J.-C., soit près de deux mille quatre cents ans d'écart.

Le mystère nous dépasse et il faut se garder de vouloir réduire les religions à une doctrine rationnelle.

Isaac vient de naître. Il a huit jours quand son père, âgé de cent ans, le circoncit selon l'ordre divin. Il n'organise aucune réjouissance, contrairement à la coutume, et reporte le festin au jour du sevrage, trois ans plus tard[1].

Pour Abraham, l'enfant entre dans l'âge de conscience quand il quitte la mamelle. Son éducation des choses divines peut alors commencer et cette étape se fête.

Mais la naissance de ce fils avait soulevé bien des questions :

---

1. *Ibid.* 6, 8.

L'ultime Épreuve

Des astrologues, qui avaient établi l'horoscope d'Abram à la lecture des planètes et à l'aide de savants calculs utilisant la Guématria, lui avaient prédit qu'il n'engendrerait pas d'enfant avec son épouse. Dès lors, la venue au monde d'Isaac en surprit plus d'un. Dieu rassura le patriarche : ces diseurs d'avenir avaient bien interprété son ciel. Sous le nom d'Abram – le père est exalté – il ne devait pas procréer. Aussi Dieu l'appellerait-il dorénavant Abraham – père d'une multitude – afin qu'il le devienne. De même pour Saraï, stérile ; à présent et pour toujours, elle se nommerait Sarah.

Les femmes de la tribu doutaient qu'Isaac soit bien le fils issu du ventre de Sarah. Elles avaient la certitude que le nouveau-né avait été acheté. Aussi exigèrent-elles pour preuve que la mère allaite leurs propres nourrissons. Sarah se drapa de dignité et refusa une telle humiliation, ce qui eut pour effet d'augmenter les soupçons. Le sage intervint alors dans un esprit d'apaisement, invitant son épouse à donner le sein aux chérubins des autres. Ce qu'elle accepta, mettant ainsi un point final à la rumeur.

La naissance d'Isaac a rendu Sarah folle de bonheur. Son garçon représente l'attente de toute une vie. Ceux qui riaient à l'annonce de la prophétie se voient raillés à leur tour.

Elle a tant senti ce fils vivre dans sa chair, tant éprouvé son corps palpitant, qu'elle dit avoir le sentiment de donner le sein à une descendance tout entière.

Le patriarche, comblé, aime autant ses deux fils.

Dans la tradition islamique, on l'a vu, la « fausse sortie » de Hagar n'existe pas. Son départ a été définitif bien avant que naisse Isaac.

Dans la Genèse, l'ange l'a convaincue de revenir sous la tente familiale où elle a mis au monde Ismaël. À tort ou à raison, aux yeux de Sarah, mère à présent, Abraham aurait tendance à préférer son aîné. On rapporte même qu'elle nomme l'enfant, avec une pointe de dédain, « *le fils d'Hagar l'Égyptienne*[1] ».

Depuis les rabbins se perdent en conjectures. D'après certains il semblerait qu'Ismaël, adolescent, perpétue la rumeur de la fausse filiation d'Isaac. Une telle attitude tend les rapports entre les deux mères, d'autant plus que les motivations paraissent reposer sur des questions d'héritage ! Les pires calomnies fusent des deux camps. On prétend que Sarah jette le « mauvais œil » sur Ismaël, que celui-ci a tiré une flèche, sans l'atteindre, vers Isaac, qu'il a des rapports avec des femmes de mauvaise vie, comme avec des vierges… On va même jusqu'à affirmer qu'il ne croit pas au Dieu de son père et que, par conséquent, il exerce une influence néfaste sur son cadet. D'autres espèrent que le plus jeune ramènera son frère sur le droit chemin…

Depuis la dignité de l'accusé a été rétablie : *Jamais un spectre impie ne tombera sur la part des justes*[2].

Sarah ne décolère pas. Elle ne cesse de revenir à la charge jusqu'au jour où son exigence devient irrémé-

---

1. *Ibid.* 6, 9.
2. Ps CXXV, 3.

diable : « *Chasse cette servante et son fils, il ne faut pas que cette servante hérite avec mon fils Isaac*[1]. »

Cette situation afflige le père qu'aucun dilemme n'a jamais autant atteint. Pour y mettre un terme, il ne voit d'autre solution que de céder aux volontés de son épouse légitime. *Il rédigea un acte de divorce et congédia Hagar. Il écrivit l'acte et le lui remit*[2]. Ce fameux document, inconnu, embarrasse les commentateurs anciens et modernes, car en termes de droit de l'époque, rien de tel n'apparaît envers une concubine. On tente alors d'expliquer cette rupture formelle par une coutume qui aurait pu exister, mais jamais attestée. La sagacité des scientifiques demeure, une fois de plus, confrontée au mystère.

Le patriarche accompagne Hagar et Ismaël, en proclamant Dieu, jusqu'aux portes du désert, pour d'autres « jusqu'aux portes des cieux », là où les prières monteraient plus directement vers le Seigneur, par le moyen de ce que l'on appellera plus tard l'échelle de Jacob. Dans ce désert de Beersheba, le guide leur remet une outre d'eau, des provisions et les laisse aller vers le destin que Dieu leur réserve, comme il l'a dit : « *Car c'est par Isaac qu'une descendance perpétuera ton nom, mais du fils de la servante je ferai nation, car il est de ta race*[3]. »

---

1. Gn XXI, 10.

2. Marc Alain Ouaknin et Éric Smilévitch, *Chapitres de Rabbi Éliézer, op. cit.,* chap. 30, p. 177. *Cf.* aussi *ibid.* 2, XXI, 14 et Dt XXIV, 1-3.

3. Gn XXI, 12-13.

Par la séparation douloureuse d'avec Ismaël, Abraham vit la neuvième épreuve que le Tout-Puissant lui impose[1].

Les longues journées de marche dans les sables épuisent Hagar. Ismaël implore le Très-Haut de ne pas les laisser mourir de la pire des morts, la soif. Et Dieu l'entend : « Isma-El ». À partir de ce dernier événement les deux traditions se rejoignent sur l'essentiel. Ismaël et sa mère trouvent de l'eau. Le garçon grandit et épouse une femme égyptienne que l'on nomme Meribah, en raison de son éternelle humeur chagrine, humeur qu'Abraham aura l'occasion d'éprouver par la suite.

Avant de quitter Beersheba je vais, dans la vieille ville, m'imprégner une dernière fois du souvenir d'Abraham. Je retrouve la trace de son puits, près du marché bédouin du jeudi. Au bord de la rivière, le célèbre point d'eau a été recouvert d'une ancienne citerne ottomane.

À la suite d'un différend né au sujet de ce puits, le patriarche scella une alliance avec le roi Abimelech, éleva un sanctuaire à Dieu et, faute de chêne, y planta un tamaris, à l'ombre duquel il est dit qu'il résida longtemps.

*

---

1. *Cf.* Marc Alain Ouaknin et Éric Smilévitch, *Chapitres de Rabbi Éliézer, op. cit.,* chap. 29, p. 176-182.

Qu'on le nomme Holocauste, Immolation, Ligature, qu'on l'interprète en Offrande, Châtiment ou Pacte, le Sacrifice marque le point culminant de la vie d'Abraham, le plus éminemment symbolique avec l'Alliance. La peinture, la sculpture, la littérature, la psychanalyse, la philosophie traitent de cet événement fondamental de la culture monothéiste. Sa représentation enrichit Bibles et Haggadas, Livres d'heures, psautiers et autres recueils de dévotion. Elle orne trumeaux, vitraux et nefs de cathédrales, tympans, portails et chapiteaux de basiliques. On la voit rehausser fresques et bas-reliefs de synagogues anciennes, comme des gouaches et autres miniatures populaires de l'Orient musulman. Partout le patriarche s'apprête à immoler son fils, son « Unique », Isaac ou Ismaël suivant les traditions, sur le mont Moriah à Jérusalem, le mont Guérizim pour les Samaritains, ou à Mina près de La Mecque, pour les musulmans.

Quel que soit le fils, quel que soit le lieu, Dieu interrompt le geste et sauve l'enfant, Abraham ayant accompli là sa dixième épreuve[1].

Mais rappelons les faits tels que les rapportent les traditions judéo-chrétiennes et islamiques.

Selon la Genèse, Dieu interpelle le vertueux avec l'intention de l'éprouver. Il lui commande d'aller au pays de Moriah et d'offrir Isaac en holocauste.

Au petit matin le sage emmène son fils et deux ser-

---

1. *Ibid.*, p. 183-188.

viteurs pour parvenir, après trois jours, sur les lieux indiqués. Il prend soin de cacher aux siens la véritable raison du déplacement et demande à ceux qui l'accompagnent de rester en retrait. Puis il ramasse du bois pour le bûcher et prépare le feu et le couteau. Isaac comprend qu'un sacrifice se prépare et interroge son père sur l'absence de mouton. « *C'est Dieu qui pourvoira à l'agneau pour l'holocauste, mon fils*[1] », répond Abraham. Parvenu à l'endroit désigné, il dresse l'autel, dispose le bois, ligote l'enfant et l'étend sur le bûcher. Au moment d'abattre la lame, l'ange du Seigneur interrompt le geste : « *Je sais maintenant que tu crains Dieu ; tu ne m'as pas refusé ton fils, ton unique*[2]. »

Abraham lève les yeux et voit un bélier pris par les cornes, dans un buisson, bélier qu'il immole alors à la place d'Isaac. En reconnaissance de cette fidélité absolue à Dieu, l'ange intervient une seconde fois et prend l'engagement d'une nouvelle Alliance, réitérant au patriarche la bénédiction divine et la multiplication de sa descendance.

Les chrétiens s'en tiennent au récit de l'Ancien Testament.

Dans la vieille ville de Jérusalem, à droite du mur des Lamentations, une rampe mène au mont Moriah où se situent les lieux différemment saints, selon les religions. Pour les juifs et les chrétiens, on le sait, Abraham se serait apprêté à y sacrifier Isaac. Selon

---

1. Gn XXII, 8.
2. Gn XXII, 12.

une ancienne tradition, ce sommet marque le point central du pays de Canaan épargné par le Déluge.

Pour les musulmans, ce même mont revêt un autre sens. Le Haram esh-Sharif porte la Mosquée al-Aqsa et le Dôme de la Roche sacrée, d'où le prophète Mahomet, selon la tradition de l'islam, a entrepris son ascension vers le ciel. Il venait de traverser une rude période, appelée l'« année du chagrin » ou encore l'« année de la tristesse », durant laquelle il avait perdu son épouse, son oncle protecteur et d'autres proches. Mais surtout, fait plus grave que ces disparitions, Dieu avait interrompu sa Révélation. Le Prophète s'était ainsi retrouvé dans un état d'abandon et de solitude extrême, privé de toute assistance divine. L'ange Gabriel l'avait entraîné dans une chevauchée nocturne et céleste, de La Mecque à Jérusalem, sur al-Bouraq, monture ailée à visage humain, qui fendait les airs à la vitesse de l'éclair : « *Gloire à celui qui a fait voyager de nuit son serviteur de la Mosquée sacrée à la Mosquée très éloignée*[1]. » Mahomet rendit hommage aux grands prophètes qui l'avaient précédé, dont Abraham, après quoi il gravit une échelle de lumière pour atteindre le ciel. La dévotion populaire croit fermement en ce miracle, quand certains musulmans rationalistes penchent plutôt pour un songe merveilleux que le Tout-Puissant aurait offert à son disciple.

Comme tous les visiteurs, je me soumets au rituel de la fouille effectuée par les soldats israéliens, au bas de la rampe d'accès. Le vendredi, jour de la principale

---

1. Cor XVII, 1.

prière en islam, le flot de fidèles est impressionnant. Sur le mont, aucune trace du Sacrifice ne subsiste, seule demeure inscrite dans la pierre l'empreinte du pied de Mahomet.

Comme on l'a vu, le Coran, parole incréée et souffle divin, tient Abraham pour prophète. Pas moins de vingt-cinq sourates lui sont consacrées. Hagar et Ismaël ont également une place prépondérante dans le livre sacré. Mais au cours du pèlerinage du Hadj, à La Mecque, le rôle du trio est plus déterminant qu'il n'apparaît dans le Livre. Il motive tous les principaux actes et mouvements du rituel, dans les lieux, dans les invocations, dans les gestes et les prières. La tradition aborde la question du fils qu'Abraham s'apprête à sacrifier : Isaac ou Ismaël ? Puis à la suite d'une démonstration argumentée, on en conclut qu'Ismaël est, sans conteste, l'enfant du Sacrifice.

Abraham reçoit en songe l'ordre divin d'immoler son « unique ». Il obéit, prend un couteau et emmène avec lui Ismaël qui emporte une corde et se charge de ramasser du bois. Sur le mont Mina le père prépare l'holocauste et ligote l'enfant. À la vue de ce qui s'annonce, les anges affligés interpellent Dieu, et les montagnes gémissent.

Eblis, qui n'est autre que Satan sous un visage d'ange, tente de convaincre Hagar de retenir le geste criminel. Bien que bouleversée la mère préfère respecter la demande de Dieu. Satan cherche encore à s'opposer à l'inéluctable et agit cette fois auprès d'Ismaël, qui lui aussi s'en tient à l'obéissance. Eblis se dresse alors une troisième fois en travers du dessein divin et cherche à persuader Abraham de renoncer. Le sage comprend la manœuvre, serre son fils contre lui dans un mouvement de douleur et lui avoue ce qu'il s'apprête à commettre, suivant l'ordre du Seigneur. Ismaël, confiant, s'en remet au Très-Haut. Père et fils pleurent et se disent adieu. Abraham hésite, l'enfant l'encourage, et au moment où la lame va atteindre la gorge, l'effet du couteau s'annihile. Devant ce mystère le patriarche comprend et répète à plusieurs reprises, avec Ismaël, « *Dieu est le plus grand* », « *Il n'y a d'autre Dieu que Dieu* » et le juste immole un bélier que Gabriel vient de faire apparaître[1].

Le jour de la commémoration du Sacrifice d'Abraham, la ville de Mina devenait, jusqu'au milieu du XXe siècle, un abattoir indescriptible. Les clameurs des hommes couvraient difficilement les cris du bétail. La vallée se transformait en un gigantesque holocauste pestilentiel avec son cortège de sang et de viscères.

Aujourd'hui toute cette « poésie » a disparu. Seuls quelques irréductibles tiennent encore à égorger eux-mêmes, à la sauvette, la bête de leur choix. Ils choisissent un mouton, une chèvre, un agneau, la nette préférence allant tout de même à un bélier blanc, d'un an, bien encorné, sain, sans infirmité. Certains acheteurs vont jusqu'à s'assurer auprès du marchand que la bête n'a pas été sodomisée, ce qui la rendrait impure.

---

1. Mohamed al-Tabarî, trad. Hermann Zotenberg, *La Chronique, op. cit.*, vol. 1, p. 164.

Le vendeur jure de la « virginité » du mammifère, et le pèlerin peut ainsi, allant à l'écart, faire trancher la gorge de l'animal en toute confiance. À l'extérieur de Mina, l'abattoir d'el-Mouâ'ism est réservé à cette « boucherie », que seuls pratiquent encore, dit-on, dix à quinze pour cent des pèlerins.

Mais pour la plupart des *hadjis,* de petits guichets vendent par tickets des bêtes virtuelles. Ce bon garantit la qualité et la pureté de l'animal. Il sera tué rituellement dans des établissements spécialisés qui réservent la viande pour les plus démunis. Deux millions de tickets-moutons sont vendus en moyenne, chaque année, au prix de 120 dollars pièce, réalisant un coquet total de 240 millions de dollars, dont une partie serait reversée aux nécessiteux.

Après avoir acheté mon coupon, j'ai vu près de ces guérites de Mina des pèlerins, leur titre à la main, implorer Dieu d'accueillir leur mouton comme il a accepté celui d'Abraham.

Ainsi se perpétue le Sacrifice interrompu du patriarche, symbole de son entière obéissance à Dieu, sans réserve, sans réflexion, sans hésitation, modèle suprême de ce que doit être tout bon musulman, soumis à Dieu. Et comme dans la tradition judaïque, l'islam atteste que cet holocauste mit un terme définitif aux sacrifices humains.

Avant de me diriger vers Mina, je gravis avec les pèlerins le mont de la Miséricorde à Arafat. Il est dit qu'Adam et Ève s'y sont trouvés et reconnus, après une longue errance. Le nom du lieu vient du radical

« connaître », comme tous les pèlerins ici se « reconnaissent » en tant que tels. Nulle part ailleurs montagne ne déborde autant de corps, vêtus de blanc, qui manifestent leur compassion à leurs voisins. Depuis le sommet une étendue humaine, toujours blanche, s'étire jusqu'à l'horizon, arrosée par des brumisateurs suspendus à hauteur de lampadaire. Des restaurants gratuits offrent des plateaux-repas et des bouteilles d'eau de Zemzem à toute la procession qui retourne vers la Kaâba. Nourris à n'en plus pouvoir, les priants jettent leurs restes de nourriture à leurs pieds et poursuivent leur chemin, de sorte que le sol finit par constituer un épais tapis de détritus piétinés, dangereusement glissants.

Deux cent quarante-quatre *hadjis,* morts par piétinement, et autant de blessés. Voilà le terrible bilan du pèlerinage de La Mecque de janvier 2004.

Dans le lit de cette vallée de Mina, je me laisse porter par une foule immense, qui donne son plein sens à l'expression de « marée humaine ». Impossible de résister au flot continuel qui avance inexorablement vers la première stèle érigée au centre du goulet. Une fois dans la vague, tenter d'y échapper entraînerait le risque de périr noyé, absorbé par le courant des corps qui se déversent sans que nul ne puisse les arrêter. Des ambulances essayent de se porter au secours des victimes. Malgré leurs sirènes elles ne peuvent progresser plus vite que le pas des marcheurs. Des hélicoptères survolent sans cesse les remous. Des panneaux lumineux indiquent en arabe, en anglais, en français et en ourdou les consignes à suivre. Des policiers, non armés, se tiennent par la main : chaînes d'hommes dérisoires qui cherchent à réguler la masse implacable. Comment tempérer une déferlante sinon la laisser s'écouler ?

Cette première stèle marque le lieu initial où le *Chitan* (Satan) se serait élevé devant le patriarche pour l'empêcher d'accomplir son geste. Les centaines de milliers de pèlerins – deux millions cette année-là – tentent d'approcher au plus près du monument central pour jeter vers lui sept cailloux, comme l'aurait fait Abraham. Tous avancent, portés par la foi en le Très-Haut, sans paraître redouter la mort. Mourir ici serait une grâce de Dieu. Ils pleurent, gémissent, crient « amen » et « Allah » dans une sorte d'illumination collective hallucinante.

Je serre mes pierres au creux de la main et me laisse pousser jusqu'au cercle de béton élevé autour de l'obélisque. Certains perdent leurs précieuses munitions, arrachées par le frottement des corps, car aucune poche, aucun sac n'est autorisé par le rituel. Tous doivent être nus sous l'ihram, blanc immaculé. Ils jettent alors leurs sandales en maudissant le diable.

J'en fais autant de mes graviers et continue de progresser vers la deuxième stèle, puis jusqu'à la troisième où, là encore, je lance ma grenaille, répétant ainsi le geste abrahamique.

Pour les chrétiens, l'immolation que s'apprête à accomplir Abraham représente aussi le suprême symbole de la foi. Cet acte offre le témoignage d'un amour absolu. Mais au fil des siècles, on a vu naître des interprétations diverses, des parallèles.

Dans le bois ramassé par Abraham pour l'holocauste, certains lisent une préfiguration du bois de la croix que Jésus portera jusqu'au lieu de sa mort.

Dans le geste sacrificiel d'Abraham sur Isaac, on trouve le sacrifice de Jésus-Christ, mort pour la rémission du péché des hommes. Mais dans le cas du Christ, cet acte sera pleinement réalisé. Dieu demande au patriarche de sacrifier son propre fils, comme il le fera lui-même, et ce sacrifice de Jésus-Christ symbolise le don de Dieu, la preuve supérieure de son amour pour les hommes : l'offrande parfaite.

*

Cette même année, huit mois après le pèlerinage du Hadj, débutent les fêtes juives de Roch Hachana, les premier et deuxième jours du mois de Tichri.

Dans la Grande Synagogue de Jérusalem, guidé par mon ami Émile Moatti, délégué général de la Fraternité d'Abraham, je participe à toutes les cérémonies, ainsi qu'à celles des dix jours de pénitence qui conduisent à Yom Kippour.

Roch Hachana marque à la fois, symboliquement, le jour de la création du monde et le début du nouvel an juif. Au cours de cette fête, l'homme fait un bilan des actes et pensées de l'année écoulée. Il cherche au plus profond de lui la force de bouleverser, de réorienter sa vie. Au fil des prières la liturgie aborde les thèmes du Règne, du Souvenir et du Chofar[1].

---

1. *Cf.* Claude Brahami, *L'Arme de la parole, Rosch Hachana, introduction,* Paris, Sine-Chine, 2001.

Le Règne consacre l'existence de Dieu, créateur, présent et immanent, dans tout l'univers. Le croyant rend ainsi hommage à la Création.

Par le Souvenir, Dieu se souvient des hommes, comme il s'est souvenu d'Isaac, sur l'autel du mont Moriah, de Sarah et de sa stérilité. Cette célébration consacre la révélation individuelle ou collective.

Le Chofar exprime la rédemption sur le rassemblement des exilés, le retour des dix tribus disparues, la reconstruction du troisième Temple et l'espoir en l'arrivée du Messie. À travers le chant du Chofar et les prières, Abraham et les siens s'inscrivent éminemment au cœur de la liturgie du Nouvel An et du Grand Pardon.

Dans la synagogue les femmes suivent l'office depuis l'étage et les hommes au rez-de-chaussée. Ces derniers se couvrent du Talit, voile blanc en laine, en lin ou en soie, traversé de rayures noires ou bleues. Ce châle de prière porte la vibration de la vie et par conséquent la trace de Dieu lui-même.

Au cours des cérémonies retentissent, à plusieurs reprises, les sonneries du Chofar, corne de bélier, comme celui immolé en lieu et place d'Isaac. Chacun doit se laisser pénétrer du son, plainte remémorant le sacrifice qu'Abraham s'apprêtait à offrir à Dieu. Chacun doit aussi laisser ce chant, lancinant ou joyeux, long ou saccadé, remuer en lui sa définition de l'être et de l'éthique qu'il lui rattache.

Le pénitent se repentit ensuite pendant dix jours pour se présenter à nouveau devant le Tout-Puissant et lui demander pardon des fautes commises envers lui. Quand on fait le mal à son prochain, n'est-ce pas une atteinte à ce qu'il y a de Dieu en l'homme ?

Il est dit qu'Abraham implora le Seigneur pour ses descendants : s'ils venaient à commettre le mal, que Dieu veuille bien refréner sa colère et, chaque année, quand ils auront médité leurs péchés et qu'ils seront venus à résipiscence, que la corne du bélier résonne pour rappeler à tous la ligature d'Isaac[1].

Par sa demande de Pardon l'homme se rapproche du Très-Haut, avec lequel il cherche aussi la réconciliation. Il peut alors repartir pour une année nouvelle, nettoyé de ses fautes et « réconcilié » avec Dieu.

Le geste surhumain de l'holocauste d'Isaac doit servir d'exemple de dévouement absolu, car dévouement il y a de la part du père et du fils : le premier va inexorablement exécuter l'ordre de sacrifier, le deuxième s'abandonne totalement et s'offre même au sacrifice.

La ligature d'Isaac, ou Aqedat, revêt à ce point d'importance dans la liturgie juive qu'il est rappelé quotidiennement dans les prières du matin, pour l'exemple et pour la symbolique puissante du renoncement auquel tout bon juif doit de se sacrifier.

Certains s'interrogent sur les raisons profondes de la demande divine. L'épreuve est-elle imposée à Abraham en réhabilitation d'une faute, et si oui, laquelle ? Lors des réjouissances du sevrage d'Isaac, le patriarche, tout à son bonheur, se préoccupait-il des malheureux qui mendiaient devant sa tente, ou seulement de son

---

1. *La Voie de la Torah, op. cit.*, chap. XXII, 13.

fils, des siens et de ses invités ? À moins que sa faute ne soit d'avoir pactisé avec ce païen d'Abimelech, engageant pour trois générations les destinées de la Terre promise. Cette alliance n'aurait-elle pas entraîné la colère et le châtiment de Dieu, puis l'exigence de la pire des immolations ?

Peut-être n'y a-t-il aucune faute à payer. Dieu aurait cherché, par cette épreuve, à s'assurer de ce qu'Abraham est prêt à tous les sacrifices, au renoncement absolu, pour mériter d'être le père des fils d'Israël.

Autant de questions qui peuvent surgir en Abraham au moment d'accomplir l'infanticide. Mais dès l'instant où apparaît l'ange qui retient son couteau, il comprend que Dieu veut de lui l'expression de sa totale obéissance. Il s'exécute alors et va accomplir le Sacrifice, qui symbolisera aussi pour le peuple juif celui auquel certains le disent condamné. Le soulèvement des Maccabées reprend l'exemple d'Abraham, comme les innombrables cas, au cours des siècles, où les juifs seront contraints de subir le martyre plutôt que de renier leur foi. De leur sacrifice volontaire ou de celui qu'on leur impose rejaillirait le meilleur. Le plus immonde exemple que l'humanité ait produit demeure celui des inqualifiables persécutions nazies. Certains voient ainsi dans la constitution de l'État d'Israël, au lendemain de la Seconde Guerre mondiale, le rachat de la Shoah[1].

---

1. *Ibid.* 20, 16.

Chez mes amis et avec eux, je partage des quartiers de pomme nouvelle que je trempe dans des petits pots de miel, en demandant que l'année soit aussi douce que ces succulences. Je déguste des dattes fraîches et des graines de sésame mélangées au sucre en poudre. Je croque les diamants juteux des grenades, arrosés d'eau de fleur d'oranger, afin que nos mérites soient aussi nombreux que ces grains. Je mange de la tête d'agneau pour rester en tête dans la vie et trempe mon pain dans le miel, en prononçant à haute voix et allègrement les souhaits de bonne année. *Chana Tova.*

LIVRE TROISIÈME

Chapitre I

Mort et transmission

Quand toutes les synagogues du monde sonnent le chofar qui rappelle à Dieu la piété d'Abraham, les croyants juifs implorent le pardon de leurs péchés.

Quand La Mecque, les villes et les villages de l'islam célèbrent le simulacre de l'holocauste, la communion et la joie unissent les musulmans dans un geste de fraternité universelle.

Peu d'épisodes bibliques ou coraniques ont autant de force symbolique, pour les monothéistes, que cette immolation interrompue. Les apparentes contradictions divines auraient pourtant de quoi déconcerter. Seule la foi épargne Dieu du jugement des hommes quand il promet au patriarche une descendance innombrable par son fils, dont il exige, dans le même temps, le sacrifice. Abraham n'hésite pas et offre le plus haut signe de l'abandon absolu, de sa victoire sur lui-même, « sacrifiant » son propre instinct.

Alors qu'il s'apprête à exécuter l'insoutenable,

Ismaël et Éliézer, à l'ombre des branchages et des buissons, se disputent déjà la succession.

Le fils aîné se réjouit à l'idée d'être le seul héritier de son père, mais le serviteur modère ses desseins : « *Abraham t'a chassé avec ta mère Hagar, et t'a déshérité du même coup. C'est à moi, l'intendant fidèle, qu'il léguera la part d'Isaac*[1]. »

Avant la naissance d'Ismaël, le sage aurait pu désigner Éliézer comme bénéficiaire de ses biens, après sa mort. Il s'agit là d'une disposition testamentaire qui entre dans les usages de l'époque. Il aurait pu l'adopter également. D'ailleurs le patriarche ne l'a-t-il pas envisagé afin d'avoir un héritier, même indirect ? À son trépas, Éliézer aurait assuré le rite funéraire, aurait pris en charge l'administration du patrimoine et l'autorité familiale. Mais ce serait oublier la décision divine : « *Voici que tu ne m'as pas donné de descendance et qu'un de mes gens de ma maison héritera de moi* », dit Abraham. Dieu lui répond : « *Celui-là ne sera pas ton héritier, mais bien quelqu'un issu de ton sang*[2]. »

Abraham a trop de noblesse d'âme pour soupçonner tant de convoitise de la part d'Ismaël et de son servant. Une telle soif cupide paraît peu crédible venant des siens, au point que la plupart des commentateurs contemporains préfèrent traiter cette hypothèse de honteuse calomnie.

---

[1]. Marc Alain Ouaknin et Éric Smilévitch, *Chapitres de Rabbi Éliézer, op. cit.,* chap. 31, p. 184-185.

[2]. Gn XV, 3-4.

Retrouvons Sarah, mythique d'abnégation, qui va succomber à l'annonce mensongère de l'infanticide. On peut aisément composer une reconstitution des faits supposés que rapportent, par bribes, les diverses traditions :

Satan a essuyé un échec dans ses acharnements à contrer la volonté de Dieu. Puisque la foi d'Abraham est inébranlable, Sarah paiera. Le diable lui apprend que son fils, lié sur l'autel, reçoit au même moment les coups mortels que lui porte le patriarche. Elle mesure toute son impuissance à vouloir changer le cours des choses ; elle pousse trois longues plaintes suivies de trois cris brefs, que le chofar va perpétuer dans les synagogues, puis s'effondre, terrassée de douleur.

Dans le même temps, le juste, ivre de bonheur devant le dénouement inattendu de l'holocauste, revient du mont Moriah, riche d'une promesse nouvelle : « *Parce que tu as fait cela, que tu ne m'as pas refusé ton fils, ton unique, je te comblerai de bénédictions, je rendrai ta postérité aussi nombreuse que les étoiles du ciel et que le sable qui est sur le bord de la mer*[1]. » On peut deviner l'état d'euphorie qui le transporte. Il retourne vers Qiryath Arba – Hébron, appelée ainsi à l'époque des patriarches – pour dire l'événement à Sarah. Or Sarah – à cent ans, elle était comme à vingt ans, aussi belle ; à vingt ans, elle était comme à sept ans, sans péché[2] –,

---

1. Gn XXII, 16-17.
2. *Cf.* Élie Munk, *La Voix de la Torah, op. cit.,* t. 1, *Chayyé-Sarah,* chap. XXIII, 1 ; Yalkout Ps 37.

Sarah, pure et juste, vient de mourir injustement, victime de la fausse nouvelle. Satan triomphe.

Abraham pleure, assurément. Regrette-t-il le geste qui a entraîné la mort de sa femme ? Par cette nouvelle souffrance, il touche au sommet de la perfection.

Sarah n'est plus, il faut l'enterrer.

Malgré ses biens Abraham n'est pas propriétaire terrien ; dans la tradition nomade, on n'achète pas de terre. De plus il est étranger, accueilli dans un pays où il ne peut se prévaloir des mêmes droits que les peuples autochtones. Il jouit toutefois d'un grand respect ; les populations locales, dont les Hittites, les fils de Heth, s'adressent à lui avec déférence, le gratifiant du titre de « Prince de Dieu », l'envoyé du Très-Haut[1]. Dans leurs champs, une caverne semble le lieu propice à l'inhumation de la défunte. Après quelques marchandages et négociations polies avec Éphron, le chef de ce peuple, Abraham acquiert l'emplacement, aux yeux et au sus de tous. De sa propriété chacun pourra ainsi témoigner et nul descendant ne la verra contestée.

Puis il met Sarah au tombeau, dans la grotte de Makpelah.

Dans tous les écrits et les légendes, cette parcelle figure comme l'unique lot de terre qui aurait appartenu au patriarche, sa vie durant. Par ce choix, n'indique-t-il pas ce sous-sol comme sépulcre familial ? Certains

---
1. Gn XXIII, 6.

commentaires rabbiniques ajoutent que la désignation de cet emplacement ne peut résulter du hasard. Les lieux seraient connus pour abriter les corps d'Adam et d'Ève. Abraham, lui-même, y aurait vu leurs tombes au fond du gouffre obscur[1]. Une autre version, de facture plus fantastique encore, situe l'inhumation du corps d'Adam à Hébron, dans cette même caverne, quand sa tête serait enterrée à Jérusalem.

Selon la conception judaïque, comme chez les chrétiens et les musulmans, l'enveloppe matérielle de l'homme se fond à la terre originelle et disparaît, pendant que l'âme immatérielle s'élève, impérissable, vers des sphères supérieures. Pourtant ce tombeau, qui n'est supposé renfermer que poussières et souvenirs des patriarches, va devenir, au fil des siècles, un lieu de perpétuels conflits entre les communautés religieuses.

Ce matin de septembre 2004, au volant d'une voiture de location, je roule en direction d'Hébron, situé à trente-huit kilomètres de Jérusalem. Le chemin, court en apparence, se heurte au « mur », à hauteur de Beit Jalah. L'attente au check point me paraît plus longue qu'à l'ordinaire mais les questions du militaire israélien qui m'intercepte n'ont rien d'inhabituel. Lui-même est « rassurant » – si tant est qu'un homme en arme le soit – dans sa panoplie de parfait soldat : mitraillette et lunettes solaires impénétrables.

La plaque d'immatriculation de la voiture que je

---

1. *Ibid.* 4, 8-9, 19.

conduis me désigne, en territoire palestinien, comme venant d'Israël. Je redoute l'hostilité, même si les populations locales ont l'habitude des touristes ou des pèlerins qui empruntent ces voies pour se rendre à la ville de Bethléem, toute proche. Les indications que je sollicite me sont données avec le sourire. Malgré la bonne volonté de tous, j'éprouve les plus grandes difficultés à rejoindre la route d'Hébron ; je me heurte sans cesse au mur, comme prisonnier d'un labyrinthe.

Après plusieurs fausses pistes je trouve enfin la bonne direction. À la sortie de la ville, une barrière d'énormes blocs de roche, posés en travers de la chaussée, m'empêche de poursuivre. Il s'agit d'un barrage volontaire, placé ici par l'armée israélienne.

La nervosité me dessèche la gorge. Je fais demi-tour et, dans un faubourg, m'arrête à une épicerie pour acheter de l'eau minérale. Des jeunes, cartable à la main, vont en classe ; des mères de famille accompagnent les plus petits. Tout semble tranquille. Mais dans cette région le calme n'est qu'un leurre. L'instant qui suit, la situation bascule.

Un petit convoi militaire israélien approche. Deux véhicules blindés d'intervention précèdent et suivent un camion bas, portant un char. Soudain, une pluie de pierres s'abat sur la colonne. Les jets proviennent d'un groupe d'adolescents et d'hommes palestiniens qui se rapprochent, de plus en plus menaçants. L'un des véhicules militaire fait feu, à blanc me semble-t-il, ou bien par balles de caoutchouc, puis s'arrête juste devant ma voiture prise involontairement pour cible sous l'échange de tirs.

Des fumigènes et des grenades éclatent. Impossible d'ouvrir ma portière, bloquée par l'engin militaire. J'aperçois fugitivement des cocktails Molotov brandis à bout de bras, de l'autre côté de la chaussée. Le cercle des assaillants se resserre. La panique m'envahit. Je trouve la force de m'extirper de la voiture et de courir me réfugier au fond de l'épicerie.

Je tremble encore quand la colonne redémarre. Elle disparaît dans le virage, laissant un champ de cailloux sur l'asphalte. Plus une âme qui vive. La rue est déserte. Y a-t-il eu des blessés ? Le silence m'impressionne.

Puis lentement la vie se remet en mouvement, comme un film vidéo qui repartirait après qu'on l'a mis sur « pause ».

Quelques jours plus tard je gagne Hébron sans encombre, bien que les visites y soient également à proscrire, en raison de l'état permanent de tension. Comme Jérusalem, cette ville constitue une cité sainte pour les trois monothéismes. Selon ces traditions, le Tombeau recèlerait les restes des patriarches.

Hébron a été tour à tour occupée par les Seldjoukides, les croisés, les sultans d'Égypte, les Mamelouks, les Ottomans, les Anglais... Des murailles, des citadelles ont été bâties, détruites puis restaurées, des révoltes réprimées, des communautés juives entières massacrées, notamment en 1929. Aujourd'hui des religieux ultranationalistes tiennent majoritairement la colonie voisine de Qiryat Arba.

Dans la région chacun se souvient de ce colon qui

fit irruption dans la mosquée du Haram, en 1994, mitraillant aveuglément les fidèles qui priaient. Des dizaines de morts marquent encore les mémoires. Leur souvenir alourdit l'atmosphère plus que nulle part ailleurs.

Le taxi collectif pris à Jérusalem-Est, fouillé à deux reprises sur la route, m'a déposé à la gare routière. J'y ai rendez-vous avec un guide palestinien que l'on m'a recommandé pour sa grande érudition. Il est historien, m'a-t-on assuré, diplômé d'une université de Londres, et enseigne à Amman. Nous rejoignons à pied le mausolée tout proche. Un édifice rectangulaire, imposant, abrite ce sanctuaire dont nombre de scientifiques, aventuriers ou simples curieux, ont cherché à briser le secret.

Sur le plan architectural la bâtisse force le respect. Tout y est parfaitement équilibré. Les apports successifs des siècles, notamment les créneaux arabes, ajoutent en puissance et en esthétisme. Une forte énergie physique et spirituelle se dégage de l'ensemble. Ici auraient été inhumés Sarah, Abraham, leur fils Isaac, son épouse Rébecca, Jacob et Léa, ainsi que Joseph. Ils reposeraient depuis des millénaires, protégés par une enceinte épaisse, qu'Hérode le Grand construisit à la fin du Ier siècle av. J.-C. Flanqué de mon accompagnateur je fais figure de touriste, bien téméraire ; les visiteurs étrangers ont déserté la ville depuis le début de la deuxième Intifada, en juillet 2000.

Dès l'entrée, dans ce vaste espace, je me trouve face aux sépultures polygonales de Sarah et d'Abraham, en enfilade, faiblement éclairées de petites lampes. Les scientifiques ne s'accordent pas sur l'époque de leur construction ; ils la situent entre les VIIe et XIe siècles de notre ère. Tombeaux ou cénotaphes ? Qui peut assurer que leurs restes y ont été placés et conservés, comme il est dit ? Leur inhumation si lointaine, les destructions et reconstructions successives appellent mes interrogations. Mon guide, lui, ne doute pas et me cite la Genèse en martelant chaque mot : *Puis Abraham expira [...] Isaac et Ismaël ses fils l'enterrèrent dans la grotte de Makpelah*[1]. C'est écrit dans les Saintes Écritures, c'est donc vrai. Des fouilles ont bien permis de dater l'ancienne Hébron au XVIIIe siècle avant notre ère, période qui correspond à celle où aurait pu vivre Abraham. Mais en quoi cela atteste-t-il l'existence et l'inhumation ici, ou dans le sous-sol au fond de la caverne, des restes du patriarche ?

À gauche, dans l'ancienne église byzantine du XIIe siècle, transformée par la suite en mosquée, se trouvent les tombeaux d'Isaac et Rébecca ; trois hommes en prières s'inclinent et s'agenouillent. À l'opposé, de l'autre côté de la cour intérieure, dans l'espace synagogue où Jacob et Léa reposent, deux jeunes femmes juives, en tenue militaire, se recueillent. Dans ce sanctuaire je retrouve l'esprit du tombeau d'Ézéchiel, à Kifl, en Irak. Mais ici, depuis 1967, musulmans et juifs peuvent prier dans la même enceinte, alors que les juifs d'Irak ont fui le pays du Tigre, à la même époque, lors de la guerre des Six-Jours. Au tombeau

---

1. Gn XXV, 8-9.

des patriarches, placé sous administration islamique, chacun peut rendre grâce dans l'espace réservé à son culte.

Au fond de la « Mosquée des femmes », mon historien me montre encore le mausolée d'Adam. Le premier homme aurait prié si souvent ici que le sol a retenu l'empreinte de ses pas. Une trace de pied marque la dalle ; me faut-il une preuve supplémentaire ? Ma perplexité semble irriter mon guide, comme s'il était le seul dépositaire de la vérité. Il me regarde d'un œil suspect, presque hostile, cherchant à savoir si je suis croyant ou mécréant. Croyant impliquerait-il que je croie indiscutablement en ses propos ? Il m'entraîne plus loin, où cette partie de la mosquée donne sur la tombe de Joseph, « sa vraie, sa seule sépulture », ajoute-t-il.

À plus de cent kilomètres au nord, à Naplouse, l'antique Sichem, les Samaritains m'avaient déjà amené jusqu'à la « véritable tombe de Joseph ». Près de l'ancien Puits de Jacob, à quelques pas du lieu où Jésus annonça à la Samaritaine qu'il était le Messie, mes hôtes m'avaient montré les restes de l'« unique et incontestable dernière demeure de Joseph » ! D'ailleurs Josué ne l'écrit-il pas dans son Livre éponyme : *Quant aux ossements de Joseph que les Israélites avaient rapportés d'Égypte, on les ensevelit à Sichem*[1].

Je crains de contrarier à nouveau mon guide par mes questions récurrentes. Il me répond, magnanime et sûr

---

1. Jos XXIV, 32.

de lui, que la momie de Joseph, rapportée d'Égypte, a d'abord été déposée à Naplouse, il est vrai, mais par un miracle qui ne peut résulter que de la seule volonté divine, sa dépouille s'est transportée jusque dans cette enceinte pour reposer avec les autres patriarches.

Je suis mon historien dans les salles de l'édifice. Tous les monuments intérieurs s'appuient sur un dallage fatigué, recouvert par endroits de tapis, comme souvent dans les mosquées. J'ai pourtant l'impression de me trouver dans une église, si ce n'était le *minbar,* la chaire musulmane, en bois sculpté, tout proche du tombeau d'Isaac. Le dernier millénaire a vu défiler ici tsars, empereurs, rois, princes et princesses, comtes, marquis et chevaliers, des têtes couronnées de Galles, de Prusse, de Russie, d'Autriche, des chercheurs, ingénieurs, architectes, consuls, moines venus se prosterner, étudier ou tenter d'élucider la vérité dans l'enceinte sacrée.

Mais cette vérité n'est-elle pas enfouie dans la fameuse caverne souterraine ? On devine à peine la grotte, par une trouée obscure, étroite, qui s'enfonce en pente, à droite de l'entrée principale. Les légendes colportent des passages secrets, des labyrinthes fatals, des souterrains qui mènent aux ténèbres impénétrables. Quelques recherches ont pu être effectuées. Divers documents en relatent certaines tentatives. Les plus notoires débutent au Moyen Âge, lorsque les croisés occupent la ville. En 1119, le châtelain Beaudoin de Saint-Abraham pénètre dans la caverne avec son prieur. Plus tard le chevalier Biran, à peine adolescent, déclare avoir vu les corps des patriarches, roulés dans leurs linceuls. Bien plus sérieusement, au cours des années qui suivent la fin de la Première Guerre mondiale, le père Vincent, de l'École biblique et archéologique de Jérusalem, en équipe avec le capitaine anglais Mackay, inspecteur en chef des Antiquités, mène des fouilles sur place. Ils établissent des plans précis et publient, en 1923, un album richement documenté, que j'ai pu consulter à l'École biblique. Les deux scientifiques y décrivent avec précision le résultat de leurs travaux et retracent l'historique des explorations poursuivies jusqu'à eux[1].

Plus près de nous, en 1968, Moshé Dayan, général israélien qui fut ministre de la Défense, passionné d'archéologie, passe un accord avec les religieux islamiques pour entreprendre des fouilles dans la caverne sacrée. Néanmoins ce consentement ne l'autorise pas à franchir le passage condamné, à l'époque et de nos jours encore ; seul conduit d'accès aux profondeurs, le goulot exigu large d'à peine vingt-huit centimètres. Un homme ne peut s'y glisser.

Dayan décide alors d'y faire descendre une petite fille, toute menue, courageuse, équipée de matériel de spéléo. Elle décrit en direct ce qu'elle voit, mesure et photographie. Malgré ce mode opératoire astucieux, ses trouvailles confirment les écrits du père Vincent et du capitaine Mackay sans qu'elle puisse toutefois accéder au départ d'autres souterrains existants. Elle

---

1. *Cf.* Louis-Hugues Vincent O. P., E. J. H. Mackay, *Hébron, le Haram el-Khalil, sépulture des patriarches,* Paris, E. Leroux, 1923.

ne notera rien de particulier, bien sûr, concernant les patriarches.

Le directeur des fouilles de Judée-Samarie, l'archéologue Zeev Yeivin, qui a participé à cette opération, relance d'autres explorations en 1978 dont il fait le récit au documentariste Abraham Ségal[1] :

> Il pénétra sous terre en creusant un nouvel accès et trouva, notamment, entre des ossements, des restes de poteries et divers objets de l'époque des croisés, le fragment d'un couvercle provenant a priori d'un sarcophage. Sur cette plaque de pierre figurait l'inscription : « Abraham » ! Puis sur une autre stèle : « Jacob », ces mentions étant gravées en latin médiéval. Il découvrit également d'autres couloirs condamnés, qui supposaient un important réseau de grottes, percé pour égarer les pillards.

Quels qu'ils aient été, les travaux scientifiques n'ont ni confirmé ni infirmé les écrits bibliques ou les histoires fabuleuses qui entourent les sépultures des patriarches. Les investigations des chercheurs se heurtent encore au mystère, nous renvoyant aux récits mythiques, mais fondateurs. Peut-être vaut-il mieux qu'il en soit ainsi.

Dans cette grotte, qui allait devenir le Panthéon des patriarches, Abraham ensevelit Sarah, réparant ainsi les conséquences du péché originel : *lorsque le corps de Sarah pénétra dans le caveau de Makpelah, ce fut*

---

[1]. *Cf.* Abraham Segal, *Abraham, enquête sur un patriarche*, Paris, Bayard, 2003, chap. 5, p. 88-89.

pour Ève, (qui y était enterrée), *comme un second ensevelissement, qui lui permit de trouver enfin la véritable paix de l'âme*[1].

*

Ismaël vit loin dans le désert d'Arabie, à La Mecque, où il a certainement pris femme, de longue date. Isaac, lui, n'est toujours pas marié, or il devrait avoir près de trente-sept ans. Sarah repose du sommeil éternel et Abraham sent sa vie céleste se rapprocher chaque jour davantage, quand sa tâche terrestre n'est pas achevée. Il lui faut prendre des dispositions d'avenir pour son fils cadet. On peut présumer qu'il a attendu la fin de l'année de deuil pour cette disposition nouvelle. Certains textes affirment qu'il patienta trois ans, d'autres quatre ans, même.

Comme le veut la tradition, il revient au père de choisir l'élue : «... *tu iras dans mon pays, dans ma parenté, et tu choisiras une femme pour mon fils Isaac*[2] », dit-il, pour conserver l'esprit de sa maison, celui de ses ancêtres et surtout pour que la future ne soit pas de ces idolâtres encore trop nombreux en pays de Canaan. De plus, les femmes cananéennes, profitant des coutumes locales, ont de fréquentes relations sexuelles avant le mariage et même les actes incestueux ne choquent personne. À l'inverse, les patriarches hébreux sont intraitables sur la virginité des futures épousées, d'où les exigences d'Abraham.

---

1. *Ibid.* 4, 19.
2. Gn XXIV, 4.

Quel événement plus important que celui de marier son fils ? Afin de trouver la bonne épouse, digne du clan, le sage confie cette mission, car c'en est une assurément, à son fidèle intendant Éliézer, ancien précepteur d'Isaac.

On pourrait s'étonner de ce que le futur marié ne l'accompagne pas dans sa recherche. La tradition juive de l'époque exige l'entremise d'un tiers, afin que le choix se fasse avec objectivité et non en cédant aux seuls instincts physiques et affectifs. Ainsi en est-il des meilleures assurances de bonheur conjugal entre un garçon sérieux, croyant, et une jeune âme innocente et pure. En outre Abraham ne veut pas courir le risque de voir son fils s'égarer sur des terres corrompues qu'il connaît bien.

On aurait pu imaginer alors qu'après avoir trouvé la fiancée idéale Éliézer revienne chercher Isaac et l'emmène avec lui pour le présenter aux beaux-parents. Là encore Abraham s'y oppose. Il exige que la future épousée quitte les siens, qu'elle suive aveuglément son envoyé et qu'elle rompe définitivement avec son ancienne vie pour en découvrir une nouvelle. L'attitude du patriarche n'aura été dictée que par le souci de voir sa bru coupée de tout égarement spirituel, teinté d'idolâtrie. Lui-même ne s'était-il pas séparé définitivement de ceux d'Ur ou de Harran, pour se tourner résolument vers une nouvelle vie ?

Afin de conférer à la charge d'Éliézer un caractère des plus sacramentels, Abraham lui fait prêter serment selon une coutume qui perdurerait encore aujourd'hui, dans certaines tribus bédouines. « *Mets ta main sous ma cuisse*[1] », dit-il à son serviteur, phrase dans laquelle le mot « cuisse » prend le même sens que dans l'expression toujours en usage aujourd'hui : « Sortir de la cuisse de Jupiter ». Il s'agit d'un euphémisme qui signifie dans son sens direct : « Place ta main sur mes organes génitaux », « sur mon sexe ».

Ce rite prend toute sa signification quand on sait qu'il se rattache à la circoncision, le sexe de l'homme circoncis incarnant l'Alliance physique à Dieu. Le serment passé en tenant le sexe de son interlocuteur revêt alors la forme de l'engagement le plus solennel. Plus tard Jacob procédera de même avec son fils Joseph, afin qu'il s'engage à ne pas l'enterrer en Égypte, mais dans la grotte de Makpelah : « *Si j'ai ton affection, mets ta main sous ma cuisse* [...] *Quand je serai couché avec mes pères tu m'emporteras d'Égypte et tu m'enterreras dans leur tombeau*[2]. »

Éliézer jure de respecter la demande de son maître et Abraham l'assure que l'ange l'accompagnera dans son voyage, sous-entendant qu'il ira sous la protection divine.

Le patriarche a toute confiance en la réussite de la mission, toutefois il accepte d'en envisager l'échec et, dans le cas où la femme choisie refuserait de suivre Éliézer, « *tu seras quitte du serment que je t'impose*[3] », lui dit-il.

Un commentaire rabbinique assure que l'intendant

---

1. *Ibid.* 12, 2.
2. Gn XXXXVII, 29-30.
3. *Ibid.* 12, 8.

commença par proposer sa propre fille en épouse d'Isaac, proposition qu'Abraham aurait refusée, rappelant à son serviteur sa condition.

La tâche d'Éliézer s'avère délicate. Il lui faut d'abord remonter vers le nord jusqu'à Harran, à des semaines de marche, où la famille de Nahor, unique frère survivant d'Abraham, a engendré douze fils qui ont eu des descendances à leur tour. Il serait surprenant que parmi cette grande parentèle le messager ne trouve pas l'heureuse fiancée. Il devra la persuader de le suivre, pour un homme qu'elle ne connaît pas, et surtout convaincre les parents de celle-ci de la laisser partir avec lui, qui leur est presque inconnu.

Il prépare son voyage, réunit dix beaux chameaux, charge les selles de cadeaux et part pour Harran de haute Mésopotamie. Même si les chameaux n'apparaissent dans ces régions que bien plus tardivement, ajoutés aux battes chargées de présents, aux parures qu'Éliézer emporte... le rédacteur semble vouloir insister largement sur la prospérité d'Abraham. La démonstration n'est pas innocente ; les signes extérieurs de richesse devraient favoriser la demande en mariage.

Parvenu non loin de la ville, il se poste près d'un point d'eau, au crépuscule, à l'heure où les jeunes filles viennent puiser. Il adresse alors une supplique à Dieu : la première femme qui lui donnera à boire, ainsi qu'à ses bêtes, sera l'élue.

Béthuel, fils de Nahor, a donné deux petits-enfants à son père, un garçon nommé Laban et Rébecca. Or c'est elle qui arrive, quand Éliézer finit à peine sa prière. Elle est belle et vêtue comme une vierge, dit la tradition. Reste l'épreuve. La jeune fille se penche et l'eau du puits monte jusqu'à elle, par seaux entiers, qu'elle vide dans sa cruche. Cette eau pure, symbole de chasteté, synonyme de douceur, elle en offre à Éliézer, qui la prie de le désaltérer. Après quoi, sans qu'il le lui soit demandé, elle court du puits à l'auge et abreuve les chameaux. Rébecca ajoute à sa grâce la noblesse du cœur et le sens de la charité. Elle a toutes les qualités d'une bonne épouse, de même que celles d'une parfaite mère juive, disent encore les rabbins d'aujourd'hui.

La petite-nièce d'Abraham répond en tout point aux attentes. Éliézer peut la questionner sur sa famille, lui demander le gîte, la couvrir des parures d'or qu'il a apportées, lui parler d'Isaac et de Dieu.

À la vue des bijoux, Laban accueille chaleureusement, dans la maison de son père, l'envoyé d'Abraham. Celui-ci leur relate, en détail, les raisons de son voyage. L'intervention divine paraît manifeste et déterminante dans cette rencontre, à moins que les cadeaux offerts par Éliézer n'y contribuent grandement. Rébecca se sent déjà portée vers ce mari qu'on lui décrit. L'accord se conclut rapidement et l'équipée repart en Canaan avec la fiancée, sa nourrice et ses servantes.

La quête d'une épouse pour Isaac a stimulé l'imaginaire de nombreux commentateurs, inspirés peut-être par le personnage de Rébecca, qui deviendra mythique. La frêle et pure jeune fille qu'on nous présente, à ce stade du récit biblique, va se révéler pourtant une maîtresse femme. Elle épousera Isaac et obtiendra par ruse que son fils jumeau, mais second-né, Jacob, supplante dans son droit d'aînesse son premier-né, Ésaü. Jacob deviendra ainsi l'ancêtre du peuple d'Israël en lieu et place de son aîné, Ésaü.

Mais revenons à Isaac et Rébecca.

Les nombreuses légendes qui entourent l'épisode de leur mariage hésitent entre romantisme et réalisme. Je n'en rapporterai ici qu'une seule :

La caravane d'Éliézer revient vers Hébron, après une marche harassante. Rébecca est juchée sur son chameau, comme les autres femmes de sa suite. Au loin, elle aperçoit, arrivant du paradis, Isaac qui marche sur les mains, la tête en bas. Effrayée par cette attitude insolite, la jeune promise tombe de sa monture et se blesse sur une souche d'arbre. La chute va prendre un tournant déterminant dans la réalisation du mariage. Très vite, la fiancée se ressaisit, puis avance dignement jusqu'à la tente patriarcale où l'attendent Abraham et Isaac.

Le père est excessivement soucieux de la virginité de sa future bru, et même méfiant à l'encontre d'Éliézer. Son serviteur n'a-t-il pas voyagé plusieurs jours avec elle ? Il ordonne alors à son fils de vérifier, de ses doigts, l'état de l'hymen. Hélas, l'examen démontre que le voile intime est rompu.

Devant le courroux et les questions qui s'ensuivent, Rébecca explique que la stupéfaction l'a jetée à terre et que, dans sa chute, le bois de l'arbre mort lui a déchiré son intimité. Isaac n'en croit rien, se fâche, accuse

Éliézer, jusqu'à ce que l'équipage se transporte vers le tronc coupable. Rébecca montre alors la souche encore souillée de son sang vaginal ; l'honneur est sauf. Elle peut épouser Isaac[1].

En bon fils, ce dernier tient à ne pas abandonner son père veuf. De plus, sa femme apporte à nouveau dans le foyer, sous la tente même de Sarah, la présence féminine qui avait disparu. Avec ce mariage, Rébecca prend donc la place de Sarah, Isaac se consolant ainsi de la mort de sa mère.

Une certaine lecture chrétienne va voir, dans le comportement de Rébecca et dans sa relation avec Isaac, bien des signes annonciateurs des révélations futures du Nouveau Testament. Origène, théologien et philosophe, père de l'Église, mène cette réappropriation de l'Ancien Testament qui, selon son interprétation, préécrit le temps du Christ. Ainsi lit-il que Rébecca est l'Église. L'eau, qu'elle tire du puits et offre généreusement, correspond à l'image du baptême qui unit tout chrétien au Christ. La fiancée rejoint Isaac, comme l'Église ira au Christ. Elle saute du chameau et s'éloigne ainsi du vice, pour aller vers la vertu incarnée par Abraham.

La tradition judaïque n'a pas attendu les leçons de probité des chrétiens. Par ses exigences et par son sens, le récit biblique du mariage d'Isaac insiste, aux yeux des rabbins, sur l'importance de l'attachement aux

---

1. Robert Graves, Raphaël Patai, trad. Jean-Paul Landais, *Les Mythes hébreux, op. cit.,* 36, e.

principes moraux : ils doivent présider à tout mariage, en particulier à celui de ce couple qui va bâtir le peuple d'Israël. Isaac et Rébecca serviront de modèle et leur union sera emblématique du comportement de toute leur descendance, jusqu'à nos jours.

On aura remarqué que la jeune femme accepte l'idée d'épouser Isaac sans même le connaître. Elle quitte les siens et suit Éliézer pour un conjoint qui, lui non plus, ne l'a jamais rencontrée. Éliézer tracera ainsi la voie à toutes ces marieuses qui, depuis des millénaires, arrangent les mariages juifs.

Les rabbins redoutent l'amour, ils lui préfèrent la raison. De leur point de vue, la passion est trompeuse et passagère, responsable de la plupart des larmes. Elle obéit à l'irrationnel et ne peut laisser place qu'aux désillusions. Quand l'ivresse s'émousse elle ne génère que peine et désenchantement. À l'inverse, si la raison prévaut, l'amour devient l'aboutissement d'un apprentissage réciproque de l'autre.

Ainsi l'union d'Isaac et de Rébecca n'aura eu qu'un seul but, la descendance d'Abraham.

Chapitre II

Le sceau de La Mecque

Depuis son éloignement de Canaan, pour les différentes traditions, Ismaël vit dans le désert, avec sa mère Hagar.

Certains écrits rabbiniques attestent qu'ayant remis ce fils aux bons soins de Dieu Abraham prend régulièrement de ses nouvelles auprès de l'ange. Souvent le pur esprit doit même rassurer le père sur le comportement du jeune homme, objet, comme on l'a vu, des pires rumeurs.

Des accusations mensongères circulent aussi sur le patriarche, en particulier sur son abandon, dans le désert, de la mère et de l'enfant. Ces calomnies prennent une telle ampleur qu'elles parviennent jusqu'au plus haut des cieux et que l'armée des anges proteste auprès du Créateur.

— Comment se fier à un homme qui laisse les siens mourir de soif ? disent-ils en substance.

— M'honore-t-il droitement ? demande alors le Tout-Puissant.

— Oui, répond le chœur céleste, contraint de reconnaître l'évidence, mais demain ?

— Je juge tout homme sur ce qu'il est et non sur ce qu'il risque d'être, répond Dieu, mettant ainsi fin aux critiques malveillantes[1].

Du vivant de Sarah, Abraham lui demande souvent de le laisser rendre visite à Ismaël, mais elle s'y oppose tout aussi immuablement. Jusqu'au jour où, comprenant qu'il est inutile de contrarier son mari sur ce point, tant le désir de revoir son autre fils devient viscéral, elle accepte. Elle exige de lui, cependant, qu'il ne descende pas de chameau, même devant son aîné.

L'élu s'enfonce à travers le désert et parvient, après plusieurs jours, devant la tente d'Ismaël parti chasser dans les dunes. Il avait épousé une femme nommée Meribah, réputée pour son piètre caractère. Distante et revêche, elle peste contre son mari absent et refuse au patriarche le peu d'eau et de pain qu'il lui demande.

Sans se présenter et toujours rivé à sa monture, Abraham la prie alors de raconter sa visite à son mari, quand il sera de retour.

— Rapporte-lui qu'un homme âgé est venu du pays des Philistins. Et dis-lui bien : « Il te cherchait. Je ne lui ai pas demandé son nom, mais je lui ai précisé que tu n'étais pas là. »

Puis il ajoute, avant de s'éloigner :

---

1. Gn Rab 453-454, 570 ; Robert Graves, Raphaël Patai, trad. Jean-Paul Landais, *Les Mythes hébreux, op. cit.*, 29, f.

Le sceau de La Mecque

— Conseille à ton mari de se défaire du piquet de sa tente et de le remplacer par un autre[1].

La tradition musulmane préfère à la tente une maison, dont le patriarche suggère de changer le seuil[2]. Mais les deux récits s'accordent sur la conclusion de l'histoire : à son retour, Ismaël, comprenant que le visiteur n'était autre que son père et saisissant le sens de son message, répudie sa femme.

Hagar ira chercher elle-même dans sa tribu d'Égypte une nouvelle épouse, digne de son fils celle-ci, une parente nommée Patuma.

Quelques années plus tard, après la mort de Sarah, Abraham emprunte à nouveau le même chemin, jusque chez Ismaël. Ce dernier chasse encore dans les sables.

Le guide procède comme il l'avait fait lors de sa venue précédente, et sa bru se révèle, cette fois, chaleureuse. Sans savoir qui il est, comprenant que l'homme vient d'un long voyage, elle lui offre spontanément le pain et l'eau.

— Quand Ismaël rentrera, recommande Abraham, dis-lui qu'un homme, venant du pays des Philistins, le cherchait. Ajoute aussi que son nouveau piquet de tente est parfait, qu'il n'y a pas lieu d'en changer[3].

---

1. *Sepher Hayashar* 70-72/PRE, chap. 30 ; *Les Mythes hébreux, op. cit.*, 29, g, et Élie Munk, *La Voix de la Torah, op. cit.*, t. 1, *Wayyera*, chap. XXI, 21.

2. Mohamed al-Tabarî, trad. Hermann Zotenberg, *La Chronique, op. cit.*, vol. 1, p. 149.

3. *Ibid.* 2.

Pour conclure à la façon des plus beaux contes, il est dit qu'Ismaël saisit la métaphore, prend femme, enfants, bétail, provisions et part, pour un temps, rejoindre son père en Canaan où il présente sa famille.

*

Un très court chapitre biblique, repris dans la tradition islamique, évoque le second mariage d'Abraham avec Qétourah. Sur quelques lignes toutes brèves, on découvre une descendance qui aura certainement compté dans la vaste région du Nil à l'Euphrate. Malgré son grand âge – il devrait avoir cent trente-sept ans –, le guide conserve une forme excellente. Il va d'ailleurs engendrer six garçons avec sa nouvelle épouse, et il paraît si jeune que certains étrangers le confondent – dit-on – avec son fils Isaac.

De son union avec Qétourah vont naître Zimrân, Yoqshân, Mêdan, Madiân, Yishbaq et Shuah[1].

Le nom de Qétourah tiendrait de l'hébreu *qetôrâh* qui signifie « encens », de cet encens qui provenait d'Arabie. Or on rapporte que le patriarche envoya vers l'Orient ses six fils chargés de biens, quand ils atteignirent l'âge adulte. Était-ce pour les éloigner d'Isaac, leur demi-frère ?

Un autre commentaire rabbinique propose une interprétation plus matérialiste :

Abraham, pasteur de petit bétail à l'origine, devenu

---
1. Gn XXV, 1-2.

riche propriétaire de troupeaux, comme on le sait, pousse ses « fils d'Orient » sur les routes d'Égypte et d'Arabie. Il envisage d'ouvrir ainsi des relations commerciales avec des peuples éloignés du Sud et de l'Est[1].

Les six garçons fondent chacun une tribu, dont les généalogistes arabes parviennent à situer les zones d'implantation : le groupe de Madiân se déploie sur le golfe d'Aqaba et la péninsule du Sinaï, comme on le retrouve mentionné dans le *Livre d'Isaïe* : *Des multitudes de chameaux te couvriront, des jeunes bêtes de Madiân et d'Epha* (l'un de ses fils) ; *tous viendront de Saba apportant l'or et l'encens et proclamant les louanges de Yahvé*[2]. C'est de cette branche, et notamment de son autre fils Efer, dont se prévalent les Black Hebrews pour revendiquer leurs origines.

La tribu de Yishbaq occupe un petit royaume de Syrie. Celle de Shuah le royaume de Shukku. Yoqshân, par ses fils, fonde une tribu d'Arabie du Nord[3] et, ainsi, tous les descendants de Qétourah, ajoutés à ceux de Sarah et de Hagar, formeront les prémices de la multitude promise par Dieu à Abraham.

*

« Allah Akbar », crie le fleuve des croyants.

---

1. Gn XXV, 6 ; Gn Rab 663, 669 ; Shoher Tobh 411-12 ; 1 M XII, 20-23 ; et *Les Mythes hébreux, op. cit.,* chap. 35, b.
2. Is LX, 6.
3. *Ibid.* 6 et *cf.* notes 1-4.

Je suis pris dans le flot. Femmes, enfants et hommes agglutinés tournent autour de la Kaâba. Ils tournent comme des automates, aspirés par ceux qui les précèdent et poussés par ceux qui les suivent. Des paralytiques, des handicapés, des malades, des obèses juchés sur le dos de leur porteur tournent aussi, soudés au flux compact de la sainte noria. En un seul mouvement, tout de blanc vêtue, la masse se déplace inexorable, dans le sens inverse des aiguilles d'une montre.

La Maison cubique noire paraît distante et froide, indifférente au gigantesque remous qui la vénère. Elle trône, puissante, au milieu de l'enceinte sacrée de La Mecque. Un voile immense la recouvre, sorte d'habit noir transparent, brodé de fils, ton sur ton, coupé d'une bande de versets d'or, avec par endroits des lacis d'argent.

La foule en transe psalmodie. Une transe habitée, sereine en apparence, pénétrée de l'extase indicible d'être dans le saint des saints. Certains, essoufflés, impuissants à associer les mots et les idées, scandent machinalement le nom de Dieu, répétant inlassablement qu'il est le plus grand. D'autres pleurent.

Comme tous les hommes je suis nu, sous mon linge blanc immaculé, l'*ihram*. J'éprouve, pour la première fois avec autant d'évidence, ce sentiment d'égalité où riches et pauvres, dépouillés de toute identité, apparaissent égaux.

Soudain la spirale me happe, roue humaine impénétrable et inextricable, guidé par un groupe d'amis étudiants saoudiens, je tente de m'approcher au plus près de l'empreinte des pieds d'Abraham. La tradition veut qu'on s'y recueille après avoir accompli les sept révolutions autour de la Maison de Dieu. Néanmoins je préfère « assurer » ce constat dès à présent.

Malgré le calcul de la trajectoire, je suis avalé par la procession qui m'entraîne loin de l'autel sacré du patriarche. Je réessayerai à la rotation suivante.

Les centaines de milliers de corps, hommes et femmes mêlés dans l'abandon sensuel et mystique, se fondent les uns aux autres en un amas que je n'arrive pas à fendre. Comment parvenir, au prochain tour, jusqu'aux pieds d'Abraham et comment atteindre, plus loin, la fameuse cavité renfermant la Pierre noire ? J'avance sans marcher et tente, en vain, d'échapper au *taouaf,* ce mouvement de foule qui ne s'arrête pas. Il s'écoule nuit et jour pendant toute la période du pèlerinage, sauf aux moments des cinq prières où il s'immobilise, pour repartir ensuite. Une force centrifuge mystérieuse me chasse vers l'extérieur du cercle : je suis plaqué contre la muraille de l'enceinte, où des vieux et des malades essaient de reprendre leur souffle.

Mes amis réussissent à me rejoindre et décident de mettre au point une stratégie. Ils m'entourent, se tenant fermement par les épaules et formant la pointe d'une sorte de flèche humaine, compacte, dont je suis le centre. Ainsi soudés, nous espérons pouvoir influer sur le cours de notre progression pour nous diriger vers l'objectif. Le petit groupe m'emporte et nous entrons à nouveau dans la ronde pieuse.

Deuxième révolution. Je me laisse pousser et finis par apercevoir le faîte du mausolée d'Abraham, le *maqam Ibrahim,* à trois mètres au-dessus du sol. Nous approchons lentement. Je pense réussir cette fois, mais comment observer quelques instants d'arrêt, devant cet oratoire ?

Nous y voilà enfin. Les étudiants qui m'accompagnent constituent, de leurs corps, une véritable barrière qui me protège l'espace de quelques secondes.

Un rocher polygonal porte une niche en cristal épais, renforcée de grillage et surmontée d'un dôme de cuivre. À l'intérieur, l'empreinte de deux pieds joints d'Abraham repose, telle une relique. Chacun s'incline devant ce modeste promontoire sur lequel il est dit que le patriarche s'est hissé pour poser la dernière pierre de la gigantesque Maison noire. Nous sommes pourtant à une dizaine de mètres au moins de l'édifice. Le scepticisme n'est-il pas le commencement de la foi ! Il n'est pas question de réfléchir. J'ai à peine le temps d'imprimer dans ma mémoire l'image du monument et de m'incliner, comme chacun le fait. La vague m'emporte déjà dans le flux continu qui s'approche du plus éminent degré de la gloire d'Abraham, de son sceau mecquois : la Kaâba.

Plus on avance vers son mur principal, plus la ferveur enfle. Les appels à Dieu, les clameurs montent de la procession comme autant de suppliques implorant la bénédiction divine. La tension devient plus forte encore au moment où la vague atteint la Maison noire, l'effleure, la caresse et l'embrasse. Certains s'y écrasent de tout leur corps pour vivre le contact avec le divin. D'autres se haussent et s'étirent pour baiser le bas du voile noir, la chasuble de soie aux versets coraniques qui recouvre l'édifice.

Mais l'instant suprême, l'apothéose absolue se dessine. La Pierre noire (à ne pas confondre avec la Kaâba), cette Pierre noire qu'Abraham et Ismaël ont voulu protéger en bâtissant l'édifice, repose dans une cavité creusée à même le mur de la Maison noire, sur la façade de la Porte dorée, à l'angle côté droit. Le morceau de roche sacrée, gros comme un poing sombre et brillant, s'offre à hauteur d'homme, telle une perle dans son écrin.

Le réceptacle qui la retient ressemble à un hublot par lequel la fascination pousse la plupart des croyants à vouloir passer la tête. L'exaltation se mue en hystérie et touche au paroxysme. La masse humaine force derrière et la décapitation menace. Les gardes religieux, munis de gourdins, repoussent les illuminés qui crient et se jettent par grappes entières sur l'ouverture.

Atteindre la Pierre, la toucher, y poser les lèvres et… mourir. Oui, certains appellent la mort, tant finir en ces lieux conduit directement, et sans l'ombre d'un doute, au paradis. D'ailleurs personne ne s'apitoie sur ces défunts au sort enviable. Les corps inertes passent alors, de main en main, au-dessus des têtes vers les brancardiers qui les attendent et les recueillent aux portes du sanctuaire. Pendant toute la durée du pèlerinage on assiste ainsi au défilé des trépassés, dont les dépouilles, recouvertes du drap vert de l'islam, traversent une dernière fois la foule réunie sur le parvis.

Abrité par ma horde protectrice j'ai le privilège inespéré d'approcher le Centre du monde musulman, la chance inouïe d'apercevoir la Pierre et de l'inscrire en moi. Cette Pierre, qui s'apparente d'aspect à une sorte de météorite, serait l'embryon terrestre que Dieu aurait lancé dans l'espace et autour duquel, selon la volonté divine, s'est constitué l'agrégat de sable, de terre, de roche et d'eau qui a formé notre planète.

Je parviens avec peine à effleurer le caillou sacré. Certains, qui n'y atteignent pas, se saisissent de ma main et la passent sur leur visage. Me voilà distribuant, sans volonté de le faire, une sorte de bénédiction. Un vieillard pose ma paume sur son crâne et me fixe d'un regard plein de gratitude, quand déjà l'écume blanche des pèlerins me rejette dans le flux. Je me laisse aller à une nouvelle révolution.

Il est dit que le Prophète Mahomet a poursuivi ici l'œuvre d'Abraham. Après avoir été chassé de La Mecque par les riches commerçants qui rejetaient son message, il revient de Médine, sa ville natale, fort d'une suite immense d'humbles et de démunis. Il effectue alors sept rotations autour du sanctuaire, pour fracasser les trois cent soixante idoles dressées par les païens. Puis, se faisant remettre les clefs de la Kaâba, il y pénètre et découvre, entre mille trésors, des fresques représentant Abraham, Jésus et Marie, fresques qu'il va désormais protéger. Ce jour-là, en l'an 622 de l'ère chrétienne, Mahomet est reconnu par les siens comme le Prophète, l'Envoyé de Dieu, et cette migration, la *hidjra,* ou hégire, devient le point de départ de l'ère musulmane.

La procession poursuit sa ronde et évite les lieux des sépultures présumées de Hagar et d'Ismaël. Avec Abraham, cette famille sacrée porte toutes les racines de l'islam en devenir tel que le relate la tradition. Dieu a choisi le patriarche et Ismaël pour architectes de sa Maison. Dans la sourate intitulée « Le Pèlerinage », le Coran rapporte la parole divine qui l'atteste :

> *Nous avons établi, pour Abraham,*
> *l'emplacement de la Maison :* [...]
> *purifie ma Maison*
> *pour ceux qui accomplissent les circuits,*
> *pour ceux qui s'y tiennent debout,*
> *pour ceux qui s'inclinent et qui se prosternent.* [...]
> *qu'ils accomplissent les circuits*
> *autour de l'antique Maison*[1].

Les historiens corroborent parfois certaines traditions. Il semblerait bien que la Pierre ait attiré des pèlerins depuis la nuit des temps. Par curiosité d'abord, pour ce caillou tombé du ciel ? Par superstition plus tard ? Mais là s'arrête la science. La légende et les « bons » musulmans, qui font aujourd'hui le parcours de La Mecque, croient qu'Adam lui-même descendait chaque année de sa montagne pour venir jusqu'à la Pierre noire, dont il faisait le tour à maintes reprises, en se recueillant. Advint le Déluge et Dieu enleva provisoirement la Pierre afin de l'épargner. Quand les eaux se retirèrent la main divine reposa la perle, autour de laquelle des pèlerinages païens se succédèrent jusqu'à Abraham.

---

1. Cor XXII, 26, 29.

Chaque année le patriarche rend visite à Ismaël, chargé de famille, à présent.

Un jour, le Tout-Puissant ordonne aux deux hommes de construire une maison pour abriter le précieux morceau de roche. Le père et le fils se précipitent afin d'exécuter l'ordre divin mais, en nomades qu'ils sont, constatent vite leur incompétence en matière de construction. Le Seigneur souffle alors, jusqu'à eux, un nuage aux dimensions exactes de la future bâtisse, qu'ils n'auront plus qu'à élever selon le cadre céleste.

Les voilà creusant des fondations de la hauteur d'un homme. Aux montagnes voisines Ismaël taille la roche, dont il porte les morceaux que son père maçonne. À eux deux ils bâtissent la Kaâba et prient Dieu de l'accepter en offrande[1]. Quand le mur atteint un niveau hors de sa portée, Abraham prend appui sur le fameux rocher qui, depuis, a conservé l'empreinte de ses pieds.

Une fois l'édifice terminé le patriarche supplie le Créateur de lui indiquer le rituel que les hommes devront suivre. Il est dit que l'ange Gabriel descendit sur terre pour enseigner à l'Ami de Dieu la pratique à observer par tout bon croyant : aller à Mina, se vêtir en pèlerin, gravir le mont de la Miséricorde à Arafat, sacrifier un mouton, un bovin ou un chameau, effectuer ses ablutions pour se présenter propre et sain devant Dieu, tourner autour de la Kaâba sept fois dans le sens inverse des aiguilles d'une montre, se raser la tête en signe de purification...

J'ai observé, à mon tour, toutes les étapes et fini,

---

1. *La Chronique, op. cit.,* p. 165-166.

après les sept rotations, par la coupe de cheveux, comme l'auraient fait, dit-on, Abraham et Ismaël. Sur les places, dans les rues, des hommes s'improvisent coiffeurs pour l'occasion et tondent les crânes sans discernement, sans délicatesse, tant les têtes se précipitent et se bousculent sous les rasoirs et les ciseaux. L'automatisme est tel qu'aucun mot ne s'échange. Un billet de cinq rials tendu, les pèlerins font la queue et repartent pelés, écorchés, voire blessés plus sérieusement pour certains, par des ustensiles jamais nettoyés entre deux coupes. Les tas de cheveux s'amoncellent à même le sol. Les figaros d'occasion laissent parfois tomber leurs outils dans ce tapis capillaire repoussant et, sans même prendre le temps d'essuyer leur rasoir sanguinolent, s'apprêtent déjà à écorcher le crâne suivant. Heureusement de vraies échoppes de coiffeur, propres celles-ci, attendent les plus aisés à la sortie de la Grande Mosquée.

Le contraste saisissant du luxe et de la misère atteint son apogée sur le parcours rituel de Mina, au cœur de La Mecque. Sur l'immense place, face au saint des saints, s'élèvent des hôtels cinq étoiles, climatisés, des palaces que certains pèlerins, venus des lointaines montagnes d'Afghanistan ou d'Ouzbékistan, n'ont jamais pu concevoir, même dans leurs rêves les plus fous. Dans les halls d'entrée coulent des fontaines de cristal illuminées. Le marbre rose rivalise avec le marbre blanc, où se reflètent les ors des plafonds. Les salons immenses s'enchaînent les uns aux autres, éclairés de lustres gigantesques qui brillent de tous leurs feux, à toute heure. Ici, durant la période du Hadj, la chambre la plus modeste atteint 600 $ par nuit, avec obligation de la louer pour un mois minimum.

À l'inverse, sur le trajet qui mène à Mina, de nombreux mendiants risquent leur vie sous les pas de la foule. Le spectacle a quelque chose d'hallucinant. Tous ces gueux africains, gamins ou vieillards, kidnappés dès l'enfance au Soudan, en Érythrée ou en Éthiopie, par des réseaux qui les exploitent, sont démembrés à dessein. Certains n'ont plus de bras, d'autres ne sont que des troncs posés à même le sol, près d'un sac de toile béant qui laisse apparaître quelques rials et dollars pour en attirer d'autres. Les pèlerins les évitent parfois de justesse, ou les piétinent inévitablement. Des panneaux lumineux qui s'élèvent au long des parcours répètent sans cesse leur message rédigé en arabe, en anglais, en ourdou et en français : ne pas faire l'aumône aux mendiants, au risque d'encourager leurs tortionnaires à poursuivre leur lucre immonde. Hélas, impossible de ne pas être bouleversé par ce spectacle du malheur où chacun, se sentant coupable de son corps, s'acquitte d'une obole.

Les boutiques de souvenirs s'agglutinent autour de cette même place, vendant toutes sortes d'objets inutiles, mais aussi des livres, des disques, des vidéos, des parfums, violents parfois, des chaussures et des sandales. Les visiteurs perdent régulièrement dans la foule leurs babouches, leurs savates ou leurs tongs. Certains les ont lancées, faute de cailloux, contre les stèles de Satan. Les vendeurs de bidons vides tendent leur cargaison de plastique blanc. Des murailles entières de jerricans attendent les acheteurs qui les remplissent d'eau sacrée, déversée gracieusement. Une fois rentrés dans leur pays certains en feront un saint usage familial, d'autres revendront leur butin. Tout ce qui provient de La Mecque est objet de commerce et la valeur des suppléments de bagages se trouve multipliée par dix, au retour des pèlerins. Cela va du simple chapelet au réfrigérateur, revendus en pièces détachées à des prix exorbitants puisqu'ils ont été rapportés du grand bazar sacré.

Je remonte l'avenue Abraham, *Ibrahim el-Khalil.* Que reste-t-il, aujourd'hui, de l'esprit du patriarche ?

La première image qui s'impose est l'union de cette multiplicité de peuples vénérant le Dieu unique révélé à Abraham, Moïse, Jésus et Mahomet. Les organes officiels annoncent des pèlerins de cent quatre-vingt-six nations, autant de femmes que d'hommes – parlant bien plus de langues et de dialectes – issus d'un peuple de plus d'un milliard de musulmans. Peu d'Arabes comme on l'a vu, mais surtout des Indonésiens, Malaisiens, Chinois, Indiens, Pakistanais, Afghans, Iraniens, Turcs, Turkmènes, Ouzbeks et de nombreux Africains... qui croient tous au Créateur incréé du monde, en ses ministres les anges, en la vie future après la mort, en la résurrection et au Jugement dernier.

Tous ont foi dans le Coran. Pour tous, les Hadith du Prophète forment la Tradition, considérée comme la science de l'authenticité irréfragable. Tous tiennent pour absolue certitude ce « commencement », comme dit la Genèse, où Dieu créa les cieux et la terre, où débuta le monde.

Si le Tout-Puissant est ce commencement, en même temps que la fin de toute chose, du commencement Adam en fut aussi. Puis le Déluge donna lieu à un recommencement. Et Abraham vint, symbolisant, en islam comme pour les deux autres monothéismes, un nouveau « commencement ». Il incarne l'origine des croyants, lui, le père de ces peuples, dont Dieu lui a promis qu'ils seraient aussi nombreux que les grains de la terre, que les étoiles des cieux. Par l'Alliance, mais aussi par l'engendrement de ses fils, le Sacrifice et l'élévation de la Kaâba, l'ami marque, également pour les musulmans, ce « commencement ». La construction de la Maison sacrée constitue en elle-même un fondement, qui inscrit l'idée de novation, point de départ de rencontre et de régénérescence, bâti sur du solide.

Pour les juifs, les chrétiens et les musulmans, le Sacrifice interrompu symbolise un renouveau comme lorsque la vie passe à deux doigts de la mort. Les épreuves que le patriarche endure n'ouvrent-elles pas chacune le début d'une voie nouvelle ? De même qu'Abraham signifie le début de la réconciliation entre Dieu et ses créatures, il appartient aux hommes d'affermir ce commencement, dont chaque naissance renouvelle le cycle.

La mort elle-même n'est-elle pas le commencement de l'immortalité ?

Ainsi les croyants vont-ils, de commencement en recommencement, par des commencements qui n'ont jamais de fin[1].

---

1. Ludwig Hohl (1904-1980).

Chapitre III

Mort et transfiguration

En Canaan vit Isaac, auquel Abraham tient peut-être plus qu'à tout autre, puisqu'il est le premier légitime, le fils né de sa fidèle épouse Sarah. Les garçons que lui a donnés Qétourah paraissent lui être moins proches. Alors qu'il sent la vie se retirer, il distribue son legs à ses héritiers : *Abraham donna tous ses biens à Isaac. Quant aux fils de ses concubines, Abraham leur fit des présents*[1]. Oui, quelques pauvres dons aux autres, qu'il pousse vers l'Orient. A-t-il pour principal souci de les éloigner ? Les trouve-t-il moins animés par sa Révélation que ne l'est Isaac ? Il les envoie néanmoins répandre son message vers des régions encore trop païennes, sachant que le peu de lumière divine dont ils seront porteurs éclairera tout de même l'esprit des incroyants.

Par « tout ce qui lui appartient » ne doit-on pas comprendre son bien le plus précieux : la bénédiction

---

1. Gn XXV, 5-6.

reçue de Dieu ? Dans ce cas il abandonne, aux autres fils, de simples cadeaux matériels. D'après les règles en vigueur dans la région, usages que l'on retrouve également dans le Code d'Hammourabi, les fils doivent hériter à parts égales, mais l'aîné peut recevoir une portion préférentielle si le père en décide ainsi de son vivant.

Ismaël est-il oublié dans cette succession ? Déshérité, même ? Oui, si l'on s'en tient à la Genèse, par absence de précision. Non, répond le Talmud, il faut entendre par « fils des concubines » celui de Hagar compris[1], Sarah semblant être considérée comme la seule épouse légitime. Ismaël n'a-t-il pas déjà hérité de la bénédiction divine et de l'extraordinaire privilège d'avoir bâti, avec son père, la Kaâba ?

Quels que soient les commentaires, on peut constater combien le patriarche tient à distribuer ses biens avant de disparaître. Cette précaution permettra d'éviter tout conflit d'héritage entre ses fils, après sa disparition.

*

Dans la Bible, la mort d'Abraham se résume à quelques simples lignes. On nous rappelle l'âge auquel il expira – cent soixante-quinze ans –, on nous dit qu'il mourut d'une vieillesse heureuse et fut réuni à Sarah, dans la grotte de Makpelah.

---

1. *Cf.* Élie Munk, *La Voix de la Torah,* t. 1, *Toledoth,* XXV, 6.

En revanche, dans d'autres textes anciens, sa fin prend un relief qui tient de la fable parfois, ou du récit puissamment allégorique, riche en métaphores célestes. Comme toujours l'homme doit savoir tirer toute la substance des Écritures, afin de l'appliquer à sa vie terrestre.

Selon le Coran, Abraham demande à Dieu de le compter après sa mort au nombre des justes : « *Place-moi parmi les héritiers du Jardin des Délices*[1] », car souvent le sage pense à ce qu'il adviendra de lui, plus tard, au moment du dernier sommeil.

Un jour où il s'interroge sur l'après, et bien que convaincu de la réunion des âmes, il demande au Seigneur « … *montre-moi comment tu rends la vie aux morts*[2] ».

Dieu, patient et longanime, lui enjoint alors de tuer quatre oiseaux différents, de les diviser en plusieurs morceaux chacun et de mêler ces fragments pour en faire une masse, qu'il séparera à nouveau en quatre parties, déposées chacune sur une montagne distincte. Après quoi, il n'aura plus qu'à appeler les volatiles et à attendre.

Abraham prend un héron, un aigle, un milan et un vautour, les dépèce et exécute en tout point ce que Dieu lui a indiqué. À son appel un vent soulève les morceaux dispersés et les reconstitue en quatre

---

1. Cor XXVI, 83-85.
2. Cor II, 260.

oiseaux, semblables à ceux qu'il a tués. Ainsi fut faite la démonstration de ce qui se passe dans l'au-delà.

L'heure approche. L'ange de la mort est envoyé pour sa funeste besogne. Mais le Père céleste ne veut pas qu'Abraham soit appelé à lui, sans que le patriarche y consente.

L'ange procède alors avec finesse. Par mille détours il fait en sorte qu'Abraham demande lui-même son trépas. Il se présente à l'élu sous la forme d'un vieillard atteint des pires maux de l'âge, de ceux qui dégradent autant le corps que l'esprit. Devant l'image avilissante qu'on lui brandit telle une menace, l'aïeul préfère la mort.

L'ange exécute alors son souhait, Isaac lave le corps de son père et on enterre Abraham au côté de Sarah.

*

Ainsi le patriarche n'est plus. Sur terre survit sa pensée. Dans l'au-delà son âme le perpétue puisque, selon les trois monothéismes, cette part du divin insufflée en l'homme est immortelle. Chaque tradition va s'évertuer à ériger Abraham en juste, et même davantage encore, ressuscitant ainsi sa mort.

Les chrétiens, qui prennent en compte l'héritage de l'Ancien Testament, vont d'une certaine manière christianiser la figure d'Abraham. On reconnaît, bien sûr, son rôle d'ancêtre du peuple de Dieu, les grandes épreuves et étapes qu'il a surmontées, la récompense divine qui lui a été attribuée par l'Alliance, ses fils et le Sacrifice... de sorte qu'il va passer, de l'Ancien au Nouveau Testament, comme un trait d'union du judaïsme au christianisme.

Mais au Moyen Âge s'annonce pour lui, chez les chrétiens d'Orient, une ère triomphale, une attribution nouvelle qui va atteindre son apogée, également en Occident, aux XIe, XIIe et XIIIe siècles.

Ce rôle dévolu au patriarche a pour nom le « Sein d'Abraham[1] ». On trouve dans l'Ancien Testament plusieurs références à cette expression judaïque, dont on comprend qu'elle signifie alors « être réuni à ses pères », dans l'au-delà.

Elle ne vise pas encore le sens, spécifiquement lié au sage, qu'elle va revêtir dans les Évangiles, comme dans la parabole du mauvais riche et du pauvre Lazare, chez Luc : *Or il advint que le pauvre mourut et fut emporté par les anges dans le sein d'Abraham*[2].

Quelle évolution de la pensée va amener l'Église chrétienne d'Orient à « promouvoir » le patriarche, dès le IXe siècle ?

On sait que, par le baptême, l'enfant chrétien noue une relation avec de nouveaux parents : le parrain et la marraine. Aux père et mère de sang on lui adjoint ce couple spirituel.

Dans la pratique, lors de la cérémonie, les parents laissent aux parrain et marraine le soin de tenir l'enfant au-dessus des fonts baptismaux afin que le nouveau-né entre, par le sacrement, dans la filiation de

---

1. *Cf.* Jérôme Baschet, *Le Sein du père, op. cit.*
2. Lc XVI, 22-24.

Dieu. Ils deviennent ainsi des parents de substitution, qui suivront l'éducation religieuse de leur filleul, pour le conduire sur le chemin d'autres parents éminents : Dieu le Père et la Sainte Mère l'Église. L'une des premières prières chrétiennes, le *Notre Père,* illustre parfaitement cette relation.

Le baptisé a donc son premier père biologique, son deuxième père terrestre spirituel – le parrain – et le Père divin. Au Moyen Âge, cette notion de filiation spirituelle est prépondérante. Le parrain devient une sorte de passeur, qui fait le lien, l'alliance entre le baptisé et le Divin.

Ce rôle de transmetteur rappelle étrangement celui d'Abraham. Sur l'ordre de Dieu, il quitta ses parents qu'il laissa à Harran, puis il scella l'Alliance avec le Créateur et devint père de la multitude. Il transmit aux hommes le bénéfice de cette Alliance et c'est en tant que père spirituel des croyants que les chrétiens vont le « placer » juste en dessous du Père suprême.

Si Dieu est inconcevable, immatérialisable, au moins le patriarche, à l'image de tous les hommes, devient-il accessible à tous, et l'art religieux va s'en emparer dans une profusion de représentations. Le plus souvent on le personnifie sous les traits d'un sage vieillard, recueillant dans un linge, dans ses bras ou sur son sein, les âmes des justes réunis, dès lors, pour la vie ultime. Une des premières matérialisations artistiques du sein d'Abraham apparaît en Orient chrétien, à Byzance, en 886. Puis à partir de l'an mil on le trouve en Occident, du nord au sud de l'Europe, de l'est à l'ouest, accueillant les élus sur toutes formes de supports.

Dans les Livres d'heures, sur les enluminures, dans la peinture et la sculpture, voilà Abraham élevé au rang d'une des plus éminentes figures du Paradis céleste : les âmes dans le sein paternel d'Abraham, comme Jésus le Fils dans le sein du Père.

Les artistes symbolisent ces âmes qu'il recueille par des figurines, des bustes à visage humain. Les anges l'aident dans cette moisson céleste, lui présentent les élus comme on tend un nouveau-né, à bout de bras. L'iconographie veut donner une vision allégorique et sublimée de ce que l'imaginaire terrestre peut concevoir de cette fraternité éternelle.

Pourtant, sur le rôle exact du sein d'Abraham, les avis divergent et bougent avec le temps. Certains imaginent qu'il est comme l'antichambre de la Paternité divine. D'autres croient qu'il distribue les récompenses ou décide de la phase intermédiaire du purgatoire. Augustin l'inscrit comme *repos des bienheureux pauvres, auxquels appartient le Royaume des cieux*[1]… D'autres insistent sur sa place inférieure à la Jérusalem Céleste. Les commentateurs et les créateurs prennent toutes les libertés, au point qu'on l'assimilera même au Paradis.

Le sein d'Abraham se voit de plus en plus « médiatisé », et connaît un succès considérable, touchant aux pires excès, puisqu'il sera même placé dans la posture du Père, dans le sein de la Trinité.

Peu à peu, cette emphase extravagante va s'es-

---

1. *Questiones evangeliorum,* II, 38, *A. Mutzenbecher,* CC, SL, 44B, Turnhoult, 1980, p. 89, et *Le Sein du père, op. cit.*

tomper. Les âmes des justes vont passer dans le sein de Dieu et la concurrence divine va bien sûr l'emporter. Puis le sein d'Abraham s'effacera lentement, lentement, au fil des siècles suivants.

*

Parmi les écrits traitant de la fin du patriarche, le Testament d'Abraham prolonge sa vie par un voyage céleste, d'où il contemple l'univers et l'au-delà. Cette sorte de sursis qui lui est accordé à titre exceptionnel va le confronter à la condamnation des péchés des hommes, à la destinée des âmes et à la mort. Là encore, l'auteur inspiré témoigne d'un imaginaire fertile et développe des légendes judaïques, riches d'illumination. Certaines puisent leurs racines dans les religions de la Perse ancienne, quand Zarathoustra (Zoroastre, entre 700 et 600 av. J.-C.) devenait le dépositaire de la Vérité qui lui fut révélée par Ahura Mazda[1].

Contrairement à ce que le titre laisse penser, il ne s'agit pas, à proprement parler, d'un « testament », pas plus que le document n'est attribuable à Abraham lui-même. Il n'y lègue rien de matériel, ne procède à aucun partage. Le texte peut apparaître comme un complément au message essentiel qu'il a délivré aux hommes. On y glorifie sa vie exemplaire, bien sûr, mais en ajoutant à la Genèse une autre dimension méta-

---

1. Dieu suprême, créateur et principe du Bien dans le mazdéisme. Cette religion de l'Iran ancien fut réformée au VIIe siècle av. J.-C. par Zarathoushtra.

phorique qui s'inscrit dans le Royaume éternel. Sarah vit toujours à ses côtés. L'amour de l'épouse et du fils envers Abraham constitue l'une des raisons pour lesquelles il va refuser la mort. À plusieurs reprises il repousse l'heure ultime et chacun de ses rejets reçoit une réponse allégorique, à destination de ses légataires.

La scène se déroule aux chênes de Mambré.

L'élu a atteint une longévité exceptionnelle : neuf cent quatre-vingt-dix-neuf ans. Le temps vient où le Créateur appelle son archange, l'architstratège Michel, et lui donne pour mission d'aller annoncer à Abraham sa dernière heure. La pérégrination depuis Ur en Chaldée touche à son terme. Le nomade doit faire ici son ultime voyage et laisser son corps pour rejoindre l'Éternel ; cette migration, de l'enveloppe de chair à l'éther, figurant la purification de l'âme.

À la vue de l'esprit, incarné en un homme de belle prestance, Abraham va au-devant de lui et l'accueille chaleureusement comme il l'a toujours fait avec tout visiteur, même les plus humbles. Pour rejoindre sa tente, il propose à l'étranger de parcourir le chemin à cheval. L'inconnu refuse aimablement et précise qu'il n'utilise jamais de monture ; jamais il n'enfourche d'animal. Le long d'un champ, un cyprès s'adresse soudain au patriarche, dans le langage des hommes, pour lui dire que le Seigneur l'appelle. Devant cet arbre qui parle, l'élu croit à une hallucination.

Arrivé enfin avec son hôte, Abraham demande à Isaac de puiser de l'eau et lave lui-même les pieds du visiteur. L'ange, ému de tant de sollicitude, ne peut retenir ses larmes. Les gouttes se transforment en autant de pierres précieuses qui stupéfient le sage. Pressentant qu'il doit s'agir d'un être au moins doué de grâce, il fait alors décorer avec magnificence tout l'espace intérieur de sa maison de toile, déroule des tissus de pourpre et de lin, libère des parfums et offre un immense festin. Le visiteur n'y goûte pas : les anges ne consomment aucune nourriture terrestre.

Devant une telle hospitalité, l'archistratège s'isole et en appelle à Dieu. Il n'a pas le cœur d'entraîner Abraham vers le trépas.

Le Seigneur, qui tient à ménager son « ami » méritant, envoie alors un songe à Isaac. À la vision onirique de son père mort, le fils se réveille et court l'étreindre. Sarah les rejoint et se souvient des trois hommes venus lui annoncer, ici même, à Mambré, l'heureuse nouvelle de l'enfantement. Comme eux, l'étranger n'a pas touché au repas. Elle a dès lors l'intuition qu'il s'agit bien d'un ange. Elle croit même reconnaître en lui l'un des trois de Mambré, sinon les trois en un seul. Abraham en convient aussi. Il se remémore le refus de monture, l'arbre soudain bavard, les larmes précieuses, le mépris du repas et surtout les pieds de l'homme qu'il a lavés : ils lui rappellent étrangement ceux des trois visiteurs de Mambré.

À ces événements, Isaac ajoute le récit de son rêve :

La lune se penchait sur lui et le soleil l'illuminait de ses rayons, rayons qui sont à l'astre de feu ce que l'âme est au corps. Le ciel s'ouvrait, un homme de lumière en descendait et s'emparait des deux sphères qu'il emportait l'une après l'autre vers la voûte céleste.

Devant cette narration dont tous comprennent le sens, l'archange ne peut qu'avouer : « *J'ai été envoyé vers toi pour te rappeler la pensée de la mort*[1]. » « *Je ne te suivrai pas* », répond le patriarche, de façon surprenante. Puis il ajoute : « *Fais ce que tu ordonnes*[2] », sous-entendant : fais ce qu'il plaît à Dieu.

Michel rapporte l'entretien au Tout-Puissant qui le renvoie, sans attendre, pour une deuxième tentative. L'archistratège aborde l'élu, différemment cette fois : il retrace toutes les bontés dont l'Éternel l'a couvert et surtout lui fait remarquer que rien ne l'exonère du sort inéluctable de tout homme, des justes comme des pécheurs, des gueux comme des rois. Abraham sait bien qu'il n'est pas immortel, néanmoins il pose une condition et prie qu'on lui accorde une dernière volonté : le Seigneur voudrait-il lui montrer l'ensemble de la Création, le monde et les hommes tels qu'ils se comportent ?

Un cortège de chérubins et de chars l'enlève aussitôt pour un survol des monts et des campagnes, d'où il parcourt la vie. Des gens heureux regardent ceux qui pleurent, certains se marient, d'autres enterrent leur défunt. Au spectacle des bienfaiteurs il se réjouit, mais se révolte devant les assassins. Pour eux, il devient

---

1. *Testament d'Abraham*, VII, 11.
2. *Ibid.* 9, 12.

impitoyable, violent même : à ceux qui tuent, qu'on envoie donc la mort ! Aux prostituées, que la terre les engloutisse et quant aux voleurs, que la foudre les consume !

Dieu accède à toutes ses demandes puis fait revenir les chars : « *S'il voit tous ceux qui vivent dans le péché, il détruira toute la création [...] Au contraire, je diffère la mort des pécheurs jusqu'à ce qu'ils se convertissent*[1]... » Puis le Seigneur fait conduire Abraham à la première porte du ciel, afin qu'il assiste au sort de ceux qu'il a condamnés :

Adam siège sur un trône d'or.

Sous lui les anges poussent les âmes divisées en deux files. Certaines vont vers une vaste porte qui mène au châtiment éternel, d'autres vers une porte étroite, directement ouverte sur le paradis. Devant le spectacle de ce monde issu de lui, le premier père terrestre, tour à tour, s'arrache les cheveux ou au contraire jubile. Quand sept mille âmes, hélas, passent par la grande porte, une seule traverse la porte exiguë, celle des justes. Deux anges *impitoyables et au regard implacable*[2] frappent les âmes pécheresses à l'aide de lanières de feu.

Puis comme s'il voulait donner plus de vérité à cet univers symbolique, le narrateur procède par une sorte de reportage : « *Nous avons suivi les anges, nous aussi, et nous avons pénétré à l'intérieur de cette porte*

---

1. *Ibid.*, X, 13-14.
2. *Ibid.*, XII, 1.

large[1]. » Dans un décor où tout est feu, flamme, or et cristal, des scribes célestes dressent le bilan des actes terrestres de chacun. D'autres tiennent des balances pour peser les âmes : un livre recense toutes les actions des hommes à partir desquelles on les juge ici. Quand on ne remet pas le damné au bourreau, quand les péchés et les actes vertueux chargent de poids égal les deux plateaux, les anges placent l'âme dans une situation d'attente. Elle sera jugée par le tribunal que préside Abel.

On se souvient combien, dans la Genèse, le meurtre par Caïn de son frère innocent avait révolté Dieu[2]. Le rôle céleste attribué à Abel veut réhabiliter cette injustice et, tout homme jugeant sur terre les autres hommes, le divin laisse le soin à l'un d'entre eux de décider du sort de ses congénères : au premier assassiné est ainsi revenue la charge de premier juge. Pour les condamnés existe un recours : un deuxième tribunal céleste où siègent les douze tribus d'Israël, qui deviendront, dans la présentation chrétienne, chez Matthieu et Luc, les douze apôtres[3].

Trois anges servent de témoins ; l'un rappelle les péchés, l'autre, les actes justes, le troisième actionne la balance. On confronte les pécheurs à l'épreuve du feu. La surmonter entraîne la grâce et l'échec renvoie aux flammes éternelles.

Abraham, bien sûr, fait partie des justes et, avisant

---

1. *Ibid.* 12, 3.
2. Gn, 4, 10-12.
3. Mt XIX, 28 ; Lc XXII, 30.

une âme qu'un ange brandit, entre perdition et sauvetage, il s'enquiert de ce qu'il en adviendra. Un seul acte de plus en sa faveur, lui dit l'archistratège, pourrait l'absoudre et l'envoyer vers le troisième tribunal que seul Dieu préside, pour l'ultime jugement. Par une prière, le sage intercède alors auprès du Créateur, sauvant ainsi l'âme en attente. Il comprend qu'il a fait preuve d'une sévérité excessive en réclamant la mort pour les tueurs et implore le Seigneur de les sauver, découvrant que la vertu de la miséricorde règne aussi dans l'au-delà.

Après cette succession d'événements célestes, Dieu décide qu'il est temps de rappeler définitivement à lui Abraham. Afin qu'il puisse prendre ses dernières dispositions, Michel le raccompagne sous sa tente. Sarah, Isaac, tous les serviteurs et servantes, inquiets de son absence l'entourent d'une affection débordante. Quand l'archange veut l'emmener, une fois de plus, le patriarche refuse : « *Je ne te suivrai pas*[1] », répète-t-il. L'archistratège, décontenancé, renonce à s'emparer de lui et s'en ouvre au Seigneur.

Dieu, cette fois, envoie la mort.

Quand elle se présente à l'élu, elle essuie le même refus. Tenace, elle ne le lâche plus et le suit dans ses moindres mouvements. Elle a certes revêtu pour lui ses plus beaux atours, puisqu'il a droit aux égards, mais elle sait aussi être sauvage et cruelle devant ceux qui le méritent.

---

1. *Ibid.* 9, XV, 10-13.

Il la voit belle et lui demande de se montrer sous son vrai visage. La « coupe amère » déploie alors sept têtes de dragons, aux quatorze faces hideuses, qui présentent toutes les formes sous lesquelles elle peut se manifester. Par les poisons ou par les armes, par la foudre ou les bêtes féroces, par les cataclysmes et le feu elle se saisit de quiconque quand elle le veut. Devant tant d'horreurs Abraham se sent épuisé. Il perd presque l'esprit. La mort trompeuse et perfide lui tend la main pour qu'il l'embrasse, lui promettant que ce baiser lui redonnera la force et la vie. Abraham se penche alors vers cet espoir offert pour y poser les lèvres. À peine l'effleure-t-il que sa bouche se colle à la main, et son âme se soude irrémédiablement à la mort.

POSTFACE

Telle tradition nous dit, telle autre nous rapporte…

Judaïque, chrétienne ou islamique, la tradition a pour vocation première la transmission. Elle nous livre autant de faits et légendes, avérés ou non, qui vont se modifier et s'insinuer entre les siècles, élevant des édifices dont les strates subissent les influences des époques et des sociétés traversées. Elle joue certes le rôle de préservateur, pour que la mémoire humaine ne se perde pas, mais aussi évolue-t-elle à la lumière de l'histoire. Elle ne se limite pas à rapporter des faits conservés comme un objet dans un musée, à léguer des acquis figés. Elle s'enrichit également en fonction des buts philosophiques ou politiques de ses transmetteurs. Ainsi la conception qu'ils ont des valeurs et des idées entraîne-t-elle une perpétuelle reconsidération.

Certaines traditions rationnelles, multimillénaires, nous devenaient indispensables avec le temps : celle très matérielle de l'achat ou de la vente à l'aide d'une monnaie, par exemple. De la même manière s'imposaient comme capitales les traditions immatérielles qui touchent au Mystère. Les transformations spirituelles, culturelles, scientifiques et sociales en ont souvent changé l'interprétation. Comment des croyants, séparés par près de quatre mille années, vivent-ils la Révélation ou l'Alliance rapportées dans les traditions ?

Déjà l'Abraham de Mésopotamie, on l'a vu, ne ressemble pas à celui de Canaan, d'Égypte et encore moins à celui de La Mecque. L'Abraham judaïque n'a pas un sens identique à celui que lui confèrent les chrétiens, dont ceux qui lui attribueront, au Moyen Âge, le rôle éminent de sein du Père. À d'autres moments ces mêmes chrétiens négligeront sa mission alors que, dans le même temps et dans les mêmes régions, Ibrahim s'inscrit en islam comme figure prédominante, dès le VIIe siècle et tout autant aujourd'hui. Ces décalages temporels et sociaux nous obligent à considérer notre lecture avec distance. Nous pensons en savoir plus que les rédacteurs d'hier. Dans ce cas, notre « intelligence » impliquerait une hauteur de vues qui devrait nous rendre humbles face aux textes anciens, historiques ou légendaires.

Alors, croire ou ne pas croire en Abraham ? Est-ce, finalement, la question ?

L'Ancien et le Nouveau Testament témoignent de son existence à longueur de chapitres, le Coran aussi, comme le foisonnement innombrable de livres qui relatent, abordent ou analysent le sujet et enrichissent les traditions. Comment aurions-nous connu l'existence supposée d'Abraham si cette littérature, orale ou écrite, ne nous l'avait enseignée ? À moins que l'on ne croie dans les récits et dans ce qu'ils veulent nous annoncer davantage qu'au patriarche lui-même. Si l'on conçoit qu'Abraham soit un besoin contemporain essentiel, pourquoi ne l'aurait-il pas été en son temps ? Ou, à l'inverse, comme je l'évoque dans les premiers chapitres, l'homme aurait pu vouloir donner un sens à l'« incompréhensible », demeuré néanmoins impénétrable, malgré nos esprits surinformés. Pour affirmer ce qu'ils imaginaient, les rédacteurs ont eu peut-être la tentation d'auréoler leurs textes de phénomènes merveilleux.

Alors, douter ou ne pas douter qu'il ait existé ? L'Abraham qu'on nous présente ne doute-t-il pas lui-même, quand il tombe la face contre terre et rit tant il ne peut croire qu'un homme de cent ans et une femme de quatre-vingt-dix ans peuvent procréer ? S'il a la foi absolue, il a la raison aussi, l'autonomie de cette raison, le discernement.

Rappelons les faits relatés : jusqu'à Abram, il n'y avait rien et soudain « quelque chose ». Dieu lui parle et lui apparaît même. Cette Révélation, qu'il commence à éprouver avant que le Tout-Puissant ne lui lance l'Appel de Harran, il la voit confirmée par mille révélations quotidiennes autour de lui, par mille manifestations naturelles qu'il attribue à Dieu.

Les textes cherchent à nous indiquer ainsi qu'il n'y avait pas « rien » avant, mais simplement un voile obscur qui couvrait la compréhension des hommes. Puis, peu à peu, ce voile se lève, car, outre la révélation et la foi, la raison place Abraham devant l'évidence. Les traditions lui confèrent des sentiments légitimement humains : en faisant partager les doutes de l'élu, elles amènent l'homme à croire.

Les trois Livres s'accordent pour annoncer ce même message, comme les écrits parallèles à la Bible et au Coran, comme le font également les légendes. La lecture de tout ce corpus sacré, rapportant la Révélation d'Abraham, l'*Illa* d'Ibrahim, veut dire aux hommes que cette lecture n'est jamais terminée et qu'elle doit entraîner une réflexion constante, qui va en prolonger le contenu en chaque individu, juif, chrétien ou musulman.

On l'aura compris, cet ouvrage n'a pas pour objet de statuer sur l'existence d'Abraham, même si j'ai voulu lui donner chair ici. Croire au patriarche signifie avant tout se sentir impliqué par le message qu'il symbolise.

Est-ce le sens qui crée le besoin d'Abraham, ou le besoin qui lui donne un sens ? Qu'importe. L'Appel, la Révélation, l'Alliance, la transmission qui allait s'ouvrir sur des myriades, le Sacrifice, la construction de la Kaâba... tous les messages fondateurs attribués à la figure d'Abraham veulent rappeler que Dieu vient aux hommes afin que les hommes aillent à lui et se retrouvent en lui. À charge pour le patriarche de réunir cette multitude.

Ces pages voudraient remettre en mémoire le dessein primordial commun aux trois monothéismes. Il semble, aujourd'hui plus que jamais, prévaloir hautement sur la question de la réalité physique du père des croyants. Reste que la mission entreprise par Abraham demeure, hélas, loin d'être achevée.

*

ABRÉVIATIONS

Cor : Coran
Dt : Deutéronome
Es : Esther
Ex : Exode
Ez : Ézéchiel
Gn : Genèse
Is : Isaïe
Jb : Job
Jg : Juges
Jn : Évangile de saint Jean
Jo : Josué
Lc : Évangile de Luc
Lv : Lévitique
1 M : Premier Livre des Maccabées
Mt : Évangile de Matthieu
Nb : Nombres
Pr : Proverbes
Ps : Psaumes
1 R : Premier Livre des Rois
Rm : Épîtres aux Romains

REMERCIEMENTS

Ce livre n'aurait pu exister sans une multitude de relais humains qui, au cours de ma longue pérégrination, année après année, pays après pays, ont pu, sans nécessairement se connaître les uns les autres, participer, de près ou de loin, à l'écriture de ces pages. Par leur écoute, leurs conseils, leurs témoignages, leur accueil et leur bienveillance, leur aide précieuse, leur culture et leur savoir, ils ont su pousser plus loin ma réflexion et enrichir mes travaux de leurs réponses souvent essentielles. La magie des rencontres en a fait parfois des amis. La distance, le temps, la guerre et la mort m'ont séparé de certains autres. Mais à tous je dois une profonde reconnaissance et tiens, ici, à les remercier chaleureusement.

Serge ADDA, président de TV5, Paris – Prof. Ahmat ASLAN, Sanli-Urfa – Mgr Antoine AUDO, Alep – Dr Aboubaker BAKADER, Djeddah – Saïd BAKIRI, Mosquée de Paris – Prof. Ali BAKKAL, Sanli-Urfa – Ghaleb BENCHEIKH, Paris – Cheikh Khaled BENTOUNES, Paris – Prince Asiel BEN

ISRAËL, Dimona – Père Louis BOISSET, Beyrouth – Prof. Eyup BUCAK, Sanli-Urfa – Hosham DAWOD, Paris/Djeddah – Le doyen Ibrahim DUZEN, Sanli-Urfa – Huguette ELHADDAD, Paris/Jérusalem – Éric GEOFFROY, Strasbourg – Mgr GOURION, Jérusalem – Père Jean-Baptiste HUMBERT, Jérusalem – Le Chargé d'Affaires Ghazi Fayssal HUSSEIN, Paris/Bagdad – Mgr Jacques ISAAC, Bagdad – Cheikh Sattar JABBAR RAHMAN, Bagdad – Prof. Othman KHAFAJI, Bassorah – Mohamed Nabil Al-KHAYAT, Damas – Prof. Cihat KURKCUOGLU, Sanli-Urfa – Le ministre Iyad MADANI, Djeddah – Prof. Abdurahman El-MALI, Sanli-Urfa – David MOATTI, Jérusalem – Émile MOATTI, Paris/Jérusalem – Éric MUNIER, Paris – Père Étienne NODET, Jérusalem – Prof. Mehmet OKAY, Istanbul/Sanli-Urfa – Dr. Saad OTHMAN, Paris/Bagdad – Prof. Mehmet OYMAK, Sanli-Urfa – Père Jean-Jacques PÉRENNÈS, Le Caire – Ningul PIRLOT, Paris/Istanbul – Père Émile PUECH, Jérusalem – Jean PICCOLEC, Paris – Philippe QUENNET, Damas – Mgr Louis SACO, Mossoul/Kirkouk – Dr Ali El-SAMMAN, Paris/Le Caire – Floréal SANAGUSTIN, Damas – Benyamin SEDAKA, Naplouse – Antoine SFEIR, Paris/Téhéran – Mohamed Al-SUBAYI, Paris/Djeddah – Prof. Tsippora TALSHIR, Beersheba – Père Jean-Michel de TARRAGON, Jérusalem – Imam Abdaljalil Al-TAY, Nadjaf – Prof. Gedik VECDI, Istanbul – Souad WAHEDI, Paris – Mgr Pétrus YOUSSIF – Paris.

Mes remerciements vont également aux responsables

des établissements suivants : École biblique et archéologique française de Jérusalem – Faculté de théologie et de philosophie de Bagdad – Institut dominicain des études orientales du Caire – Institut français d'archéologie orientale du Caire – Institut français d'archéologie du Proche-Orient à Damas – Institut français des études arabes de Damas – Université Saint-Joseph de Beyrouth – Université de théologie et de philosophie de Harran à Sanli-Urfa, Turquie orientale.

RÉFÉRENCES BIBLIOGRAPHIQUES

— Mohieddîne Annawawi, trad. Salaheddîne Keshrid, *Riyâd as-Salihin : les jardins des vertueux,* Beyrouth, Dar al-Gharb al-Islami, 1994.

— Armand Abécassis, *Les Temps du partage,* Paris, Albin Michel, 1993.

— Yohanan Aharoni, Michael Avi-Yonah, *La Bible par les cartes,* Paris, Brépols, 1991.

— Michael Baigent, Richard Leigh, trad. Pascale de Mezamat, *Enquête sur le détournement des manuscrits de la mer Morte,* Paris, Plon, 1992.

— Marie Balmary, *Le Sacrifice interdit : Freud et la Bible,* Paris, Grasset, 1986.

— Jérôme Baschet, *Le Sein du père,* Paris, Gallimard, 2000.

— Jean Bottéro, *Au commencement étaient les dieux,* Paris, Tallandier, 2004.

— Jean Bottéro, *Babylone. À l'aube de notre culture,* Paris, Gallimard-Découvertes, 1994.

— Jean Bottéro, *Initiation à l'Orient ancien : de Sumer à la Bible,* Paris, Seuil, 1992.

— Jean Bottéro, *L'Épopée de Gilgamesh,* Paris, Gallimard, 1993.

— Jean Bottéro, *Mésopotamie, l'écriture, la raison et les dieux,* Paris, Gallimard, 1997.

— Jean Bottéro, *Naissance de Dieu : la Bible et l'historien,* Paris, Gallimard, 1992.

— Jean Bottéro, Clarisse Herrenschmidt, Jean-Pierre Vernant, *L'Orient ancien et nous : l'écriture, la raison, les dieux,* Paris, Albin Michel, 1996.

— Jean Bottéro, Samuel Noah Kramer, *Lorsque les Dieux faisaient l'homme : mythologie mésopotamienne,* Paris, Gallimard, 1993.

— Claude Brahami, *L'Arme de la parole, Rosch Hachana,* Paris, Sine-Chine, 2001.

— Michel Cambe, Claudio Gianotto, Jean-Daniel Kaesdi, direction François Bovon et Pierre Geoltrain, *Écrits apocryphes chrétiens,* Paris, Gallimard-La Pléiade, 1997.

— André Caquot, Maurice Sznycer, Andrée Herdner, *Textes ougaritiques : mythes et légendes,* Paris, Cerf, 1974.

— Dominique Charpin, *Archives familiales et propriété privée en Babylonie ancienne,* Genève, Droz, 1980.

— André Chouraqui, *La Bible traduite et commentée par André Chouraqui,* Paris, J.-C. Lattès, 1992.

— Agatha Christie, *Autobiographie,* Librairie des Champs-Élysées, 1980.

— Jean-Baptiste Claude Delisle de Sales, *Histoire d'Assyrie, ou Histoire des monarchies de Ninive, de Babylone et d'Ecbatane,* Paris, 1780.

— Édouard Dhorme, André Dupont-Sommer, Marc Philonenko, *La Bible 3, Écrits intertestamentaires,* Paris, Gallimard-La Pléiade, 1996.

— Moudjir ed-Dyn, trad. Henry Sauvaire, *Histoire de Jérusalem et d'Hébron depuis Abraham jusqu'à la fin du XVe siècle de Jésus-Christ. Fragments,* Paris, E. Leroux, 1876.

— André Finet, *Le Code de Hammurabi,* Paris, Cerf, 2002.

— Jean-Jacques Glassner, *La Mésopotamie,* Paris, Les Belles Lettres, 2002.

— Robert Graves, Raphaël Patai, trad. Jean-Paul Landais, *Les Mythes hébreux,* Paris, Fayard, 1987.

— Ernest Gugenheim, *Le Judaïsme dans la vie quotidienne,* Paris, Albin Michel, 1994.

— Amar Hamdani, *Sumer, la première grande civilisation,* Genève, Famot, 1977.

— Mireille Hadas-Lebel, *Entre la Bible et l'Histoire,* Paris, Gallimard, 1997.

— Ibn Ishâq, trad. Abdurrahman Badawi, *La Vie du Prophète Muhammad, l'Envoyé d'Allah,* t. I, Beyrouth, Albouraq, 2001.

— Les RR PP Antonin Jaussen et Raphaël Savignac, *Mission archéologique en Arabie : de Jérusalem au Hedjaz,* Le Caire, Institut français d'archéologie, 1997.

— Francis Joannès, assisté de Cécile Michel, *Dictionnaire de la civilisation mésopotamienne,* Paris, Robert Laffont, 2001.

— Flavius Josèphe, trad. Étienne Nodet O. P., *Les Antiquités juives : livres I à III*, Paris, Cerf, 1992.

— Jean-Robert Kupper, *Les Nomades en Mésopotamie au temps des rois de Mari,* Paris, Les Belles Lettres, 1957.

— Samuel Noah Kramer, trad. Jean Bottéro, *Le Mariage sacré : à Sumer et à Babylone,* Paris, Berg, 1983.

— Ernest-Marie Laperrousaz, *Qumran et les manuscrits de la mer Morte,* Paris, Cerf, 2000.

— Claude Layron, *L'Homme que Dieu aima, Abraham,* Paris, Cerf, 1969.

— Élisabeth Le Breton, *Du verbe à l'écrit : naissance de l'écriture en Mésopotamie,* Paris, Musée du Louvre, Réunion des musées nationaux, 2003.

— André Lemaire, *Le Monde de la Bible,* Paris, Les Arènes, 1999.

— André Lemaire, *Les Routes du Proche-Orient : des séjours d'Abraham aux caravanes de l'encens,* Paris, Desclée de Brouwer, 2000.

— Frédéric Lenoir, Ysé Tardan-Masquelier, *Encyclopédie des religions,* Paris, Bayard, 2000.

— Jean-Claude Margueron, *Les Mésopotamiens,* Paris, Picard, 2003.

— Robert Martin-Achard, *Actualité d'Abraham,* Neuchâtel, Delachaux & Niestlé, 1969.

— Henrietta McCall, trad. Sylvie Carteron, *Mythes de la Mésopotamie,* Paris, Seuil, 1994.

— Émile Moatti, Pierre Rocalve, Muhammad Hamidullah, *Abraham,* Paris, Centurion, 1992.

— Louis Monloubou, François-Michel du Buit, *Dictionnaire biblique universel,* Paris, Desclée, 1984.

— Youakim Moubarac, *Abraham dans le Coran :*

l'histoire d'Abraham dans le Coran et la naissance de l'islam, Paris, Lib. philosophique Jean Vrin, 1958.

— Élie Munk, *La Voix de la Torah,* t. I, La Genèse, Paris, Fondation Samuel & Odette Lévy, 1998.

— Gilles Munier, *Guide de l'Irak : 10 000 ans d'histoire en Mésopotamie,* Paris, Picollec, 2000.

— Olivier Odelain, Raymond Séguineau, *Dictionnaire des noms propres de la Bible,* Paris, Cerf, 2002.

— Marc-Alain Ouaknin, Éric Smilévitch, *Pirqê de Rabbi Éliézer : leçons de Rabbi Éliézer,* Verdier, Lagrasse, 1983.

— André Parrot, *Abraham et son temps,* Paris, Neuchâtel, Delachaux & Niestlé, 1962.

— André Parrot, *De Babylone à Jéricho : l'archéologie contemporaine confirme-t-elle la Bible ?,* Paris, Fischbacher, 1934.

— André Parrot, *Déluge et Arche de Noé,* Paris, Neuchâtel, Delachaux & Niestlé, 1953.

— André Parrot, *Mari, capitale fabuleuse,* Paris, Payot, 1974.

— André Parrot, *Ziggourats et tour de Babel,* Paris, Albin Michel, 1949.

— Joseph Ratzinger, préface à la Commission biblique pontificale, *Le Peuple juif et les Saintes Écritures dans la Bible chrétienne,* Paris, Cerf, 2001.

— Michael Roaf, trad. Philippe Talon, *Atlas de la Mésopotamie et de l'Orient ancien,* Paris, Éditions du Fanal, 1991.

— Marcel Ruby, Denis Akoun, Dalil Boubakeur, Thérèse Bouysse-Cassagne, préface de René Rémond, *Histoire de Dieu,* Paris, Le Rocher, 2002.

— Abraham Ségal, *Abraham, enquête sur un patriarche,* Paris, Bayard, 2003.

— Marie-Joseph Seux, *Hymnes et prières aux dieux de Babylonie et d'Assyrie,* Paris, Cerf, 1976.

— Neil Asher Silberman, trad. Jean-François Séné, *La Vérité de Qumran,* Paris, Stock, 2003.

— Jean-Louis Ska, *Introduction à la lecture du Pentateuque : clés pour l'interprétation des cinq premiers livres de la Bible,* Bruxelles, Lessius, 2000.

— Janine Sourdel, Dominique Sourdel, *Dictionnaire historique de l'islam,* Paris, PUF, 2004.

— Moïse Schwab, *Le Talmud de Jérusalem,* Paris, Maisonneuve et Larose, 1977.

— Mohammed al-Tabarî, trad. Hermann Zotenberg, *La Chronique,* vol. 1, Paris, Actes Sud/Sindbad, 1989.

— Odon Vallet, *Une autre histoire des religions : le Dieu du Croissant fertile,* Paris, Gallimard, 1999.

— Roland de Vaux O. P., *Histoire ancienne d'Israël,* Paris, Lecoffre/J. Gabalda et Cie, 1971.

Louis-Hugues Vincent O. P., E.J.H. Mackay, *Hébron, le Haram el-Khalil, sépulture des patriarches,* Paris, E. Leroux, 1923.

— Walter Vogels, *Abraham et sa légende,* Paris, Cerf, 1996.

— Travaux de colloque : 14e rencontre assyriologique internationale de Strasbourg (2 au 5 juillet 1965), *La Divination en Mésopotamie ancienne.*

— Sources bibliques : La Bible de Jérusalem – La

Sainte Bible, traduite en français sous la direction de l'École biblique de Jérusalem, Paris, Cerf, 1979.

— Sources intertestamentaires : André Dupont-Sommer, Marc Philonenko, *La Bible, Écrits intertestamentaires,* Paris, Gallimard-La Pléiade, 1996, dont : *Écrits Qumrâniens ; Apocryphe de la Genèse,* textes traduits, présentés et annotés par André Dupont-Sommer. *Pseudépigraphes de l'Ancien Testament ; Hénoch, Jubilés,* textes traduits, présentés et annotés par André Caquot ; *Oracles sybillins,* texte traduit, présenté et annoté par Valentin Nikiprowetsky ; *Livre des Antiquités bibliques,* texte traduit présenté et annoté par Jean Hadot ; *Testament d'Abraham,* texte traduit, présenté et annoté par Francis Schmidt ; *Apocalypse d'Abraham,* texte traduit, présenté et annoté par Belkis Philonenko-Sayar et Marc Philonenko ; *Paralipomènes de Jérémie,* traduit, présenté et annoté par Jean Riaud.

— Source coranique : D. Masson, préface de J. Grosjean, *Le Coran,* Paris, Gallimard-La Pléiade, 1967.

INDEX DES NOMS PROPRES

Aaron : 162
Abd el-Jali : 99-101,
Abdelkader : 159
Abel : 153, 319
Abichemou : 169
Abimelech : 66, 243, 244, 252, 264
Adam : 23, 25, 35, 68, 101, 118, 126, 127, 150-151, 159, 173, 200, 225, 258, 273, 278, 301, 306, 318
Al-Bouraq : 255
Alexandre le Grand : 110
Alexandrette : 133
Ali : 99, 100, 101
Al-Khayat, Mohamed Nabil : 160-161
Al-Qosch : 125
Al-Rachid, Aroun : 127
Al-Tabarî : 51, 60, 123, 137
Alulim : 150
Amatlaï : 50
Amenemhat IV : 169
Amraphel : 197, 200

An-nou : 79, 96
Anubis : 167
Apsou : 80, 107
Arpakshad : 74
Ataturk : 134
Audo, Antoine : 153-156
Awan : 68
Aziz, Tarek : 99
Azura : 68

Baal : 163, 181
Barisa : 61, 62
Beaudoin de Saint-Abraham : 279
Ben-Ammi : 242
Ben Israël, Asiel : 245
Bérose : 136
Béthuel : 285
Biran (chevalier) : 279

Cabane : 128
Caïn : 68, 203, 319
Caïnan : 68
Cham : 34

Chatt al-Arab : 21, 28, 51
Chéphren : 168
Chéops : 168
Christie, Agatha : 26-27, 157
Coush : 34
Cyrus : 110

Daniel : 69, 127
Darius : 110
Dayan, Moshé : 280
Dumuzi : 150

Ea : 31, 79, 107, 109
Eblis : 256
Edna : 50, 51, 52, 54, 55, 65, 67, 72, 77
Élie : 162
Éliézer : 141, 199, 210, 214, 270, 283-289
Enki : 79
Enkidou : 76, 97-98
Enlil : 79
Enmenluana : 150
Enmerkar : 95
Éphron : 272
Ésaü : 287
Esdras : 69
Esther : 162
Ève : 23, 25, 35, 125, 200, 240, 258, 273, 282
Ézéchiel : 101, 102, 103, 127, 162, 277
Ezra : 127

Fayçal, Ghazi : 120
Flavius Josèphe : 37, 181, 246

Gabriel (ange) : 54, 101, 124, 141, 183, 187, 220, 229, 238, 255, 257, 302
Gaulle, Charles de : 157
Gilgamesh : 29-30, 76, 80, 92-93, 97-98
Gudéa : 21

Hadad : 109
Hadrien : 196
Hagar : 45, 184-188, 189, 194, 214-216, 217-223, 228, 250-252, 256, 270, 291, 293, 295, 300, 308
Hallier, Jean-Edern : 118
Hammourabi : 16, 58, 83, 109, 124, 129, 200, 214, 308
Harân : 43, 54, 71, 72, 75, 76-77, 83
Henoch : 68
Hérodote : 37, 40
Herzl, Theodor : 202
Heth : 272
Hussein, Saddam : 20, 90-91, 99, 110, 119, 120
Hyksos : 153, 170, 178-181

Ibn Arabi : 159
Ibn Batouta : 101
Ibrahim : 45, 84, 136, 180, 207, 324, 326
Inanna : 66, 79, 96
Isaac : 44, 161, 174, 226, 227-228, 244, 247-256, 261-263, 270, 277, 279,

Index des noms propres

282-289, 294, 307, 310, 316, 320
Isaac, Jacques (Mgr) : 33, 99, 114
Ishtar : 79, 96, 97, 110, 129, 131
Isis : 167
Ismaël : 45, 161, 178, 216, 217-221, 224, 226, 228, 245, 250-253, 256, 257, 270, 277, 282, 291-294, 299, 300, 301-302, 308

Jacob : 44, 162, 213, 251, 276, 277, 281, 284, 287
Japhet : 34
Jean : 115, 116
Jean-Baptiste : 115-117, 118
Jebril : 101, 220
Jérémie : 109, 127
Jésus : 65, 69, 73, 116, 117, 149, 229, 261, 278, 300, 305, 313
Jonas : 127
Joseph : 173, 276, 278-279, 284
Josias : 162
Josué : 127, 278

Khamanei : 248
Khomeiny : 101
Kifl : 102, 277

Laban : 69, 72
Lamesch : 67,
Lawrence, Thomas Edward : 57

Léviathan : 35-36
Loth : 72, 75, 83, 137, 143, 148, 183, 189, 192-195, 197, 198, 202, 203, 231, 233-243
Luc : 44, 229, 311, 319

Mackay : 280
Madiân : 295
Mahomet : 45, 65, 255, 256, 300, 305
Maïmonide : 216, 218
Mako : 158, 159, 164
Mallowan, Max : 27
Mardochée : 162
Mardouk : 76, 80, 107
Margueron, André : 129
Marumath : 59, 63
Mathusalem : 151
Mêdan : 294
Melchisédech : 200
Meribah : 252, 292
Mesanepada : 129
Michaël : 197
Milka : 71
Miskinta : 118
Moab : 241, 242
Moïse : 36, 65, 67, 151, 162, 173, 185, 196, 200, 305
Moualelet : 68
Mykérinos : 168

Nabonide : 40
Nabuchodonosor : 32, 40, 110
Nahor : 43, 54, 59, 71, 87, 148, 285

Nahum : 125, 127
Nebayot : 245
Nemrod : 25, 33-37, 39, 49, 53-55, 72-73, 101, 104, 124, 139-141, 148, 155, 156, 161, 193, 200, 214
Nin Gal : 18
Noah : 32
Noam : 68
Noé : 23-26, 31-34, 43, 55, 65, 74, 101, 127, 136, 151

Origène : 288
Osiris : 167
Othman : 35, 41, 42, 50-56, 64, 67, 68, 71-79, 84, 90, 92, 138

Parrot, André : 128
Patuma : 242
Paul : 44, 159, 226
Pharaon : 66-67, 182-188, 190, 214, 215, 243, 247
Plutarque : 166
Pythagore : 56

Qétourah : 294, 235, 307

Râ : 180
Rébecca : 72, 276, 277, 285-289
Rémus : 36
Romulus : 36

Sahurê : 168
Sako, Louis (père) : 121, 122, 125
Saladin : 127, 159
Salitis : 181
Salomon : 162
Sarah : 68, 227-230, 243, 244, 247, 249-250, 262, 271-272, 276, 281, 282, 288, 292-295, 307-308, 315, 316, 320
Saraï : 43, 66-71, 83, 88, 148, 182-188, 190, 194, 195, 198, 211, 214-216, 217-221, 227, 249
Sattar Jabbar Rahman : 115-116
Sedaka : 172-174
Sem : 25, 34-43, 55, 74
Sésostris : 170, 178
Seth : 68, 151, 167
Shamash : 80, 125
Shuah : 294, 295
Shub-ad : 25
Sinbad : 25
Smith, George : 37
Soliman le Magnifique : 204

Taylor : 17
Térah : 18, 43, 50, 53-56, 58-64, 67-72, 75, 77, 83, 86-90, 94, 99, 124, 126, 128, 135, 140-141, 142, 151
Tiamat : 75, 107

Ur-Namu : 16, 58
Usha : 50
Utanapishti : 30-31, 32

Index des noms propres

Van : 136
Vaux, Roland de : 207
Vincent (père) : 280

Woolley, Leonard : 17, 26-29

Xerxès : 110

Yeivin, Zeev : 281
Yishbaq : 294, 295
Yoqshân : 294, 295

Zimrân : 294

INDEX DES LIEUX

Aï : 174
Akkad : 16, 50, 159, 163
Al-Aqsa : 204, 255
Alep : 27, 128, 145, 150, 153-158, 161, 163, 181
Anatolie : 149, 154
Antioche : 133
Aqaba : 176, 235
Arafat (mont) : 258, 302
Ararat : 136
Arménie : 136
Assur : 91
Avaris : 181

Baalbek : 164
Babel : 25, 33, 37, 40, 52, 74, 105, 200
Babylone : 16, 19, 30, 37, 39, 40, 50, 52, 57, 69, 73, 83, 89, 90, 91, 94, 101, 102, 106-109, 113, 124, 127, 137, 180, 212
Babylonie : 37, 69, 89, 128, 165, 200

Bagdad : 14, 19, 21, 27, 33, 34, 36, 60, 84, 102, 113, 114, 119-121, 126
Bassorah : 17-19, 25, 35, 79
Beersheba : 242, 244, 251-252
Beitin : 174
Beit Jalah : 273
Bekaa : 159, 164
Belgrade : 27
Bersabée : 242
Berzé : 160
Béthel : 174, 190
Bethléem : 274
Beyrit : 165
Beyrouth : 123, 128, 165-166
Bhar Lut : 237
Birs Nemrod : 37
Borsippa : 37-38, 52, 54, 56, 69, 103-105, 138
Bosphore : 36, 154
Byblos : 163, 165-169, 177

Caire (Le) : 176, 178, 180
Canaan : 75, 83, 126, 137,

Index des lieux

142, 153, 156, 163, 170, 177-181, 183, 194, 213, 220, 225, 227, 230, 255, 282, 286, 291, 294, 307, 324
Chaldée : 22, 137, 155
Cisjordanie : 174, 204
Crète : 157
Croissant fertile : 19, 129

Damas : 27, 153, 154, 157-162, 198
Deir ez-Zor : 131
Dimona : 245
Doura Europos : 162

Ebal : 170
Ebla : 125, 159, 163
Éden : 20, 23, 127
Égypte : 22, 59, 66, 94, 122, 137, 153, 154, 157, 164, 167-169, 177-187, 189, 190, 193, 273, 220, 227, 244, 275, 278, 279, 284, 293, 295, 324
Eilat : 176
Éléphantine : 179
El-Khalil : 84, 138, 195, 197
Eshkol : 196
Euphrate : 20, 21, 23, 28, 29, 36, 39, 52, 80, 86, 90, 94, 106, 113, 117, 120, 126, 128, 130-133, 148, 150, 154, 157, 162, 181, 213

Fallouja : 127

Gaza : 176-177, 191-192, 242
Gaziantep : 148
Gerar : 66, 242, 263
Gizeh : 180
Golan : 162
Golfe Persique : 20, 28, 36
Gomorrhe : 111, 197, 230, 233, 237-238
Goush Katif : 191-192
Grèce : 157
Guérizim : 172, 253

Halab : 155
Hama : 159
Haram esh-Sharif : 255
Harran : 75, 79, 83, 87-90, 101, 104, 120, 124, 126, 131-134, 137-139, 147-150, 153, 155, 170, 180, 193, 227, 285, 312, 325
Hébron : 44, 195, 197, 271-277, 287
Héliopolis : 178, 180
Hermon : 164
Homs : 159

Indus : 20
Irak : 13, 21, 23, 30, 33, 60, 69, 75, 84, 86, 91, 99, 118, 119, 120-122, 125, 126, 127, 137, 200, 277
Istanbul : 27

Jérusalem : 41, 44, 99, 102, 103, 170, 172, 196, 200, 203-209, 246, 253, 254-255, 261-262, 273, 275-276, 280, 313

Jordanie : 157, 244
Jourdain : 116, 154, 157, 162, 174, 193, 235, 236, 243
Juda (désert) : 205, 209
Judée : 102, 236, 281

Kaâba : 161, 220, 302
Karbala : 113
Karkamish : 148
Khan Younis : 176
Kilis : 148
Koweït : 13, 20, 86

Lagash : 21
Lakhaî-roï : 219
Larsa : 83
Lattaquié : 235
Liban : 148, 158, 163, 164, 165, 169

Makpelah : 197, 272, 277, 281, 284, 308
Manbej : 148-150
Mambré : 44-45, 195, 197, 228, 315, 316
Mari : 90, 106, 128-130, 147, 154, 159, 163, 180
Marwa : 221, 223
Massada : 235
Mecque (La) : 45, 99, 137, 161, 221, 223, 245, 253-256, 259-260, 469, 282, 291, 296, 300, 301, 303, 305, 324
Médine : 99, 300
Memphis : 181
Mer Morte : 174, 197, 203, 205, 209, 235-237

Mésopotamie : 16, 20, 28-29, 31, 34, 40, 50, 55, 69, 73, 77, 86, 91, 94, 95, 97, 118, 127, 129, 137, 142, 148, 180, 285, 324
Milan : 27
Mina : 253, 256-259, 302, 303, 304
Mongolie : 153
Moreh : 170
Moriah : 172, 253-254, 262, 271

Nadjaf : 84, 90, 99-101
Nahr al-Assi : 159
Nahr al-Balikh : 132
Naplouse : 170, 172, 278
Nasiriyah : 13, 19, 78, 84, 85, 90
Néguev : 174-175, 176-179, 189, 190, 242
Nil : 153, 157, 165-167, 169, 170, 175, 179, 187, 189, 294
Ninive : 30, 124
Nubie : 179

Oronte : 159
Ougarit : 163
Oum-el-Bared : 219

Palestine : 178, 204

Qassioun : 159
Qiryat Arba : 271, 275
Qumran : 37, 72, 203, 205-208, 235

Index des lieux

Rafah : 191
Ramadi : 127
Ramat el-Khalil : 195-197
Raqqa : 86, 131, 132
Ras Shamra : 163
Razzaza : 113

Safâ : 221, 223
Salem : 200
Sanli-Urfa : 73, 104, 133, 136, 138, 142
Sarcelles : 69
Shinéar : 37, 200
Shour : 220
Shukku : 295
Sidon : 163, 165
Simplon : 27
Sichem : 170-172, 174, 278
Sodome : 111, 175, 186, 193, 197, 198, 230-234, 237, 238, 239, 249
Sumer : 13, 16, 17, 18, 20-21, 27-29, 50, 57, 70, 79, 94, 95, 106, 127
Syrie : 21, 60, 69, 86, 125, 126, 127, 131, 133, 148, 161, 163, 168, 169, 178, 181, 225, 235, 295

Taurus : 21, 151
Tell Abyad : 132
Tell Hariri : 128
Thèbes : 178
Terre promise : 201, 264
Tibériade : 162-165
Tigre : 20-23, 28, 29, 94, 115, 120, 127, 277

Tripoli : 164
Tyr : 163, 165
Turquie : 21, 60, 73, 75, 86, 101, 104, 120, 123, 126, 131, 132, 134, 136, 150, 154, 155

Ur : 15-20, 26, 27, 30, 40-42, 45, 51, 54-57, 58, 64-65, 70-75, 79, 81, 82-83, 86, 87, 93, 96, 97, 98, 101, 106, 107, 110, 124, 129, 131, 132, 135-139, 141, 148, 155, 171, 180, 190, 203, 227, 283, 315
Uruk : 30, 57, 84, 87, 90, 92-99, 101

Wadi Mujib : 236
Warka : 84, 92

Zemzem : 220, 223, 259
Zered : 236

Table

LIVRE PREMIER 11

CHAPITRE I – Check point Abram 13
CHAPITRE II – Les abîmes de l'âme 49
CHAPITRE III – Horizon Babylone 85
CHAPITRE IV – Du Tigre et de Dieu 113

LIVRE DEUXIÈME 145

CHAPITRE I – Le champ de la conscience 147
CHAPITRE II – L'Annonce faite à Hagar 189
CHAPITRE III – L'Annonce faite à Saraï 217
CHAPITRE IV – L'ultime Épreuve 239

LIVRE TROISIÈME 267

CHAPITRE I – Mort et transmission 269
CHAPITRE II – Le sceau de La Mecque 291
CHAPITRE III – Mort et transfiguration 307

Table

Postface	323
Abréviations	327
Remerciements	329
Références bibliographiques	333
Index des noms propres	341
Index des lieux	346

Composition réalisée par Chesteroc Ltd.

Achevé d'imprimer en janvier 2008 en Espagne par
LIBERDUPLEX
Sant Llorenç d'Hortons (08791)
Dépôt légal 1re publication : janvier 2008
N° d'éditeur : 94483
Librairie Générale Française – 31, rue de Fleurus – 75278 Paris Cedex 06

30/8399/5